LIBROS MALDITOS

ÓSCAR HERRADÓN

LIBROS MALDITOS

EL CONOCIMIENTO PROHIBIDO DESDE LA ANTIGÜEDAD HASTA NUESTROS DÍAS

Ediciones Luciérnaga

Diseño de la cubierta: Planeta Arte & Diseño

Primera edición: enero de 2025

Ediciones Luciérnaga
Av. Diagonal 662-664
08034 Barcelona
www.planetadelibros.com

ISBN: 978-84-19996-07-7
Depósito legal: B. 15.056-2024

Impreso en España – *Printed in Spain*

PEFC Certificado
Este libro procede de bosques gestionados de forma sostenible
PEFC
PEFC/14-38-00305
www.pefc.es

SUMARIO

EXORDIO DIABÓLICO

Una letanía ininteligible resuena como un eco en el interior de la oscura estancia; el mobiliario, centenario y polvoriento, se confunde con las sombras en un marasmo de extraños legajos, multicolores brebajes, objetos difíciles de clasificar para el hombre moderno... El mago invoca a las fuerzas de la oscuridad en una habitación secreta, lejos de la acechante mirada de la Santa Inquisición, temerosa de Dios, pero sobre todo del demonio. El grimorio ha sido abierto. Habla. Grita. A veces sangra. Evoca a los espíritus del inframundo.

El libro se convierte en la puerta que comunica el mundo de los vivos con la sugerente y etérea morada de los muertos. Ya no hay vuelta atrás. La línea escrita en púrpura ha sido leída. Hemos de prepararnos para lo que nos espera al pasar una a una las páginas prohibidas para nosotros, pobres mortales...

Leer entre líneas. Esa es la clave para comprender algunos de los secretos contenidos en una de las grandes maravillas de la historia: el libro. Pero en ocasiones un texto velado, prohibido, únicamente muestra la totalidad de sus secretos a los iniciados, a aquellos que han sabido comprender que no todo es lo que aparenta ser, la envoltura es solo un ornamento. Desde que el hombre, en tiempos pretéritos, comenzó a plasmar sus ideas, sus avances, en un soporte —bien fuera la piedra, el papiro, más tarde el papel, hoy la inabarcable e inmaterial extensión cibernética de la red de redes—, otros se dedicaron a destruir su legado, a perseguir a sus autores, a reescribir un conocimiento que creían les amenazaba. Pero ¿por qué el libro, la palabra escrita, ha sido perseguido a lo largo de los siglos?

Ese objeto generalmente de forma rectangular, cosido, forrado, con pocas o muchas páginas, es un arma tan poderosa que puede hacer sucumbir imperios; servir, quizá, para invocar a entidades desconocidas, atraer a seres de una dimensión superior o del inframundo, provocar, incluso, la muerte en extrañas circunstancias de aquel que, movido por el irrefrenable deseo de la curiosidad, decide aventurarse a pasar las páginas de un viejo manuscrito que había sido trazado, según la leyenda, siglos ha, con sangre humana. Antiguos conjuros que sirven para invocar al mismo demonio, palabras encadenadas que ocultan un saber milenario no apto para profanos, libros encriptados que desafían a la misma razón.

Puede que el apasionante tema de los libros prohibidos, de los textos malditos y condenados sea uno de los recursos más bellos de la ficción, de la literatura y el cine de terror, un tema recurrente que embaucó a escritores de la talla de H. P. Lovecraft, Edgar Wallace o Umberto Eco, entre muchos otros, pero lo cierto es que los libros «malditos» existen, y son muchos los casos en los que un texto parece haber sido el causante directo o indirecto de una tragedia, el desencadenante de un conflicto, el ángel anunciador de hechos futuros, esperanzadores o siniestros.

Desde los primeros tiempos, el hombre ha sentido un especial interés por la sabiduría, por el misterio y por lo desconocido. Fueron muchas (aunque quizá menos de las deseadas) las mentes que se preocuparon por recoger todo lo que las rodeaba, junto a sus anhelos, sus temores y sus creencias, y dejarlos impresos eternamente en ese mágico objeto que es el libro; desde el principio fueron numerosos también los individuos y los grupos que temieron profundamente una visión de las cosas diferente a la que ellos postulaban, y el libro, en este sentido, suponía un grave riesgo para el mantenimiento de su *statu quo*. La solución, para estos, residía en la destrucción de esa amenaza.

La profunda inquietud del ser humano hacia el conocimiento, y el poder que por extensión este generaba, hizo surgir diversas leyendas sobre libros que, debidamente descifrados, otorgaban al hombre todos los secretos del universo; libros míticos, eternamente escondidos, como *El libro de Thot* o *Clavículas de Salomón*, merecieron desde tiempos inmemoriales el calificativo de libros malditos, pues su hallazgo y comprensión por aquellos considerados profanos, débiles de corazón, suponía una temible amenaza para la existencia de la humanidad misma. Es por ello que, de existir, fueron cuidadosamente escondidos y cifrados, a través de la pluma de diversos iniciados, desde el mismo Salomón o el dios escriba de los egipcios, en diversas bibliotecas polvorientas, en colecciones privadas, en cuevas o templos de la Antigüedad, desde Alejandría a Tebas, pasando desapercibidos para el común de los mortales. Probablemente no forman sino parte únicamente de la leyenda, del mito, pero no debemos olvidar que prácticamente todos los mitos se sustentan sobre algún episodio histórico o un hecho real; el poder de esos manuscritos es la mejor metáfora sobre el alcance de la palabra escrita, como recordaba el inolvidable personaje del doctor Jones Sr. en la película *Indiana Jones y la última cruzada* (1989), interpretado por Sean Connery, citando una frase acuñada por el autor inglés sir Edward Bulwer-Lytton: «La pluma es más fuerte que la espada».

Grimorios, antiguos textos del arte sagrado o alquimia, colecciones misteriosas, bibliotecas malditas, «martillos de brujas», evangelios apócrifos, libros de Magia Natural, libros capitales de las grandes religiones que, como la Biblia, parecen ocultar entre sus milenarias páginas no solo el pasado, sino también el presente e incluso el futuro... Todos ellos salpican los capítulos de este libro (quizá, y solo quizá) también maldito.

Miles de páginas que desafían a la razón, códigos ocultos, líneas encriptadas con recelo por mentes preclaras durante siglos, secretos que, de ser desvelados, podrían cambiar nuestra concepción del mundo, quizá, aventurar el futuro. Todo ello se encuentra en manuscritos prohibidos, papiros mágicos, grimorios medievales, textos escritos por la mano del mismo diablo, y así un largo etcétera de soportes que recogen la palabra.

En las próximas páginas, llenas de historias increíbles —aunque en su mayor parte reales—, leyendas y secretos, pactos con el diablo y esquivos códigos, realizaremos un inquietante recorrido sembrado de fórmulas mágicas y peligrosas invocaciones a través de los siglos.

CAPÍTULO 1

LIBROS LEGENDARIOS

El *Libro de Thot* y la sabiduría milenaria del Antiguo Egipto

De entre todas las civilizaciones de la Antigüedad, si hay una que merece el calificativo de enigmática como ninguna otra, esta es, sin duda, el Antiguo Egipto. Momias legendarias, construcciones colosales, maldiciones, extraños pasadizos en las entrañas de unas pirámides orientadas hacia las estrellas... El país del Nilo es un cúmulo de secretos que perduran, como el primer día, con el paso de los siglos.

Y uno de los secretos mejor guardados de esta civilización ancestral y fabulosa es, sin duda, la supuesta existencia del conocido como *Libro de Thot*. Considerado un compendio de la sabiduría del universo, ostenta el título de primer libro maldito de la historia. El misterioso texto fue atribuido al dios egipcio Thot. Creador de la desconocida ciudad de Hermópolis —de la que solo hay referencias en algunos textos ancestrales—, esta divinidad representada generalmente con cabeza de Ibis o de babuino e instrumentos de escriba en las manos era la encargada, según la mitología, de medir el tiempo y regir los cielos. A él se le atribuye la creación del primer calendario —su nombre fue utilizado para designar el primer mes del año— y el control de las crecidas del Nilo, además de ser el dios que representaba los poderes mentales de Ra.

Sin embargo, de entre todos los rasgos que se le atribuyen, nos interesa sobremanera que fuera considerado creador de la escritura. Patrón de los escribas, de las artes y de las ciencias, fue el inventor de las palabras y, según algunas leyendas, se dice que codificó las ceremonias que llevaban a los muertos a transformarse en espíritus, a cuyo conocimiento solo podían tener acceso los sacerdotes. Su enorme poder sobre el lenguaje escrito hacía que estuviese al corriente de enigmáticas fórmulas mágicas capaces, incluso, de revivir a los muertos. Si damos rienda suelta a la imaginación, ¿serían estas fórmulas las que guardaba celosamente el misterioso papiro?

El Libro de Thot se componía de signos y jeroglíficos que, en forma de clave, ocultaban la sabiduría del dios, cuyo enorme poder se encontraba solo al alcance de unos pocos elegidos. Fue el francés Antoine Court de Gébelin[1] quien propugnó en el siglo XVIII que en dicho libro se hallaba el origen del tarot, y que sus páginas contenían una relación de los arcanos mayores. Según el ocultista, los sacerdotes habrían guardado celosamente a lo largo de los siglos la sabiduría ancestral de la poderosa deidad egipcia que contribuyó junto a Anubis (el dios chacal que pesa las almas de los muertos), a devolver la vida a Osiris tras unir de nuevo las partes de su cuerpo desmembradas y diseminadas por su hermano Seth, a través de esta forma de adivinación del futuro.

¿Qué provocó que una civilización casi anclada en la Edad de Piedra pudiera alzarse con tal poder y realizar construcciones, como las pirámides, que hoy en día constituyen un verdadero enigma para los científicos? Para algunos, todo aquel conocimiento avanzado a su tiempo y que desafía los estándares académicos se hallaría contenido en el famoso y esquivo *Libro de Thot*. Quién sabe. No en vano, hay quien atribuye a este dios un origen atlante, terreno algo pantanoso por el que es preferible no adentrarnos.

Si el famoso papiro —material que serviría de soporte al texto— existió o no es algo que se han preguntado desde hace siglos estudiosos de lo más variopinto. Unos más serios que otros, todo hay que decirlo. La primera referencia al libro aparece en el conocido como *Papiro de Turis*, publicado en París a finales del siglo XVIII,

1. Clérigo y lingüista francés del siglo XVIII especializado en la historia del tarot. Reputado masón y gran aficionado al ocultismo, perteneció a la logia de los Philalèthes y confeccionó una monumental obra en nueve volúmenes titulada *Monde Primitif*.

donde se describe el intento de asesinato de un faraón a través de la invocación de fórmulas mágicas extraídas del misterioso manuscrito. Dicho faraón, que tuvo conocimiento de la conspiración, mandó quemar el codiciado texto y junto a él a las personas, posiblemente sacerdotes, involucradas en una conspiración de tales dimensiones. Así se habría perdido su rastro para la posteridad.

Pero esta historia se contradice con la expuesta en la llamada estela Metternich, hallada en 1828 y datada en el siglo IV a. C., según la cual, y por boca del mismísimo Thot, se asegura que el dios de los escribas destruyó personalmente el libro tras expulsar de la Tierra al citado Seth. Según las crónicas, en el año 360 a. C. el texto fue definitivamente destruido, aunque volvió a aparecer poco después a través de la sabiduría griega, esta vez bajo la apariencia de Hermes Trismegisto, nombre que dieron a Thot en la cultura helenística. Así, el *Corpus Hermeticum* —conjunto de libros de magia y alquimia atribuidos a Hermes— no sería sino una versión más moderna de los antiguos saberes de Thot.

El caso es que el libro, si fue destruido, reapareció misteriosamente, pues las referencias a su existencia han sido constantes, sobre todo a lo largo de la Edad Media. Poseer el *Libro de Thot* suponía hacerse con poderes inimaginables que convertirían al dueño del mismo en un ser todopoderoso. Esta tentadora ambición llevó a muchos magos y ocultistas de diversas épocas a afirmar que lo poseían; el mismo Court de Gébelin aseguraba haber tenido entre sus manos parte del texto egipcio original, aunque si hemos de creer el mito, aquellos que lo tuvieron en su poder acabaron sus días con más pena que gloria.

Para el investigador galo Jacques Bergier,[2] varias veces citado en este apartado y al que el academicismo no duda en tildar de pseudohistoriador, a veces con razones de peso, el *Libro de Thot* debió de ser un papiro antiquísimo, copiado en secreto reiteradamente y con unos 10.000 o 20.000 años de antigüedad. Es probable que incluso fuera guardado durante un tiempo, como el más velado de los secretos, en la antigua Biblioteca de Alejandría. Sus páginas contendrían el secreto de un poder ilimitado que permitiría,

2. Bergier, Jacques, *Los libros condenados*, Barcelona, Plaza & Janés, 1975.

entre muchas otras cosas, revivir a los muertos, comunicarse con los animales y la facultad de modificar cosas y acontecimientos a distancia. Un poder similar se atribuiría de nuevo a otro «texto maldito», las llamadas *Clavículas de Salomón.*

Las leyendas sobre escritos malditos que albergaban profundos conocimientos han sido una constante en la historia del hombre, e incluso el mismísimo Lovecraft se basó en este supuesto para dar forma al libro maldito moderno por excelencia —y este sí, ficticio—, el *Necronomicón.*

El conocimiento secreto del rey Salomón

Junto al citado *Libro de Thot,* uno de los manuscritos más enigmáticos de la historia de la humanidad es aquel conocido como *Clavículas de Salomón.* Este monarca fue, según el Antiguo Testamento, hijo del rey David y de Betsabé, y constructor del mítico templo de Jerusalén, de cuyos restos en la actualidad solo queda el Muro de las Lamentaciones, lugar sagrado y de culto de la religión hebrea y hoy un polvorín bélico. Dicho templo, auspiciado por su padre, se dice que fue erigido en honor a Jehová para albergar en su sanctasanctórum el Arca de la Alianza, un objeto de poderes indescriptibles —que según las Escrituras provocó que se derrumbaran los muros de Jericó, los más sólidos del mundo antiguo— y que sería codiciado por importantes personajes a lo largo de los siglos, incluido el mismo Heinrich Himmler, líder de las SS y de la Gestapo y uno de los nazis más sanguinarios del Tercer Reich. Conocido como un rey sabio y amante de la literatura, Salomón fue el garante de una sabiduría divina desconocida que le habría confiado su progenitor, el rey David, quien le entregó todos los secretos de la cábala.

Se creía que esta doctrina esotérica judía otorgaba a los iniciados la capacidad para controlar todos los secretos de la naturaleza, por lo que el rey hebreo era consciente de los peligros que entrañaba dicho poder si caía en manos inadecuadas. Para evitarlo, Salomón ocultó sus conocimientos en las páginas de su testamento, a las que se dio el nombre de *Clavículas de Salomón* que, desde entonces, han sido una de las obras más perseguidas de la historia. La palabra *clavícula* hacía referencia a «pequeñas llaves» que contendrían el secreto mejor guardado de la humanidad. El texto original parece ser que mostraba en su portada dos columnas que simbolizaban la entrada al templo de Jehová. La enorme relevancia atribuida al contenido de dichas clavículas podemos resumirla en una cita atribuida al cronista bizantino Nicetas Choniates, quien llegó a escribir que «aquel que posea el testamento de Salomón se convertirá en el hombre más poderoso sobre la faz de la Tierra».

Al igual que ocurrió con el *Libro de Thot* y todos aquellos textos considerados malditos, guardianes de un conocimiento arcano, divino o maléfico, las *Clavículas de Salomón* —falsas, claro— pasaron a formar parte de las colecciones privadas de magos —el mismo Salomón es considerado el primer mago de la historia—, charlatanes y estudiosos varios que afirmaban poseer el enigmático testamento. Muchos de ellos se entregaron a la deleitable y costosa labor de escribir textos de su puño y letra, con absurdas e irrelevantes fórmulas mágicas a las que pusieron el título de la codiciada obra del rey judío.

Esta es la razón por la que cualquiera de nosotros puede encontrar un ejemplar de estas *Clavículas de Salomón* en cualquier librería de barrio (al menos hasta que estas dejen de existir, pues por desgracia no parece que reste mucho para ello), en una suerte de grimorios o libros mágicos, algunos de ellos, es de reseñar, fascinantes y de los que nos ocuparemos más detenidamente en otro capítulo de este libro dedicado a los grimorios. No parecen ser, sin embargo, más que burdas falsificaciones medievales.

Existió, no obstante, una copia que pudo ser auténtica —quién sabe, soñar es libre— y que habría permanecido oculta en la biblioteca de algún monarca u hombre poderoso y que poseyó en su día el célebre ocultista francés Eliphas Lévi, quien llegó a ser jefe supremo de los adeptos y magos en Europa en 1856 y jefe del Gran Domo de Europa, y que tuvo un ejemplar de las *Clavículas* o *Ritual de Alta Magia* que parece ser que pasó más tarde a manos del también ocultista y poeta francés Stanislas de Guaita, conocido en su tiempo como el Príncipe de la Rosa Cruz. Por desgracia para los amantes del saber prohibido, el destino final del texto fue una subasta realizada en 1968 en el hotel Drouot de la Ciudad de la Luz. Hasta el momento, la identidad del comprador, quien supuestamente pagó una verdadera fortuna por el codiciado ejemplar, es tan enigmática como el mismo libro.

En su *Histoire de la Magie,* Lévi se refiere al misterioso libro con las siguientes palabras:

> Las tradiciones populares decían que el poseedor de las *Clavículas de Salomón* puede conversar con los espíritus de todos los órdenes. Pues estas *Clavículas*, varias veces perdidas y otras tantas recobradas, no son otra cosa que los talismanes de los setenta y dos nombres y los misterios de las treinta y dos vías que el tarot reproduce jeroglíficamente. Con el auxilio de estos signos y por medio de sus combinaciones infinitas, se puede efectivamente llegar a la revelación natural y matemática de todos los secretos de la naturaleza y, en consecuencia, entrar en comunicación con la jerarquía completa de las inteligencias y de los genios.

El propio *Libro de los muertos,* hoy reeditado en múltiples formatos, fue concebido por los antiguos egipcios como un libro mágico, nada extraño en una civilización para la que lo sobrenatural y el más allá formaban parte, como para los mesopotámicos, de la vida cotidiana. El *Libro de los muertos,* como compilación de hechizos y encantamientos, servía para guiar al difunto en el más allá. Según los expertos, los antiguos egipcios desarrollaron el texto jeroglífico para abordar la ansiedad mortal de la humanidad; por ello, pensaban que el texto estaba imbuido de poder mágico, y cuando dicho poder mágico se combinaba con los rituales funerarios apropiados, cada individuo podía convertirse en un dios inmortal en el más allá y asumir la identidad de Osiris, dios de los muertos.

CAPÍTULO 2

BIBLIOCLASTIA. EL AFÁN POR DESTRUIR LIBROS

No todos los libros de la Antigüedad merecieron el calificativo de malditos por contener entre sus páginas misteriosos conocimientos capaces de otorgar una fuerza sobrenatural a su poseedor o textos que recogen los grandes secretos de una civilización en particular; la gran mayoría de los libros condenados lo fueron por ser perseguidos con saña hasta su destrucción, bajo el nefasto influjo de ciertos individuos sin escrúpulos que se hicieron notar casi desde el mismo momento en que el asombroso arte de la escritura inició su fascinante periplo.

La historia del hombre ha visto cómo eran destruidos millones de textos de la mano de no pocos personajes, que Fernando Báez, miembro de la Unesco y autor de un maravilloso ensayo sobre el tema titulado *Historia universal de la destrucción de libros,* denomina «biblioclastas», esto es, amantes de la destrucción de escritos y bibliotecas.

Según los historiadores y expertos en la materia, el primer biblioclasta en masa fue el emperador chino Shi Huangdi, apodado el Destructor, famoso por iniciar la construcción de la Gran Muralla y por ordenar su entierro en una monumental tumba en la ciudad-prefectura de Xianyang, en la provincia de Shaanxi, custodiada por un ejército de miles de soldados de terracota en los que trabajaron unos 700.000 hombres durante casi cuarenta años, uno de los yacimientos arqueológicos más sorprendentes, y a día de hoy rodeados de secretos y fuertes medidas de seguridad por parte del Gobierno chino. Gran guerrero y mejor conquistador, en el año 215 a. C. Huangdi, después de reducir numerosos feudos y arrasar cientos de territorios asesinando a sus administradores, logró edificar uno de los imperios más colosales de Oriente.

El Destructor mandó crear una gran biblioteca —generalmente y, aunque parezca una contradicción, los destructores de libros sintieron especial interés por diversos campos del saber— en la que promovió los textos favorables a su régimen, confiscando el resto de los escritos. Sus soldados recorrían casa por casa recogiendo todos los textos que encontraban a su paso; tras las incómodas visitas, encendían grandes piras y los quemaban ante los ojos atónitos de sus poseedores. Si alguien cometía la osadía de ocultar un libro y era descubierto, lo enviaban a trabajar en la construcción de la Gran Muralla, empresa realmente temida, pues fallecieron en ella miles de hombres.

Muchas personas fueron torturadas, algunas asesinadas por desafiar al régimen censor, y cientos de textos destruidos, entre ellos, los que promulgaban las enseñanzas de Confucio, dogma que Shi Huangdi odiaba con especial inquina. Curiosamente, la biblioteca edificada por el primer biblioclasta —al menos registrado— de la historia desapareció en el año 206 a. C., tras la guerra civil que asoló el país. El emperador, que no pudo evitar aquello, supo entonces lo que significaba perder los libros entre las llamas.

Parece que también el Imperio mongol fue proclive a la destrucción de los textos de sus opositores. Cuando el temido Gengis Khan atacó con sus tropas la mezquita de Bujana, algunos cofres llenos de libros y de manuscritos sagrados fueron conducidos al patio y eliminados. Según la crónica de lo sucedido, los cofres, celosos guardianes de la sabiduría de todo un pueblo, fueron utilizados como pesebres en las caballerizas.

Años después, Hulagu Khan, descendiente de aquel, realizó una acción similar a la de su antepasado en la ciudad de Bagdad, que volvería a sufrir el azote de la intolerancia y el expolio cultural en 2003, durante la segunda guerra de Irak. Cuando Hulagu Khan arrasó este territorio, corría el año 1257. Poco más de cien años después, en 1393, Tamerlán asoló Siria, eliminando todos los libros de sus enemigos. Casos similares en la Antigüedad pueden contarse por cientos.

Bibliotecas en llamas

Desde tiempos inmemoriales, el amor al saber de algunos estuvo inexorablemente ligado al afán de otros por destruir todo aquello que suponía un avance del pensamiento. No solo el libro, de forma aislada, como en la China de Shi Huangdi, fue destruido. El hogar por excelencia de este soporte, la biblioteca, no ha corrido mejor suerte que los escritos que cobijó durante milenios entre sus paredes, propensas a ser reducidas a escombros por las tristes acciones de la intolerancia humana.

Cientos de bibliotecas históricas fueron pasto de las llamas y con ellas se perdió toda su inmensa riqueza cultural, centros de los que solo tenemos referencia a través de las citas o relatos de antiguos historiadores, escritores o cronistas; algunas de ellas merecen el calificativo de «malditas», pues entre sus paredes supuestamente se escondía todo el saber prohibido de la Antigüedad, aunque su maldición descansaría precisamente en la debilidad de sus muros. Fue el caso de bibliotecas legendarias como la de Alejandría o la de Pérgamo, contemporánea de la primera, que, aunque casi con seguridad no dieron cabida a libro alguno con poderes sobrenaturales, fruto de la leyenda, fueron, sin duda, un vasto almacén de sabiduría cuya pérdida supuso un retroceso de siglos en el avance de la ciencia y el pensamiento del hombre. Veamos algunas de las más significativas.

Alejandría, cuna del saber en la Antigüedad

En el año 306 a. C. subió al poder Ptolomeo[1] I Sóter en Alejandría (Egipto). Fue la misma época en la que un griego brillante y de gran erudición, de nombre Demetrio de Falero, arribó a la mítica ciudad procedente de Tebas, tras un largo exilio que le había obligado a abandonar Atenas. Ambos personajes trabaron una profunda amistad y el monarca, aconsejado por Falero, procedió a la

1. Ptolomeo I (366-282 a. C.) fue un noble macedonio, uno de los reyes sucesores de Alejandro Magno. Fue rey de Egipto y fundador de la dinastía ptolemaica.

construcción de un edificio consagrado a las musas y al que dio el nombre de museo que, poco tiempo después, contó con una enorme biblioteca. Fue el germen del gran centro del saber del mundo antiguo.

Según narra la *Carta de Aristeas a Filócrates,* fechada en el siglo II a. C., Demetrio recibió grandes sumas de dinero del rey «para adquirir, de ser posible, todos los libros del mundo». De esta forma, la biblioteca más importante de la Antigüedad fue reuniendo un inmenso catálogo de libros de las más variadas temáticas. Falero, uno de los hombres más brillantes de su tiempo, profundamente preocupado por el saber, se embarcó en la ardua tarea de traducir al griego todos los textos judíos del Antiguo Testamento. Para ello, contó con un grupo de traductores hebreos procedentes del barrio judío de Alejandría, a instancias de Ptolomeo I y el sumo sacerdote Eleazar. Durante setenta y dos días se tradujeron las Sagradas Escrituras en su totalidad.[2]

El maestro Demetrio intentó abarcar el mayor abanico posible del saber humano. Por ley, todos los viajeros que pasaban por Alejandría debían donar una obra a la biblioteca del museo, cuya descripción únicamente se conserva en un antiguo documento de dudosa autenticidad. Parece ser que el museo formaba parte de los palacios de la realeza y contaba con un paseo, una gran casa donde se situaba el refectorio y largos pasillos en cuyas paredes se colocaron fantásticas obras pictóricas. Como curiosidad, el museo contaba con un zoológico y un jardín botánico que albergaban los más raros animales y las más extrañas plantas del mundo. La biblioteca era el edificio más admirado; en un principio utilizada únicamente como sala de consulta, contó con diversas ampliaciones, entre las que se encontraba la conocida como biblioteca del Serapeum, templo edificado en honor de Serapis y que estaba situado a pocos metros del edificio del museo —de esta forma parece ser que la famosa biblioteca de Alejandría estaba dividida en dos—. Al parecer, las paredes del Serapeum daban cobijo a iluminados que pernoctaban en el recinto, consultando los libros en busca de algún

2. Báez, Fernando, *Historia universal de la destrucción de libros. De las tablillas sumerias a la guerra de Irak*, Barcelona, Ediciones Destino, 2004.

tipo de revelación. Bergier, por su parte, afirma que la biblioteca de Alejandría contaba con diez grandes salas y varias cámaras aisladas para estudiosos.

A pesar de su impresionante labor, Falero no consiguió el puesto que tanto anhelaba de director de la biblioteca. Años después de haberse convertido en uno de los personajes más relevantes de la sociedad alejandrina, el erudito cayó en desgracia cuando el sucesor de su amigo el monarca, Ptolomeo II Filadelfo, lo expulsó de la ciudad sin miramientos. Parece ser que hacia el año 285 a. C., en el Bajo Egipto, Falero murió tras ser mordido por un áspid, la famosa serpiente que también acabaría con la vida de la reina Cleopatra años después. Con la muerte de aquel amante del saber perdía la historia una de sus mentes más preclaras y uno de los primeros y más importantes impulsores del conocimiento. Nadie sabe cómo llegó la serpiente a morderle: se habla de casualidad, suicidio y asesinato. Quién sabe.

El primer director de la biblioteca fue Zenódoto de Éfeso (325-260 a. C.), quien fue sucedido más tarde por Apolonio de Rodas y este a su vez por el enigmático Eratóstenes, en tiempos de Ptolomeo III Evergetés. Son figuras apasionantes de las que la historia, por desgracia, nos ha legado muy poca información. Eratóstenes fue un hombre profundamente sabio y adelantado a su tiempo. Una vez convertido en director del centro, emprendió profundos estudios en los que combinaba la investigación científica con el análisis literario.

Uno de sus más misteriosos y afamados descubrimientos fue la medición de la circunferencia de la Tierra, que estimó en 252.000 estadios —unos 39.690 kilómetros—. En pleno siglo XX, las más exactas mediciones de la circunferencia terrestre, gracias a la intercesión de satélites y potentes computadoras, está en 40.067,96 kilómetros. Erró, no obstante, en varias cuestiones, lo que no es de extrañar teniendo en cuenta lo arcaico de sus instrumentos de medición: supuso que la Tierra era perfectamente esférica, y que Siena y Alejandría se encontraban situadas sobre un mismo meridiano, lo que no es cierto, y puede estar detrás de sus errores de precisión.

No se le puede negar, sin embargo, una gran contribución al conocimiento de la geografía terrestre. Paradójicamente, el dogma ortodoxo cristiano y su visión del mundo convertirían a la Tierra en una extensión en planicie a lo largo de muchos (y a veces no tan oscuros) siglos medievales. Los primeros que se atrevieron a afirmar otra concepción de la misma, redonda, girando alrededor del sol, como Copérnico o Galileo, fueron acusados de herejes, algunos de ellos quemados (como Giordano Bruno, en Campo dei Fiori, en Roma). Sorprendentemente, un hombre que vivió muchos siglos antes del Renacimiento ya conocía el verdadero aspecto de nuestro planeta. ¿Qué extraños conocimientos se perdieron entre las llamas en Alejandría? ¿Cómo logró un hombre del siglo II a. C., con los rudimentarios utensilios de los que se supone disponía en tiempos tan lejanos, ajustarse tanto a la longitud real de dicha circunferencia? ¿Pudo haber utilizado oscuras artes mágicas para lograrlo...? ¿Quizá algún libro de la enigmática biblioteca? No parece muy posible, pues suena a argumento de una saga de fantasía y magia, pero no deja de resultar inquietante que grandes avances del conocimiento se perdieran en la noche de los tiempos.

La historia de la biblioteca de Alejandría está irremediablemente ligada a los intentos por destruirla, en una interminable sucesión de ataques contra sus pilares y sus libros. Al parecer, la primera destrucción del mítico edificio data del año 48 a. C., cuando el más grande de los emperadores romanos, Julio César, se inclinó a favor de Cleopatra en la lucha por el trono de Egipto. Cuando la flota egipcia fue reducida a cenizas en el puerto de Alejandría, según el testimonio de Dión Casio recuperado por Báez, se destruyeron unos depósitos de libros que esperaban su entrada en el centro. Al parecer, ardieron 40.000 rollos de pergamino, aunque esta cifra no ha podido ser demostrada. ¿Pretendía César, un hombre de una altura intelectual que nos brindó obras como *La Guerra de las Galias*, acabar con tamaña cantidad de saber? Todo es posible, pues a lo largo de la historia no pocos hombres de insigne sabiduría, incluidos autores, demostraron también una fuerte tendencia biblioclasta; es el caso del mismo filósofo griego Platón, al que se atribuyen notables arrebatos de destrucción y quema de escritos.

Parece ser que siglos después fueron los cristianos, cuyo papel de perseguidos a perseguidores los convertiría en voraces biblioclastas, quienes quemaron el mítico edificio. Comandados por Teófilo,[3] atacaron el Serapeum en el año 389 y la biblioteca dos años después, según algunos historiadores, aunque tampoco está claro. Las crónicas recogen que, al concluir el saqueo, las muchedumbres enfurecidas de cristianos demolieron las paredes, destruyeron los iconos paganos y llenaron el templo de cruces. Se sabe que Teófilo mandó destruir el Serapeum, pero no hay consenso entre los historiadores sobre quién ordenó la quema de libros; algunos atribuyen la biblioclastia a los mismos cristianos comandados por aquel, aunque no está demostrado. Otros apuntan a una destrucción por hordas musulmanas. En la actualidad, no obstante, la tesis de la destrucción árabe de la mítica biblioteca ha perdido fuerza, desviando de nuevo la atención hacia los romanos, que habrían llevado a cabo diversas incursiones en la legendaria ciudad arrasando por completo la biblioteca y el museo.

Existen aún más hipótesis sobre la misteriosa desaparición del mayor registro de libros de la Antigüedad: pudo deberse, entre otras cosas, a los efectos de un terremoto e incluso a la negligencia de aquellos encargados de velar por su seguridad.

A la acción de los cristianos se debe también uno de los episodios más significativos de ataque al conocimiento, relacionado con la mítica biblioteca alejandrina: el asesinato de Hipatia, calificado por algunos historiadores como «la muerte del mundo clásico», episodio recogido por Alejandro Amenábar en su película *Ágora* (2009). En el año 425 d. C., una muchedumbre de monjes cristianos enfurecidos, seguidores del obispo Cirilo de Alejandría, secuestraron a la hija del entonces bibliotecario, Teón, llamada Hipatia. La joven, de insigne hermosura según las crónicas, poseía una impresionante erudición. Al parecer, dominó con excelsa perfección las matemáticas y la astrología de su tiempo, y escribió diferentes textos, de gran complejidad, entre los que destacaba un *Comentario sobre la Aritmética de Diofanto*.

Sus amplios conocimientos siendo mujer —género obligado a ser relegado a un segundo plano en la historia del hombre— provoca-

3. Patriarca de Alejandría desde el 385. Decidido adversario de las doctrinas de Orígenes. Decretó el destierro de san Juan Crisóstomo en el sínodo llamada *ad quercum*, que presidió.

ron que dicha muchedumbre de cristianos la secuestrara, a instancias del tal Cirilo, y la condujera a la conocida como iglesia de Cesareo, donde acabaron con su vida de forma brutal: tras golpearla reiteradamente con unas tejas, le arrancaron los ojos y la lengua hasta que murió desangrada. Una vez tendida en el suelo, mutilada y sin vida, trasladaron el cuerpo a Cirano, donde lo despedazaron: le arrancaron los órganos, la deshuesaron y finalmente quemaron sus restos.

Con la muerte de Hipatia no se asesinó solo a una mujer sino todo lo que ella representaba: la sabiduría, la independencia respecto al hombre y la libertad que ofrece el conocimiento. Siglos después, la persecución, la tortura y el asesinato se convertirían en habituales bajo la oscura sombra proyectada por el cristianismo (católico y principalmente protestante).

No se sabe con certeza cuántas obras guardaba celosamente la mítica Biblioteca de Alejandría. La *Carta de Aristeas* señala que sus gruesas paredes albergaban 20.000 rollos de pergamino, mientras que los historiadores Aulo Gelio y Amiano Marcelino hablaron de unos 700.000. A su vez, otros señalaron cifras diferentes. Nunca sabremos con certeza qué contenía dicha biblioteca y qué se perdió por completo entre sus ruinas.

En la biblioteca se encontraba un impresionante archivo que contenía libros escritos en griego, una inmensa colección que contenía toda la literatura griega clásica que no ha llegado hasta nosotros. Junto a textos de gran importancia histórico-literaria como aquellos, el desbordante de imaginación Jacques Bergier[4] señala que en la destrucción del edificio se perdieron libros secretos que ofrecían al que los leía un poder ilimitado; además de un gran número de textos sobre ocultismo, magia y extrañas fuerzas sobrenaturales. El griego Demetrio de Falero, el fundador de la mítica biblioteca junto a Ptolomeo I, escribió, durante el tiempo que estuvo en Tebas, varias obras, entre las que destaca *Sobre el haz de luz en el cielo*, según algunos, el primer libro de la historia sobre el fenómeno ovni que quizá fuera —de existir— guardado en la biblioteca.

Ni corto ni perezoso, Bergier cita textos aún más extraños: la obra del sacerdote babilonio Beroso pudo haber sido también pro-

4. Bergier, Jacques, *op. cit.*

tegida en su momento en la biblioteca. Refugiado en Grecia, el sacerdote parece que dejó una obra, *Historia del mundo,* en la que nombra a los extraños Akpalus, unos seres extraterrestres con apariencia de peces que vivían en escafandras y supuestamente comunicaron a los hombres los primeros conocimientos científicos —explicación plausible para el extraño avance de civilizaciones como la egipcia—. Según el mismo autor, cuya obra podríamos encuadrar en el estilo de Zecharia Sitchin o el suizo Von Däniken —este último aún en activo y cuyos argumentos, en ocasiones delirantes, hay que coger con pinzas—, Beroso, sacerdote, astrólogo e historiador caldeo del siglo III a. C., inventó el cuadrante solar semicircular y formuló una teoría sobre la acción de los rayos del sol y los de la luna, antecedente de las modernas teorías sobre la interferencia de la luz.

Para Bergier, entre los muros de la gran biblioteca se hallaba igualmente la obra completa de Manethón, un sacerdote e historiador egipcio que al parecer conocía todos los secretos de la civilización de sus antepasados. Cuenta el galo que escribió personalmente ocho libros y reunió en Alejandría unos cuarenta rollos de pergamino que, al parecer, contenían todos los secretos del país de los faraones, entre ellos el contenido del esquivo y enigmático *Libro de Thot*. Hay hipótesis aún más arriesgadas, dignas del mejor escrito *sci-fi,* que aventuran que en Alejandría también se perdió la obra de un tal Mocus, un historiador fenicio que habría sido el primero en formular nada menos que... ¡la teoría atómica! Sin comentarios.

Bergier sigue con su retahíla pseudohistórica —que, no obstante, nos sirve para comprender hasta qué punto fue relevante la biblioteca de Alejandría y su conocimiento prohibido y su capacidad para hacernos soñar—, y asegura que las llamas que se avivaron en varias ocasiones en Alejandría se encendieron precisamente para acabar con textos malditos guardianes de peligrosos secretos. Entre ellos se encontrarían aquellos que explicaban el extraordinario avance científico-técnico de la civilización egipcia, un pueblo de iluminados que fue capaz de pasar, de forma inexplicable, de las inmensas limitaciones del hombre del Neolítico a un avanzado estado de conocimiento que permitió a sus habitantes construir las enigmáticas pirámides, dominar a la perfección el fascinante campo de la astrología y parte de la astronomía y erigirse como una de las civilizaciones más poderosas de la Antigüedad durante más de 5.000 años.

Junto a estos enigmáticos textos, entre sus archivos la biblioteca contaba, siempre según el relato de Bergier, y por tanto sin documentación fidedigna que lo atestigüe, con antiguos y fascinantes tratados de alquimia que contenían nada menos que el secreto de la transmutación de los metales bajos en oro, procedimiento al que aludiremos más adelante. Los árabes, también grandes alquimistas, atacaron ferozmente este tipo de obras cuando hicieron su incursión en la biblioteca. Al parecer, el emperador romano Diocleciano, en la ofensiva que lanzó contra Alejandría (284-305 d. C.) pretendía destruir todas las obras que revelaban la fabricación de metales porque pensaba que, si sus opositores egipcios conocían las claves de la Gran Obra, podrían erigir un gran ejército y levantarse en armas contra Roma. Como apunte, señalar que Diocleciano fue uno de los más despiadados destructores de su tiempo: no solo atacó los libros guardados en Alejandría; en el año 305 de nuestra era firmó su último decreto, en el que ordenaba la aniquilación total del cristianismo. En este caso, su fracaso fue evidentemente mayor que su cruzada contra los textos alquímicos.

La biblioteca más famosa de todos los tiempos fue, por tanto, objeto de la ira y el miedo de muchos poderosos, y no precisamente durante pocos siglos. Su intolerancia —más que el poder sobrenatural de un manuscrito compuesto por extraterrestres en tiempos antediluvianos— acabó con el mayor centro de información y saber del mundo antiguo, sumiendo al hombre en un importante retraso cultural que duraría siglos. Nunca sabremos en qué habría cambiado el devenir y el destino del hombre de no haber destruido aquellos registros del saber del pasado. Que cada uno divague lo que guste. Soñar es gratis.

Pérgamo, a la sombra de Alejandría

Bibliotecas de menor importancia histórica que la de Alejandría, que ostenta el primer puesto, pero igualmente vitales para la conservación del saber humano, fueron destruidas en los más diversos lugares desde tiempos remotos, tras sufrir incursiones, batallas, terremotos, incendios y un largo etcétera de desgracias. El segundo puesto en la Antigüedad, tras la fundada por Demetrio de Falero, lo ocupó la llamada Biblioteca de Pérgamo, que llegó a ser incluso rival de la alejandrina. Según cuenta Estrabón, fue fundada en el siglo II a. C. por el rey Eumenes para desafiar a los soberanos de Alejandría, orgullosos, y no sin motivo, de poseer la mejor biblioteca del mundo.

Ante la negativa de Ptolomeo IV de exportar papiro a Pérgamo con el fin de evitar su éxito en dicho campo, Eumenes y sus bibliotecarios tuvieron que recurrir al pergamino, lo que supuso un gran avance respecto al soporte anterior por su mayor flexibilidad y su resistencia a la acción devastadora del paso del tiempo. Se cree que en pocos años el citado monarca llegó a reunir 200.000 o 300.000 volúmenes, una cifra realmente impresionante para aquellos tiempos en los que no existía la imprenta y la distribución de escritos dejaba mucho que desear.

Dicho centro de saber contó con dos famosos bibliotecarios, según las crónicas, Crates de Malos, con el que predominó la doctrina estoica, y Antígono de Caristo, quien realizó una gran labor como biógrafo y como historiador. Siguiendo el trabajo de Báez, el helenista Wilamowitz[5] consideró a este personaje «un genio y advirtió en todos sus libros el afán por la amenidad y por el asombro».

Por desgracia, Pérgamo, como Alejandría, sufrió la invasión de Roma y, según el testimonio de algunos historiadores, Marco Antonio, una vez destruida la ciudad, envió como regalo a Cleopatra unos 200.000 pergaminos para su depósito en la Biblioteca de Alejandría —que, al parecer, acabó por ganar la pugna a su rival—. Si su traslado se hubiera realizado a otro lugar, es posible que hoy día todavía conservásemos sus desconocidos textos.

Otras destrucciones de libros

Mucho antes y mucho después del colapso de las bibliotecas de Alejandría y Pérgamo, se redujeron a cenizas otros centros de saber y

5. Ulrich von Wilamowitz-Moellendorff (1848-1931) fue un destacado filólogo y helenista alemán con una ingente obra entre la que se cuenta el texto de referencia *La fe de los griegos*.

lugares donde se albergaban textos de gran valor para el conocimiento. En las próximas líneas veremos —solo— algunos de ellos.

También en el Antiguo Egipto hubo casos de destrucción de libros y quema de bibliotecas. El «Papiro de Ipuur» —poema preservado en 17 fragmentos de papiro y custodiado en el Museo Arqueológico de Leiden, en los Países Bajos—, un relato considerado histórico, muestra, pues no hay consenso académico, o bien la caída del Imperio antiguo de Egipto (comprendido entre el 2686 y el 2181 a. C.) o bien un lamento inspirado por el caos generado durante el Segundo periodo intermedio. Narrado por el príncipe Ipu, «partidario del viejo orden», describe en medio del caos la destrucción de numerosas bibliotecas de templos en la que puede considerarse la primera revolución social registrada de la historia de la humanidad.

Después, y sin salir del Antiguo Egipto, las luchas intestinas entre los clérigos partidarios del dios Amón y los del dios Atón provocaron la destrucción de las obras de sus adversarios. Tras ser eliminado el milenario culto a Amón por parte del faraón Akenatón (*ca.* 1353-1337 a. C.), tras su muerte acabaría recuperándose, y sus partidarios, victoriosos, borraron con determinación de todo el país del Nilo el nombre de Akenatón, y destruyeron también los templos consagrados a él, principal valedor del culto a Atón.

Durante la destrucción de Nínive, la capital y ciudad más grande del Imperio neoasirio (hoy en Mosul, Irak), en el año 612 a. C. —asedio llevado a cabo por babilonios y medos, cuando fue arrasada hasta los cimientos—, se destruyó la biblioteca real de Asubarnipal, donde se guardaban importantes obras de la Antigüedad como la «Epopeya de Gilgamesh», «El mito de Adapa» o «El pobre de Nippur», relatos procedentes de *Las mil y una noches*. Por suerte, muchos de los restos de tablillas en escritura cuneiforme que los contenían pudieron ser recuperados milenios después y su contenido no se perdió en la noche de los tiempos; sería una gran pérdida para el conocimiento universal.

Al parecer, según Heródoto, cuando el rey persa Cambises invadió Egipto en el año 525 a. C., arrasó los templos y quemó todo registro de cultura del país del Nilo, incluidos numerosos textos en papiro y jeroglíficos, y se quedó únicamente con el oro. Hacia el año 500 a. C., el palacio del rey persa Darío I, en Persépolis —que poseía en la llamada Fortaleza de los Espíritus los archivos reales guardados en plomo y estaño, concretamente en la Sala 33 del Tesoro—, sería destruido por sus enemigos, y únicamente se salvarían dos manuscritos de Zoroastro que, cual verdaderos soportes escritos perseguidos por la maldición, sucumbirían al fuego siglos más tarde, durante un incendio de los que asolaron la Biblioteca de Alejandría.

Otro caso tuvo lugar en el año 400 a. C., cuando el rey persa Jerjes, hijo de Darío I el Grande, saqueó en Atenas la importante colección de obras reunidas por Pisístrato, gobernador de la capital helena en el siglo VI a. C.

En Roma, ya en el siglo VI, concretamente en el año 590, el papa Gregorio I, conocido como «el cónsul de Dios», mandó quemar numerosos libros de autores clásicos griegos y latinos que se conservaban en la biblioteca de los papas de Letrán, entre ellos, ejemplares de Tito Livio y Cicerón, porque, según el pontífice, «los jóvenes prefieren esas lecturas al Antiguo Testamento».

Unas décadas después, en el año 633, tras la islamización de Egipto, los Libros de la Sabiduría conservados en los Tesoros Reales, en El Cairo, fueron cuestionados por los califas, que ordenaron destruir aquellos que contradecían las enseñanzas del Corán, usándolos como combustible en una gran pira que anunciaba, muchos siglos antes, las que realizarían los nazis tras su llegada al poder en la Alemania de los años treinta. También en El Cairo, en el siglo XI, el príncipe fatimí Abu al-Wafa' al-Mubashshir ibn Fatik, del cuarto califato islámico, el único chií de la historia —que era un gran poeta, filósofo y erudito versado en matemáticas, astronomía, lógica y medicina—, poseía una fabulosa biblioteca, una de las cuatro más admirables de la capital egipcia, en la que reunió una colección asombrosa de obras. A su muerte, su esposa, abatida por la pena, se desahogó arrasando la biblioteca.

También durante la Reconquista en la península ibérica, las Cruzadas en Tierra Santa y otras épicas (y a veces no tanto) incursiones y guerras por la fe, se destruyeron ingentes cantidades de patrimonio, arte y obras. Tras el ascenso al poder de Almanzor, se realizó una quema de libros de la Gran Biblioteca de Córdoba frente al alcázar andalusí. Era el año 979 y el califa seguía los postulados de los ulemas (estudiosos del islam y la sharía, el código de conducta islámico) malikíes por no seguir la ortodoxia coránica, iniciando un declive que culminaría con la futura guerra de Al-Ándalus o guerra civil andalusí, entre 1009 y 1031, cuando se produce el colapso del califato y el surgimiento de los reinos de taifas.

Los ejemplos son innumerables: la biblioteca imperial de Constantinopla, la biblioteca de Trípoli, la Madraza de Granada... y ya en tiempos recientes, la Biblioteca Nacional de Sarajevo, en agosto de 1992, y más de un millón de libros de la Biblioteca Nacional de Irak durante la invasión llevada a cabo por una coalición de países encabezada por tropas estadounidenses y británicas en 2003.

La biblioclastia desencadenada durante el ascenso de los totalitarismos en el siglo XX merece capítulo aparte y la dejaremos para el final de este libro, junto a la situación de la censura y la prohibición de libros en la actualidad, pero veamos cuándo comenzó de forma abierta la «cultura» de la destrucción del saber y el borrado de la memoria en la era contemporánea.

El 10 de mayo de 1933, en la Bebelplatz de Berlín, ya caída la noche, una muchedumbre enfervorecida asistía a un acto de gran simbolismo: cientos de nacionalsocialistas, la mayoría pertenecientes a las SA, las tropas de asalto, pero también miembros de la cada vez más poderosa SS comandada por Heinrich Himmler, procedían a la quema de unos 40.000 volúmenes de autores considerados malditos por el régimen de la esvástica. Como si los tiempos de la Inquisición regresaran, las llamas reducían a cenizas obras de autores como Karl Marx, Gustav Meyrink, Bertolt Bretch, Sigmund Freud, Upton Sinclair o Stefan Zweig, entre otros muchos.

Precisamente este último, el brillante escritor austríaco, huyó a Persépolis (Brasil), junto a su esposa, de las garras del Tercer Reich. Allí, el 22 de febrero de 1942, tras la caída de Singapur, convencidos ambos de que el nazismo se extendería por todo el mundo de forma inexorable, se suicidaron. Una trágica noticia para la cultura que tanto odiaban algunos de los esbirros de Hitler. Zweig dejó escrito como nota de despedida: «Creo que es mejor finalizar en un buen momento y de pie una vida en la cual la labor intelectual significó el gozo más puro y la libertad personal, el bien más preciado de la Tierra».

El encargado de realizar las denominadas «listas negras» de obras que se debían quemar, que evocaban al inefable *Índice de libros prohibidos* inquisitorial, fue el bibliotecario berlinés doctor Wolfgang Herrmann. Mientras el reflejo de gran parte de la historia cultural europea ardía, los nazis desfilaban con ritmo marcial a la luz de las hogueras y de las antorchas, entonando sus siniestros cánticos patrióticos. Una jornada para la ignominia.

Los libros del poeta alemán Heinrich Heine, el profeta también germano Matthias Stormberger, el historiador suizo Jacob Burckhardt y otros muchos ardieron al son de los tambores de las Tropas de Asalto y las Juventudes Hitlerianas, cuyos integrantes, enfervorecidos, entonaban canciones patrióticas o himnos nazis como el Horst Wessel *(Die Fahne Hoch)*, sabedores de que se habían hecho con el poder absoluto.

CAPÍTULO 3

LOS ÍNDICES DE LIBROS PROHIBIDOS
(Index librorum prohibitorum)

Durante siglos, el Tribunal de la Santa Inquisición se erigió como el mayor aparato censor de la historia humana. Las listas de libros malditos se incrementaron exponencialmente con la aparición de la Santa Inquisición (primero la medieval y más tarde la moderna), convirtiendo la quema de textos, la prohibición de la lectura y la persecución de científicos y escritores heterodoxos en su principal cometido, aunque sería en los países de la órbita protestante, contrariamente a la leyenda negra que rodea al Santo Oficio, donde se llevaría a cabo una persecución más implacable de brujas, hechiceros y herejes (la Inquisición católica, y concretamente la española, se ocupó principalmente de perseguir a luteranos, judaizantes y moriscos).

El mayor exponente de la censura y el control del saber fueron los llamados índices de libros prohibidos, extensos catálogos que incluían las obras y los autores de las mismas «indignos» a ojos de la ortodoxia oficial de la religión cristiana. En ellos se incluyeron obras de una sorprendente diversidad, desde textos teatrales a libros de oraciones, obras clásicas, tratados de alquimia, grimorios, manuales de magia, escritos reformistas y un largo etcétera. El canto a la intolerancia fue de tal magnitud que importantes hombres cuyas aportaciones al conocimiento fueron vitales para el desarrollo de la ciencia moderna fueron juzgados por sus teorías, como Galileo Galilei, quien hubo de retractarse de las mismas ante el tribunal; otros, por desgracia, fueron enviados a la hoguera, como el gran filósofo italiano Giordano Bruno, condenado en el año 1600 y quemado vivo en Campo dei Fiori, en Roma.

La Inquisición, según Ricardo García Cárcel,[1] toma su nombre de un proceso penal conocido como la *inquisitio,* inexistente en el derecho romano y que se caracterizaba por la formulación de una acusación por iniciativa directa de la autoridad, sin necesidad de instancias de parte —delaciones o acusaciones de testigos—. Aunque a partir de 1184, con el decreto *Ad Abolendam* del papa Luciano III, se empieza a aplicar la pena de fuego a los herejes, además de la confiscación de bienes y la utilización de horribles métodos de tortura, la Inquisición no se crea oficialmente hasta el año 1229 en Francia —a partir del conocido como Sínodo de Toulouse—, en un principio de mano del papa León IX para reprimir la herejía albigense o cátara. El primer inquisidor oficial fue el dominico Robert de Brougre, que en un primer momento perteneció al mismo movimiento cátaro. Esta inquisición medieval, diferente de la moderna, tuvo su mayor apogeo en la segunda mitad del siglo XIII.

Entonces ya existían tribunales en países como Polonia, Bohemia, Portugal o Alemania, aunque sería en España, país donde por aquellos años aún no estaba instituida, donde la Inquisición gozaría de mayor éxito. A pesar de la importancia de la Santa Sede en el devenir de la institución, en la península la misma —conocida como Santo Oficio— dependería en gran parte del control estatal, a diferencia del resto de los países europeos.

Durante los años de apogeo de la institución medieval, el Concilio de Tarragona y un edicto real de Jaime I[2] pedían al pontífice Gregorio IX que se sentaran las bases de la Inquisición en la Corona de Aragón, estableciéndose la organización del Tribunal bajo la ju-

1. García Cárcel, Ricardo, *La Inquisición*, Madrid, Grupo Anaya (Biblioteca de El Sol), 1990.

2. Llamado El Conquistador (1208-1276). Rey de Aragón, de Valencia y de Mallorca. Hijo de Pedro II y de María de Montpellier. Heredó el trono a los cinco años y tuvo una infancia algo turbulenta. Hecho prisionero de Simón de Montfort, principal figura de la cruzada albigense, logró huir y comenzó a gobernar en el año 1218, habiendo sido educado por los templarios de Monzón. En 1221 se casó con Leonor de Castilla, hija de Alfonso VIII. Durante los primeros años de su reinado sometió a la nobleza y seguidamente emprendió una serie de campañas contra los musulmanes, conquistando Mallorca en 1229, Menorca en 1231 y Valencia en 1238.

risdicción de los obispos y el dominio, prácticamente exclusivo, de los dominicos.

Con la llegada al poder de los Reyes Católicos se pasó de la antigua Inquisición medieval a la moderna, alterándose muchas cosas con este cambio. Durante los años de la antigua institución, su principal prioridad, siguiendo los designios de Roma, era perseguir a los herejes que surgían de los numerosos conflictos religiosos de la Europa medieval —albigenses, husitas y un largo etcétera—, pero cuando se fundó la Inquisición moderna la mirada de los dirigentes cristianos estaba puesta en el nuevo y revolucionario invento de la imprenta, que estaba permitiendo divulgar los escritos de Martín Lutero y otros protestantes con una rapidez nunca vista. Era necesario, por tanto, frenar aquella distribución de textos sacrílegos, y la mejor manera de hacerlo fue dar forma a una institución que publicara catálogos de libros prohibidos y persiguiera con saña cualquier intento de disidencia. España fue precisamente uno de los países que más preocupados se mostrarían, principalmente durante los reinados de Carlos V y Felipe II, ante el avance de la doctrina reformista. Curiosamente, mientras el rey Prudente prohibía a los estudiantes españoles viajar a las universidades europeas para evitar el contagio luterano, en su biblioteca personal, en la que después penetraremos, guardaba una amplia colección de textos heterodoxos de magia, cábala, alquimia y adivinación, algunos sospechosos de herejía e incluso recogidos en los mismos índices inquisitoriales.

Pero retrocedamos al tiempo de sus bisabuelos. Isabel de Castilla subió al trono en 1479. A partir de ese momento surgiría el Santo Oficio o nueva Inquisición, más como arma política que religiosa. En el año 1483 Isabel, ya conocida como La Católica, creó el Consejo de la Suprema y General Inquisición, que funcionaría dentro del reino de Castilla, bajo la autoridad del inquisidor general Tomás de Torquemada que Benito Pérez Galdós elevaría a la categoría de personaje infernal, contribuyendo a engordar la leyenda negra de las temibles sotanas hispánicas, no siempre cierta. Después, el papa Sixto IV le nombraría inquisidor de Aragón, Cataluña y Valencia, y se instalaron de forma progresiva tribunales en diversas ciudades peninsulares.

Con la bula *Licet ab initio*, el pontífice Pablo III instituyó el 21 de julio de 1542 la Inquisición romana, un tribunal fuertemente centralizado, del que la Inquisición española era independiente, de hecho, llegó incluso a regir los designios de la romana en numerosas ocasiones, algo que su vecina Francia no vería con buenos ojos en tiempos de enfrentamientos continuados entre ambas coronas. A tal punto llegó la rivalidad entre Carlos V y Francisco I, que el segundo llegaría a aliarse con los otomanos para luchar contra el césar.

El miedo a la expansión del protestantismo y el desarrollo de la imprenta a finales del siglo XV forjaron los cimientos de la futura censura eclesiástica. Previas a la aparición de los primeros índices de libros prohibidos fueron diversas bulas papales encaminadas a limitar la circulación de los libros que se veían desde Roma con temor. La bula *Inter Sollicitudines* de 1515 fijó los principios de una generalizada censura previa: era necesario que cada libro poseyera el conocido como *imprimatur*, la autorización eclesiástica para la impresión, paso previo indispensable para la posterior publicación y circulación de un libro y que debía figurar en las primeras páginas —fueron notables, no obstante, las numerosas falsificaciones de estas licencias a lo largo del tiempo.

Esto llevó a que la impresión de obras protestantes fuera prácticamente inexistente en casi todos los países europeos, obras que se imprimían clandestinamente o circulaban manuscritas. Aquel que las poseyera corría el peligro de ser acusado de herejía y condenado a la pena del fuego. En España, en el año 1554, el Consejo Real de Castilla gozaba del privilegio de otorgar las licencias de impresión, método eficiente que entonces se utilizaba para frenar la influencia protestante y que años antes había servido en la lucha contra judaizantes y moriscos.

En palabras de Mario Infelise,[3] la monarquía española controlaba cada fase de la producción y circulación de los libros, «solo el Consejo Real podía autorizar, por escrito, la impresión, y solo el Consejo Supremo de la Inquisición podía dirigir la actividad represiva bajo pena de muerte».

3. Infelise, Mario, *Libros prohibidos. Una historia de la censura*, Buenos Aires, Ediciones Nueva Visión, 1999.

Finalmente, la estrategia de la censura previa se mostró insuficiente para luchar contra la herejía, pues los impresores burlaban los controles y acababan editando los libros prohibidos. Entonces, la Santa Sede instauró la llamada Congregación del Índice de Roma, encargada de realizar los célebres índices de libros prohibidos que constituirían la más tenaz y directa herramienta para el control del saber heterodoxo. Junto a estas largas listas, los inquisidores tenían licencia para registrar bibliotecas, detener a libreros sospechosos —aun sin indicios— o a impresores, y para saquear viviendas en busca de los «libros malditos» recogidos en los catálogos.

Entre 1544 y 1556, se redactaron seis índices en la Facultad de Teología de la Sorbona, en los que se prohibían hasta 528 obras. Entre 1546 y 1558 los monarcas hispánicos Carlos V y Felipe II, adalides del catolicismo y la Contrarreforma, ordenaron a los teólogos publicar tres catálogos en los que se incluían los textos de los reformistas, además de las ediciones en lengua vulgar de la Biblia y el Nuevo Testamento. La prohibición de biblias por aquel entonces estaba a la orden del día, pues los mandatarios de la Iglesia, y por extensión los monarcas más puritanos, pretendían evitar a toda costa que el pueblo interpretase los textos sagrados por sí mismo, sacando sus propias conclusiones (erróneas a ojos ortodoxos, claro) sin mediar la intercesión de los siervos de Dios en la Tierra.

Felipe II, monarca que, curiosamente, se interesó sobremanera en las ciencias ocultas, la alquimia y los textos más heterodoxos —algo que plasmaría en la edificación del monasterio de El Escorial, su propio templo de Salomón—, mostraba, sin embargo, un pánico casi patológico al avance de la Reforma protestante, y, a la manera de cruzada contra la herejía luterana, decidió prohibir que cualquier libro procedente de las universidades europeas pasara la frontera.

El índice romano

En 1559 apareció en Roma el primer índice romano como tal, titulado *Index Librorum Prohibitorum,* lo cual significó un importante salto cualitativo en la lucha del catolicismo contra la herejía. Fue promulgado por el papa Paulo IV, y fue el más severo de la historia, ya que incluía las condenas más radicales y directas. Surgía entonces la obligación de los fieles de entregar los libros que figuraban en las listas directamente al Santo Oficio.

La estructura del índice romano permaneció prácticamente inmutable hasta finales del siglo XVII. Solían incluir más de mil prohibiciones y se dividían en tres categorías, aunque existían particularidades en cada caso. En el primer grupo figuraban los autores protestantes o católicos a los que se les prohibía toda su obra. Le seguía un segundo grupo con 126 títulos referidos a 117 autores[4] y, finalmente, una tercera parte en la que se enumeraban 332 títulos anónimos. Al final del índice se agregaban dos listas: una de 45 biblias y nuevos testamentos prohibidos, y otra de 61 impresores, sospechosos de publicar obras censuradas y que se circunscribían generalmente a la zona helvética y alemana, donde el avance del protestantismo era imparable.

Siguiendo el citado trabajo, dentro del tercer grupo, en el rubro[5] *libri omnes*, figuraban prohibiciones sumarias, entre las que se encontraban diversos libros: aquellos que no tuvieran en el frontispicio el nombre del autor, del impresor, la fecha y el lugar de edición, los aparecidos sin la debida autorización inquisitorial o los publicados por los citados impresores heréticos, además de una categoría importante en nuestro trabajo: las obras de carácter mágico y astrológico, siempre perseguidas.

En España aparecieron diferentes índices en los que se incluyeron multitud de obras y autores prohibidos, algunos que prohibían las obras completas y otros, conocidos como Índices expurgatorios —el primero apareció en 1583—, que solo eliminaban ciertos capítulos o párrafos. En el denominado Índice expurgatorio se suprimían ciertos pasajes o frases de acuerdo a los criterios del censor —en la España del Siglo de Oro algunos de los mejores escritores de nuestras letras, como Lope de Vega o Calderón de la Barca ejercieron como censores para el Santo Oficio.

No seguir las indicaciones marcadas en los índices suponía una grave afrenta que era castigada con dureza. Un año antes de que la

4. *Ibidem*.
5. Título o rótulo.

Congregación del Índice de Roma elaborara su primera y única lista, en España la infanta Juana, en ausencia de Felipe II, promulgó en 1558 la conocida como Pragmática Sanción, en la que se hacía referencia a castigos muy severos e incluso la muerte por la posesión de libros condenados.

Poco después, el *Index Librorum Prohibitorum* suministró el más completo catálogo de libros heréticos, de versiones no autorizadas de la Biblia, libros de ciencia heterodoxa y obras de ocultismo, magia y adivinación —en 1490, como notable antecedente, se habían quemado en Salamanca 6.000 volúmenes sobre magia y hechicería—. En España, el capellán de Felipe II, Alfonso de Castro, se jactaba de que si la península ibérica estaba libre de herejías era precisamente porque se había prohibido la literatura herética, al contrario —decía— de lo que ocurría en países como Italia, Francia o el sur de Alemania. Desde luego, debía ignorar por completo lo que ocultaba Su Majestad en su biblioteca personal o personajes mucho menos notorios, como el médico converso Francisco de Peñaranda, en la biblioteca «maldita» de Barcarrota en el mismo siglo XVI.

Antes de que fuera compuesto el índice romano, habían circulado otros de gran importancia como el de la Universidad de la Sorbona (1544 y 1547) o el de Lovaina (1546 y 1550). El primero de estos catálogos utilizado por el Santo Oficio español se publicó en 1547, aunque no era sino una reedición del índice de Lovaina; el primero propiamente español fue el de 1551.

La doctora por la Universidad de la Sorbona e investigadora posdoctoral Juan de la Cierva en la Universidad Autónoma de Barcelona, Mathilde Albisson, recoge en la introducción a un documentado ensayo de reciente publicación, *El proceso al libro*,[6] que:

> Durante más de tres siglos, la censura ejercida por el Tribunal del Santo Oficio de la Inquisición española constituyó un potente instrumento de control ideológico y de represión cultural. Mediante el índice de libros prohibidos y múltiples actuaciones de vigilancia, el Santo

6. Albisson, Mathilde, *El proceso al libro. La censura inquisitorial en la España del siglo XVII*, Madrid, Cátedra, 2024.

> Oficio ejerció una coerción férrea sobre uno de los principales medios de difusión de la cultura moderna: el libro. Restringió y condicionó el acceso a las producciones intelectuales, coartó la libertad de expresión y de pensamiento e influyó de manera duradera en las formas de leer y acercarse a los textos, así como en la labor de los escritores, impresores y libreros.

La censura inquisitorial se apoyaba en la atribución al libro de un fuerte poder cultural e ideológico, capaz de acarrear consecuencias potencialmente nefastas en la esfera pública y social. Según recogía Pinto Crespo en 1983: «La censura inquisitorial formaba parte de una estrategia de control y de disciplinamiento no solo religiosa, sino también política y social, que buscaba asentar el Estado moderno mediante la eliminación de las discrepancias ideológicas».

Siguiendo el trabajo de Albisson: «Sería a partir de la década de 1520, con la difusión de las ideas luteranas, ampliamente vehiculadas mediante las prensas, cuando el libro se convirtió en objeto de persecución del Tribunal de la Inquisición española, en tanto en cuanto constituía un vehículo potencial de herejías». El libro se convertía, como nunca antes en la historia, en «maldito», temido, rechazado. No todos, claro, pero sí un amplio abanico de textos de numerosas materias e infinidad de autores.

El último *Índice de libros prohibidos* apareció en España en el año 1707. Con él se ponía fin a un largo periodo en el que estos nefastos catálogos simbolizaron el martirio al saber y la intolerancia del hombre como nunca antes se había visto.

CAPÍTULO 4

LA BIBLIOTECA HERMÉTICA DE EL ESCORIAL

Felipe II, conocido como el rey Prudente, fue paladín de la Contrarreforma, pero a su vez un gran aficionado al ocultismo, el hermetismo y la alquimia —algo que en el Renacimiento no era contradictorio—. Probablemente, el mayor misterio en torno a su longevo reinado resida entre libros centenarios en la gigantesca obra que mandó erigir: el Real Monasterio de San Lorenzo de El Escorial.

Aunque oficialmente el monasterio se construyó como conmemoración de la victoria en la batalla de San Quintín contra los franceses, lo cierto es que fue erigido siguiendo consideraciones astronómicas, astrológicas y mágicas, y en un enclave que podríamos considerar un auténtico lugar de poder desde tiempos inmemoriales, quizá, incluso, un «tapón» para una de esas bocas del infierno que, según la leyenda, servirían de vía de escape desde las abrasadoras entrañas de la Tierra, el mismo averno, hacia la superficie. No olvidemos la religiosidad casi patológica, unida a la superstición de su siglo, del monarca español, que llegaría a reunir en torno a 7.500 reliquias —despojos de santos, fragmentos del *Lignum Crucis,* incluso «espinas» de la corona de Cristo—, colocadas en las agujas, bajo el altar mayor y tras los gruesos muros de su templo hermético, émulo del bíblico de Salomón.

A pesar de que el edificio se orientó mediante la puesta de sol del día 10 de agosto, fecha conmemorativa de la citada victoria militar de San Quintín, y siguiendo el eje este-oeste habitual de los templos cristianos, dicha fecha se eligió, además, en función de la relevancia que se daba a la misma en los horóscopos que trazaron los astrólogos para Felipe II y a los que el soberano otorgó una enorme importancia durante toda su vida.

Pronósticos y cartas astrales

El rey (quizá no tan) Prudente contó con varios horóscopos durante su paso por este mundo. El célebre mago renacentista John Dee, en quien nos detendremos más adelante, le trazó uno durante su estancia en Inglaterra tras su casamiento con María Tudor, pero el más importante de todos los horóscopos que poseyó, realizado a petición del mismo monarca y en el que basaría algunas de las decisiones más importantes que tomó durante su vida, fue el llamado *Prognosticon*, carta natal que se encuentra precisamente en la biblioteca escurialense y trazada por Matías Haco Sumbergense, médico, matemático y astrólogo de Carlos V y posteriormente de su hijo Felipe, un trabajo de gran elaboración, riguroso, con muchas tablas de correspondencia. Algunos de los contenidos del *Prognosticon* aparecen incluso disimulados en algunos de los frescos de la biblioteca del monasterio, uno de los lugares más enigmáticos y bellos del complejo.

Junto al horóscopo de Matías Haco, en 1540 se publicó en Núremberg otra carta astrológica, esta del astrólogo (y curiosamente también obispo católico) Luca Gaurico, bajo el título de *Tractatus astrologiae iudiciariae de natiuitatibus virorum et mulierum*, donde el italiano estudiaba a diversos personajes, como nobles y reyes, entre ellos al monarca español; y también el teólogo italiano Francesco Giuntini (cargos que evidencian que incluso la Iglesia se interesó por la astrología en el Renacimiento, aunque la condenase en otras épocas) incluye una de estas cartas en el *Speculum Astrologiae*, publicado en Lyon en 1573. A lo largo de todo el siglo XVI gozó de gran éxito en toda Europa la llamada astrología judiciaria, aquella que, en función de los astros, predice el porvenir de los seres humanos.

Existen diversas evidencias que señalan cómo Felipe II concibió la idea de plasmar en su gigantesca obra escurialense una especie de cielo en la Tierra, quizá influido no solo por las teorías lulistas, la funcionalidad de los templos religiosos o el «hermetismo cristiano» citado, tan en boga por aquel entonces, sino también por los textos de corte místico que fueron escritos por «visionarios» y hombres de fe de su época como fray Luis de León, san Juan de la Cruz o su muy admirada santa Teresa, por la que intercedió ante la Inquisición y cuyas obras leía el monarca habitualmente.

Junto al carácter intimista y austero, una suerte de gran espacio de religiosidad, que el monarca hispánico quiso impregnar al edificio donde pasó los últimos años de su vida, Felipe II plasmó en él un auténtico «cosmos», su universo o cielo particular —al igual que hiciera Federico II en Castel del Monte—, emulando el más simbólico edificio religioso de la Antigüedad: el Templo de Salomón, según se desprende del minucioso trabajo del prestigioso hispanista británico René Taylor (1916-1997),[1] hecho que ha pasado desapercibido para el gran público durante demasiado tiempo.

El hombre tras el secreto

La biblioteca del Real Monasterio de San Lorenzo de El Escorial es, sin duda, uno de los espacios más hermosos y a la vez enigmáticos del monasterio. Además de ser, junto a la vaticana, una de las mayores bibliotecas de su tiempo, dio cobijo a algunos de los libros prohibidos más perseguidos a finales del siglo XVI, textos que parece que nuestro protagonista, a pesar de su férreo control de la censura, leía, como apasionado del ocultismo, con gran entusiasmo.

Los fondos de la biblioteca están compuestos por más de 45.000 volúmenes, tanto manuscritos como impresos, procedentes de lugares de lo más diverso y sobre temas muy diferentes, entre ellos los citados textos «herméticos» y heterodoxos (muchos de los cuales fueron cedidos a la colección por Herrera tras su muerte, y otros procedentes de la biblioteca privada de Felipe II, ya famosa cuando aún era príncipe), obras de alquimia, magia, astrología y un largo etcétera de materias heterodoxas.

Precisamente en relación con este mágico lugar del complejo arquitectónico aparece en escena una de las figuras más misteriosas de

1. Taylor, René, *Arquitectura y magia. Consideraciones sobre la idea de El Escorial*, Madrid, Siruela, 1994.

todas las que mantuvieron una estrecha relación con el rey: Benito Arias Montano, a quien fue encomendado el cuidado y la gestión de la biblioteca escurialense, junto al padre Sigüenza, en los años de construcción del monasterio.

Arias Montano[2] fue uno de los hombres más formados de su tiempo y uno de los más grandes eruditos de la corte filipina; había estudiado teología, arte, botánica, medicina, filología, filosofía, historia y ciencias naturales, y destacó principalmente en el estudio de idiomas, pues llegó a hablar y escribir, algo insólito incluso para un hombre renacentista, nada menos que quince lenguas, entre muertas y vivas. Sin embargo, y a pesar de su excelsa sabiduría, sus años de formación fueron muy humildes. Montano, que nació en Fregenal de la Sierra, en la provincia de Badajoz, recibió sus primeros estudios de su propio padre —que entonces era relator de sentencias y notario de la Inquisición en Badajoz— y del párroco de Santa Catalina, influenciado por las corrientes iluministas, muy en boga entonces.

Cuando Montano contaba quince años de edad, y en vista de las grandes posibilidades que podrían abrirse ante un joven de tanto talento, su padrino, Gaspar de Alcocer, viajó con él a Sevilla, ciudad donde comenzó su verdadera formación intelectual. Durante dos décadas estudió en las más importantes universidades españolas, como Salamanca o Alcalá de Henares, lugares que en las primeras décadas del siglo XVI eran hervideros de humanismo, erasmismo e incluso reformismo, aunque carecemos de muchos datos sobre su vida, principalmente de los años que van de 1541 a 1560. Se cree que permaneció durante este tiempo, cual anacoreta, en una cueva de la llamada Peña de Alájar (Huelva).

En 1560 entró a formar parte de la Orden de Santiago y fue ordenado sacerdote. Su figura comenzó a hacerse notar durante el Concilio de Trento (1545-1563), donde se debatió la actitud de Roma frente a la Reforma y se establecieron definitivamente los dogmas a seguir por la ortodoxia católica. Arias Montano formaba parte de

2. Lazcano, Rafael, *Benito Arias Montano: ensayo bibliográfico*, San Lorenzo de El Escorial, Librería Arias Montano, 2001.

la delegación que la Iglesia española y Felipe II enviaron a la ciudad italiana, entonces regida por un príncipe-obispo.

Aunque en torno a la figura del bibliotecario planee la sombra de la heterodoxia —en 1559, mientras todavía se mantenía el Concilio, durante un auto de fe celebrado en Sevilla fueron quemados y castigados muchos de los conversos y místicos con los que se había codeado en sus años de formación—, su buena gestión en Trento, durante la cual demostró su gran erudición, sentido común y dominio de las Escrituras, hizo que el rey, muy satisfecho —y quién sabe si conocedor de sus inquietudes «ocultistas»—, le nombrara su capellán y confesor personal; y pensó también en él para una misión de gran envergadura, no exenta de cierto riesgo: supervisar la edición de la llamada *Biblia Políglota* de Amberes o *Biblia Regia,* encargada por el mismo Felipe II al famoso editor Christopher Plantin (conocido en España como Cristóbal Plantino).

Arias Montano se dirigió a Amberes en 1568 para ponerse al frente de un grupo de eruditos flamencos y franceses que, a las órdenes de Plantino, llevaba varios años trabajando en el texto. El español no se limitó únicamente a su función, y no solo censuró el texto, sino que, utilizando su profundo conocimiento de las lenguas antiguas y las Escrituras, restituyó el original hebreo que la Iglesia había excluido de la llamada Biblia *Vulgata,* que en Trento había sido definida como «la única auténtica para uso religioso y público».

El desafío de Montano no era pequeño y únicamente el apoyo de Felipe II le salvaría de la ira del Santo Oficio (el mismo soberano que había reforzado y ordenado la prohibición de importar libros de universidades europeas se erigía de nuevo, paradójicamente, en protector de los heterodoxos). En Amberes parece ser que el bibliotecario entró a formar parte de una especie de sociedad secreta de corte espiritual conocida como la Familia Charitatis o Gottenfreunden («Amigos de Dios»), a la que pertenecían, entre otros, el maestro Cristóbal Plantino y algunos discípulos del humanista judío español Luis Vives, y cuyos postulados, al parecer, fueron seguidos incluso por Hieronymus Bosch, «El Bosco», uno de los pintores predilectos de Felipe II, aunque este punto no está claro. Precisamente Montano había recibido el encargo del rey español de localizar y comprar cualquier cuadro del pintor flamenco, dada su afición a coleccionar obras de arte de grandes artistas.

Además, recopiló una ingente cantidad de libros antiguos, extraños y curiosos, que enviaba a España y que pasarían a engrosar los fondos de la biblioteca de El Escorial, que por aquel entonces se estaba construyendo. La Familia Charitatis, que proponía buscar la unión íntima entre el individuo y Dios, mediante un proceso de iniciación mística, parece ser que incluía a calvinistas, católicos y luteranos, todo un desafío. Este coqueteo con la heterodoxia era algo bastante arriesgado en la época, y llevó al mismo fray Luis de León, amigo de Montano, a ser condenado por la Inquisición en 1570, momento en el que el sacerdote León de Castro, que sentía una gran envidia de Montano, se refirió al confesor de Felipe II como «el genio malo», pues según este había ejercido una nefasta influencia sobre fray Luis con sus conceptos «heréticos» sobre las Sagradas Escrituras.

Bibliotecario de Su Majestad

Las acusaciones que vertió contra él De Castro, por su particular visión de las Escrituras y su trabajo en la *Políglota*, llevaron a que la Inquisición siguiera los pasos de Arias Montano. Sin embargo, el religioso extremeño contó con el apoyo del monarca (el más poderoso de su tiempo, no debemos olvidarlo) y de un amplio sector de la Compañía de Jesús, formado por los grandes teólogos que le acompañaron en Trento, por lo que finalmente fue absuelto de los cargos.

Felipe II, sin importarle, curiosamente, las sospechas que existían contra él, hizo regresar a Montano de Amberes para que ocupara el puesto de bibliotecario en el monasterio que se estaba entonces edificando, encomendándole una tarea harto curiosa si tenemos en cuenta sus antecedentes: con motivo de la presión inquisitorial, el rey le ordenó la revisión, el expurgo y la catalogación de los numerosos volúmenes que formaban parte de la enorme biblioteca escurialense. Muchos de estos textos, sin embargo, habían sido enviados allí por el mismo bibliotecario desde Amberes, y entre ellos se contaban importantes tratados de contenido mágico y cabalístico.

Arias Montano se encargó de catalogar textos que, por su «peligroso» contenido, debían ser apartados de los demás, y a ellos no debía tener acceso ni siquiera el mismo rey, disposición que probablemente el monarca se saltó en más de una ocasión, ¿quién iba a impedírselo a un soberano en cuyos dominios no se ponía el sol? Muchos de aquellos textos prohibidos, por desgracia, desaparecerían entre las llamas de los incendios que habría de sufrir el recinto hermético a lo largo de los siglos.

El bibliotecario influiría sobremanera en la trayectoria espiritual de los monjes jerónimos de San Lorenzo, entre los que hoy sabemos que se podía adivinar un pensamiento cercano a las doctrinas de la Familia Charitatis. Terminado su trabajo, presentó al rey su renuncia al cargo de bibliotecario, y se marcharía a su amada Peña de Nuestra Señora de Alájar, donde se halla la conocida como «cueva del Filósofo» y donde el heterodoxo pasaría gran parte del resto de su vida, en un retiro casi eremítico, meditando, escribiendo sus obras —muchas de las cuales aún hoy, sorprendentemente, permanecen inéditas— y dedicándose a la enseñanza. Aún sería requerido en alguna otra ocasión por el monarca, por ejemplo, para examinar los misteriosos documentos hallados entonces en Granada y que fueron conocidos como Plomos o Libros plúmbeos del Sacromonte.

Al final de su vida, Montano tenía intención de escribir un voluminoso estudio de la Biblia en relación con las ciencias de la naturaleza, tan en boga en la época, pero únicamente culminó la primera parte, que fue publicada en 1601 bajo el título de *Naturae Historia*, donde se ocupa de la cosmografía y la filosofía natural. Aquel que desafió los cánones de la ortodoxia contrarreformista y gozó del favor precisamente del mayor impulsor de esta, murió en Sevilla en el año 1598 —el mismo que su protector y amigo el rey Prudente— y tan solo ocho años tras su deceso sus obras pasaron a engrosar, precisamente, el *Índice de libros prohibidos* del Santo Oficio.

Los plomos del Sacromonte

Para la mayoría de los investigadores, los Plomos o Libros plúmbeos del Sacromonte son una de las más famosas falsificaciones históricas. Consisten en 22 planchas circulares de plomo de unos 10 cm grabadas con dibujos indescifrables y textos en latín y en extraños caracteres árabes, que se dieron en llamar salomónicos. Fueron interpretados como el quinto evangelio que habría sido revelado a la Virgen en árabe para ser divulgado en España.

Supuestamente, fueron desenterrados junto con restos humanos en ese arrabal del Sacromonte (entonces llamado Monte Valparaíso) de la ciudad de Granada entre 1595 y 1599. Según algunos indicios, puede que fueran ideados por moriscos de alta posición que pretendían conciliar el cristianismo con el islam tras la sublevación de las Alpujarras que tuvo lugar durante el reinado de Felipe II, al igual que el hallazgo.

Tras analizar los plomos, Montano, que era también hebraísta, manifestó, junto a otros estudiosos católicos, dudas sobre su autenticidad. Henry Kamen señala que el fraude fue ideado «por dos prominentes moriscos, Miguel de Luna y Alonso Castillo, que trataban con ello de sincretizar la cultura islámica con la fe cristiana». Según el historiador británico: «Fue un intento de reclamar un lugar para el cristianismo árabe dentro del marco del catolicismo ibérico».

Curiosamente (o no tanto) Miguel de Luna fue intérprete de árabe de Felipe II y publicó *La historia del rey don Rodrigo y la pérdida de España* (1592). Luna fue, junto al citado Alonso de Castillo, uno de los encargados de traducir los plomos y su contenido, pero muchos estudiosos, entre ellos el historiador español decimonónico José Godoy Alcántara, después Marcelino Menéndez Pelayo (que lo incluyó en su monumental *Historia de los Heterodoxos Españoles*), y actualmente Kamen, le atribuyen la redacción de la falsificación. Tras una larga disputa, los Libros Plúmbeos del Sacromonte fueron considerados falsos por la Iglesia católica a finales del siglo XVII a causa del anacronismo de su escritura y sus ideas.

CAPÍTULO 5

GRIMORIOS: LIBROS DE HECHIZOS Y MAGIA MEDIEVAL

La enorme influencia que ejercieron durante siglos la superstición y la magia en Europa no solo dejó una profunda huella entre el pueblo sino también en las clases altas: la nobleza y el clero. A pesar de ser el primero el principal mantenedor de ciertas creencias de dudoso origen y de los llamamientos que la Santa Sede realizó para condenar las prácticas mágicas —a mediados del siglo XIII la *Summa de Officio Inquisitionis* exponía con detalle todo lo concerniente a este tema—, fueron muchos los reyes y príncipes, incluso algunos papas —autores de algunos textos famosos, o al menos a los que se atribuyeron— que se sumergieron en el maravilloso mundo de las prácticas mágicas.

Junto con los textos de alquimia, durante la Edad Media y el Renacimiento se multiplicaron los conocidos como libros de Magia Natural, realizados generalmente por magos eruditos, y un tipo especial de textos de magia ritual con diversas oraciones, símbolos y grabados, e invocaciones de espíritus, que generalmente escribieron clérigos y hombres relacionados con la Iglesia: los grimorios.

Aunque algunos sectores consideraron este tipo de escritos como diabólicos, la verdad es que muchos hombres de fe adujeron en la época que, al servir para someter a los demonios a la voluntad del mago, abandonando estos el oscuro imperio de Satán, con su magia contribuían a realizar «actos de buenos cristianos». No obstante, existen casos en los que dichos rituales supuestamente llevaron a muchos religiosos a caer en las redes del Maligno, a veces de forma inconsciente y otras a cambio de algún favor de diversa índole; era lo que se conocía como pacto con el diablo, para cuya oscura consecución servían, en numerosas ocasiones, estos misteriosos textos.

La palabra *grimorio* procede del francés *grimoire,* una corrupción del término *grammaire* o «cartilla», aunque algunos autores mantienen que el término procede realmente del griego *goé,* «aullido», debido a los gritos que los magos o invocadores de espíritus proferían en sus rituales. La composición de estos libros de magia comenzó a partir del siglo XII hasta bien entrado el siglo XIX. En su mayor parte eran anónimos, aunque existieron textos famosos atribuidos a personajes de renombre, incluso algunos papas. A medio camino entre la magia angélica y la demoníaca, los grimorios fueron a menudo condenados, perseguidos y quemados. Cuenta el escritor Leonard George[1] que durante el Medievo las ediciones de los grimorios eran realizadas por copistas que corrían el riesgo, si eran descubiertos, de ser quemados en la hoguera junto a los manuscritos mágicos. Una vez inventada la imprenta, se disparó su difusión, si bien eran volúmenes generalmente de pequeño formato para, de este modo, pasar algo más desapercibidos.

Los grimorios generalmente, como señala Félix Francisco Castro Vicente,[2] se dividían en tres partes: la preparación del nigromante y de los utensilios mágicos —por lo general extrañas sustancias y objetos difíciles de encontrar como metales preciosos o diversas partes de animales exóticos—; la realización del círculo mágico —que se dibujaba indistintamente sobre el suelo o sobre telas— para defenderse de los espíritus malignos y potestades invocadas y, finalmente, la realización del ritual mismo utilizando los elementos anteriormente recopilados. Siguiendo el trabajo del historiador religioso y medievalista estadounidense Richard Kieckhefer,[3] los fines que perseguían quienes utilizaban estos grimorios eran generalmente influir en las mentes y deseos de los demás, actuar sobre la naturaleza, so-

1. George, Leonard, *Enciclopedia de los herejes y las herejías*, Barcelona, Ediciones Robinbook, 2017.

2. «El Libro de San Cipriano», en *Hibris. Revista de Bibliofilia*, n.º 27, 2005.

3. Kieckhefer, Richard, *La magia en la Edad Media*, Barcelona, Drakontos (Editorial Crítica), 1992.

bre las cosas o los elementos y, en ocasiones, descubrir secretos o ver hechos pasados, presentes o futuros.

Aunque parezca extraño y contradictorio, el terrible miedo al demonio hacia finales de la Edad Media corría paralelo a la fascinación por contactar con los poderes infernales para, como he dicho, someter a los siervos del Maligno o realizar el famoso pacto con el Príncipe de las Tinieblas, que otorgaría un poder ilimitado al mago. A diferencia de otros famosos magos y ocultistas, como John Dee, Enrico Cornelio Agrippa o el soplador Edward Kelley, que practicaron normalmente la llamada Magia Natural, de la que en breve nos ocuparemos, los autores de los grimorios solían ser clérigos o monjes, quienes no siempre eran inmunes a las fuertes tentaciones que despertaban las artes oscuras.

Algunos estudiosos atribuyen el origen de estos textos malditos a los tiempos del rey Salomón, en los que el famoso monarca bíblico escribió su conocido testamento o *Clavículas,* ese libro «maldito» de tiempos pretéritos que pudo o no existir y que abrió el primer capítulo. Habría sido nada menos que el primer libro de magia de la historia. El historiador Flavio Josefo mencionó en sus escritos un libro sobre conjuración que al parecer habría sido escrito por el monarca hebreo. No sabemos si Josefo se refería al testamento del monarca, aunque importantes grimorios de la Europa cristiana, siglos después, serían atribuidos también al edificador del Templo de Jerusalén. Según cuentan polvorientas crónicas, Salomón poseía el poder de invocar a los espíritus, por lo que colocarlo como autor de un determinado grimorio en el frontispicio del mismo dotaba de mayor prestigio a un texto «condenado».

Ciertos autores ven el origen de estos textos mágicos en la antigua magia ceremonial pagana de la época helenística, conocida como *teurgia,* y que estaba vinculada a una concepción determinada del mundo. En dichos rituales ancestrales se realizaban ofrendas en diversas ceremonias para invocar a los *daimones* o espíritus intermedios del cosmos. Dicha tradición llegó a Europa, según parece, a través del famoso libro de Jámblico *Los misterios egipcios*. Las prácticas mágicas recogidas por dicho autor en su texto parece que provenían, a su vez, de los antiguos papiros mágicos de Egipto y que describían, según Leonard George, el uso terapéutico de las plantas y los nombres de las divinidades paganas que, en los grimorios medievales, fueron sustituidos por nombres hebreos y cristianos de Dios y los ángeles.

Desde que su presencia se hizo popular, los grimorios fueron considerados libros demoníacos y, por consiguiente, perseguidos y quemados, engrosando la lista de libros malditos. En el año 1277, el entonces arzobispo de París condenó todos aquellos «libros, rollos o cuadernos que contengan necromancias o experimentos de brujería, invocaciones a demonios, o conjuraciones de los mismos u otras conjuraciones peligrosas para la salud de las almas».

Existen crónicas que hablan de destrucciones de diferentes grimorios, entre ellos *La Tabla de Salomón* y el *Tesoro de la necromancia*. Estos textos mágicos otorgaban una gran importancia a los movimientos de los astros y las estrellas, recogiendo parte de la tradición de llamada Magia Natural, que al parecer penetró en Europa, como también lo hiciera la alquimia, a través de la España musulmana y de los caballeros templarios, que pudieron haber entrado en contacto con dichas prácticas durante sus incursiones en Tierra Santa (aunque esto es historia heterodoxa, no apoyada por el academicismo; insisto, soñar es gratis). Este tipo de magia fue generalmente practicada por personajes eruditos de la talla de Enrico Cornelio Agrippa o Marsilio Ficino, quienes realizaron escritos en los que combinaban las artes mágicas con la influencia del orden cósmico por el que todo estaba regido.

Volviendo a los grimorios, cuyo contenido fue mucho más temido que el de las obras eruditas de la Magia Natural, por lo que fueron perseguidos con más ahínco y convertidos en textos malditos —aunque algunos de los pensadores del Renacimiento también pasaron a engrosar los índices de libros prohibidos—, existieron textos de este tipo de distinta naturaleza. El ocultista A. E. White[4] los dividió en tres categorías: en primer lugar los utilizados para invocar espíritus benévolos —como el *Arbatel de la Magia* o el *Enquiridión* del papa León—; aquellos utilizados con fines nefastos, invocando malos espíritus y que generalmente implicaban la venta del alma del susodicho mago al diablo —en esta categoría se incluirían el *Grimorio de Honorius*, el *Grimorium Verum* y el *Grand Grimoire*, entre otros títulos—

4. Citado por Leonard George en su *Enciclopedia de los herejes y las herejías*.

y aquellos que designó como mixtos y cuya finalidad dependía del buen o mal uso de las fórmulas mágicas contenidas en el mismo, como el *Lemegeton,* la *Clavícula de Salomón* —en sus múltiples versiones— o *El libro de la Magia Sacra* de Abramelín el Mago, misterioso texto que daría mucho que hablar incluso en tiempos recientes.

El *Grimorio de Honorius*

El grimorio más famoso de todos los tiempos fue las *Clavículas de Salomón,* uno de los libros más perseguidos —el original claro, no las múltiples falsificaciones medievales— junto al *Libro de Thot,* de la historia del hombre, por encerrar supuestamente entre sus páginas la llave de un saber prohibido que otorgaría a su poseedor infinitos poderes. Junto a este legendario grimorio, uno de los más conocidos fue el llamado *Grimorio de Honorius,* atribuido nada menos que a un papa, el pontífice del siglo XIII Honorio III, lo que contribuyó a extender su leyenda.

¡Un libro de magia negra, demoníaco, escrito nada menos que por el representante de Dios en la Tierra! Es casi seguro que dicha autoría sea falsa, y fuera escrito por un autor anónimo que cometió la osadía de colocar en el frontispicio el nombre del pontífice tanto para otorgarle mayor prestigio como, a su vez, mancillar el «buen nombre» de la Santa Sede. Los devaneos del Vaticano con la magia no se limitaron únicamente a esta leyenda. El papa de origen español Benedicto XIII, más conocido como el papa Luna, cuyo castillo aún se mantiene en pie, desafiante frente al mar, en Peñíscola, fue juzgado y depuesto de su cargo pontificio, al parecer, acusado de invocar demonios usando un grimorio cuyo título era *La muerte del alma.* Tras su muerte, el mismo Luna fue juzgado por brujería.

El *Grimorio de Honorius* es un texto clásico de la magia demoníaca, y fue condenado por la Iglesia con mayor fervor que ninguno de sus colegas literarios. Publicado en Roma en 1570, al parecer estaba inspirado en un manuscrito anterior del siglo XIV conocido como *Libro Jurado de Honorius* —también *Liber Juratus* o *Liber Sacer*— que describía una asamblea de 89 magos que había nombrado al desconocido Honorio, hijo de Euclides, para resumir por escrito la esencia de las artes mágicas de Salomón, ante el peligro de la persecución que sufrían desde el Vaticano.

El posterior *Grimorio de Honorius,* intencionadamente alterado y ya atribuido al citado pontífice (y que nada tenía que ver con el supuesto autor verdadero, de origen griego) incluía, además, una bula papal. El anónimo autor cometió el atrevimiento de «autorizar» a los sacerdotes, a través de dicha bula, para invocar demonios, eso sí, con el objeto de obtener favores de los mismos y no de exorcizarlos como pretendían los grimorios «bienintencionados».

Dicho texto, cuya edición más famosa y fácil de conseguir en nuestros días es la francesa de 1760, incluía en sus primeras páginas una serie de conjuros y una advertencia sobre la obligatoriedad de realizarlos para poder revelar los secretos del libro:

> Antes de poner en práctica las enseñanzas misteriosas contenidas en este precioso Grimorio, deberás hacer, según ordena el Ritual Mágico, la conjuración con que empieza este libro. Dicha conjuración se lleva a efecto de la manera siguiente: un sábado, por la noche, entre once y doce, te encerrarás en un cuarto, que debes iluminar con cuatro cirios de cera virgen, colocados uno en cada ángulo del aposento. Luego, con un pedazo de carbón consagrado trazarás en el suelo una circunferencia, más o menos perfecta, que en Magia se llama círculo cabalístico, la cual debe tener unos seis o siete palmos de diámetro. Te colocarás enseguida en el centro del círculo y, con voz clara y solemne, recitarás la conjuración antedicha; rociarás el libro con algunas gotas de agua bendita en el lugar indicado. Terminada la ceremonia quedará conjurado el libro, y podrás servirte de él cuando lo necesites.

Diversos autores consideran este libro maldito como el origen del posterior satanismo y el culto moderno al diablo.

El *Enchiridión*

El *Grimorio de Honorius* no fue el único de estos textos malditos que se atribuyó a un pontífice. El conocido como *Enchiridión* del papa León se dice que fue obra de León III, que encabezó la Iglesia católica entre el año 795 y el 816, aunque parece que dicha atribución es tan falsa como la anterior y el grimorio fue obra de un autor apócrifo.

Al contrario que el texto de Honorio, el *Enchiridión* se considera un grimorio para la invocación de espíritus benévolos. Según la tradición fue escrito por el citado pontífice, quien lo compuso nada menos que para uso particular del emperador Carlomagno. Al parecer, el papa, encarcelado en Roma bajo acusación de herejía, recuperó el trono de San Pedro gracias a la ayuda del que fuera rey de los francos.

El *Enchiridión* es un compendio de oraciones y fórmulas utilizadas para combatir todo tipo de peligros y enfermedades, entre las que destaca el conocido como «Talismán Divino», un objeto con supuestos poderes sobrenaturales que debidamente elaborado —en el libro se indican las instrucciones para ello— otorgaba una inmunidad total frente al envenenamiento o los ataques contra su portador.

El *Lemegeton*

También conocido como *Clave Menor de Salomón*, este grimorio es uno de los clásicos de la magia demoníaca, cuya autoría difícilmente puede atribuirse al monarca hebreo —parece más bien una compilación de varios textos mágicos anteriores, entre ellos diferentes *Claviculas Salomonis*—. Las primeras versiones completas del *Lemegeton* —nombre cuyo origen se desconoce— aparecieron en la Francia del siglo XVII, si bien en un catálogo del médico, ocultista y demonólogo neerlandés del siglo XVI Johann Weyer (quien fuera discípulo y seguidor del también ocultista, cabalista y alquimista Enrique Cornelio Agrippa), titulado *Pseudomonarchia Daemonorum* y publicado alrededor del 1500, aparecen, siguiendo el trabajo de George, materiales que figuran en la *Clave Menor de Salomón*.

El texto maldito se divide en cuatro partes claramente diferenciadas. La primera, conocida como «La Goecia» —magia en griego— contiene las fórmulas precisas para invocar a 72 demonios, muchos de los cuales son versados en las más variadas artes: matemáticas, astronomía, ética, etc., entroncando con la tradición del antiguo texto hebreo *El Libro de Enoch,* que influiría enormemente en el sistema mágico del mago inglés John Dee, personaje que analizaremos detenidamente en relación con el *Manuscrito Voynich,* y según el cual los ángeles caídos eran considerados los héroes a los que se debía el haber civilizado la humanidad. La segunda parte del *Lemegeton* es la conocida como «Teurgia Goecia», dedicada a los espíritus de los cuatro puntos cardinales —unos buenos y otros malignos— y las fórmulas precisas para convocarlos.

La tercera corresponde al llamado «Arte Paulina», dedicado a la invocación de ángeles, y que recuerda a la posterior magia angélica desarrollada por Dee y su colega el «médium» Edward Kelley en el siglo XVI. La sección cuarta y que cierra el libro es la conocida como «El Armadel», un texto también relacionado con la magia angélica y que probablemente fue un añadido posterior al *Lemegeton* original.

Grimorium Verum

Uno de los textos mágicos de índole demoníaca más populares fue el *Grimorium Verum* o *Grimorio Verdadero* que el autor hindú Idries Shah definió como «un libro del diablo». Escrito al parecer en 1750, su autor o autores son desconocidos, aunque ciertas fuentes —dudosas— indican que pudo haberse realizado en el año 1517 en Menfis, por un tal Alibeck el Egipcio. Poseerlo significaba, durante la terrible caza de brujas que asoló el Viejo Continente y más tarde cruzó el Atlántico, la quema en la hoguera junto al texto en cuestión.

El *Grimorium Verum* es, en la línea del *Lemegeton,* un compendio de los reinos infernales y los demonios que los habitan, los cuales pueden ser invocados a través de diversas fórmulas mágicas pero que nunca, según el grimorio, pueden ser sometidos a la voluntad del mago; únicamente conceden «favores» si se les compra previamente. En ocasiones, según señala Leonard George, basta con el sacrificio de un macho cabrío previo al ritual de purificación del mago.

Relacionado con las primeras sectas de inspiración satanista, durante el siglo XIX el *Grimorium Verum* fue la obra de magia demoníaca más utilizada en Europa.

La obra de Alberto Magno

Alberto Magno (1193-1277), dominico y profesor de Teología en la Universidad de Colonia, fue uno de los sabios más importantes del Medievo. Siempre relacionado con los temas ocultos —cuentan incluso que fabricó una «cabeza parlante», una suerte de autómata, antecesor histórico de los modernos robots, hecho que corroboró Jerónimo de Feijoo en su *Teatro crítico universal*— se atribuyen a su pluma dos grimorios; aunque es probable que dichos textos fueran compilados por uno de sus discípulos, que dejaría por escrito parte de las enseñanzas del sabio y mago.

El más importante de ellos es el popularmente conocido como el *Gran Alberto,* cuyo verdadero título es *Les admirables secrets d'Albert le Grand,* uno de los compendios más importantes de ciencias ocultas de la Europa medieval —contiene propiedades de las plantas, rituales para evitar enfermedades o catástrofes, escritos de fisiognomía...— y el *Pequeño Alberto* o *Secrets merveilleux de la magie naturelle et cabalistique del Petit Albert,* publicado en Lyon en 1758.

El famoso Libro de San Cipriano

Este texto, conocido popularmente como *Ciprianillo* es, quizá, junto a la *Clavicula Salomonis,* el grimorio más famoso y buscado de todos los tiempos. Atribuido a san Cipriano de Antioquía, el mago santo por excelencia, es un compendio de fórmulas y rituales pertenecientes a la magia negra.

San Cipriano era un noble rico, originario de Libia —que nada tiene que ver con el otro san Cipriano, obispo de Cartago y que en ocasiones da lugar a confusión— que vivió en el siglo III de nuestra era y su existencia está llena de tantos misterios como anécdotas.

Reputado mago de la Antigüedad y filósofo, abandonó las artes oscuras para abrazar el cristianismo, por un extraño suceso que le ocurrió precisamente en Antioquía: al parecer Cipriano realizó diferentes acciones mágicas a petición del joven Aglaide, para que una mujer conocida como Justina cayese rendida a sus pies. La joven, sin embargo, rechazó la propuesta por estar consagrada a Jesucristo. Ante el fracaso de sus artes mágicas, siempre efectivas hasta ese momento, cuenta la leyenda que el santo mago invocó a Lucifer y le preguntó por qué sus sortilegios no habían funcionado con la joven. La respuesta del Príncipe de las Tinieblas fue que, puesto que el Dios de los cristianos era el señor de todo lo creado, nada se podía hacer contra quien se hubiese encomendado a él realizando la señal de la cruz. Tras aquel peculiar episodio, sin duda legendario, Cipriano se encomendó a Dios y abrazó el cristianismo, olvidando su antiguo pasado demoníaco. Siglos después, tanto él como Justina subirían a los altares, no sin antes, como muchos otros, haber sufrido la persecución y el martirio.

Junto a los citados, existieron otros grimorios de gran fama en su tiempo que también sirvieron para desarrollar las llamadas artes oscuras o demoníacas; la lista es interminable, así que recogeremos solo unos pocos debido a la siempre impertinente economía narrativa: el *Heptamerón,* obra supuestamente del filósofo y médico italiano Pietro di Abano; *Liber Vaccae* o *Libro de la Vaca* —que se atribuyó tanto a Galeno como a Platón—; el *Manual de Wolfsthurn,* el de Múnich, el *Arbatel de la Magia* o el *Dragon Rouge,* del que circulan numerosas versiones, como *El verdadero Dragón Rojo,* en el cual se recoge el arte de ordenar a los diferentes espíritus infernales, tanto aéreos como terrestres, hacer revivir a los muertos, ayudar al mago en la búsqueda de tesoros ocultos o que aprenda a leer, por ejemplo, los astros, algo fundamental para llevar a cabo con éxito la llamada astrología judiciaria, de gran éxito durante siglos pero que también sufriría los estragos de la prohibición y la censura.

Mientras los Estatutos de la Universidad de Salamanca de 1558 promovían desde una de sus cátedras (matemáticas y astrología) el estudio de la astronomía judiciaria (llamada también así porque los límites entre astrología y astronomía no estaban todavía bien definidos), dedicada a conocer el destino y predecir sucesos futuros, desde la Iglesia católica se recrudecía la lucha contra ella.

Durante el siglo XVI se fue produciendo una separación entre astronomía y astronomía judiciaria, haciendo entre ellas una distinción que quedaría reflejada en el «Repertorio universal de todas las leyes destos reynos de Castilla, abreviadas y reducidas en forma de repertorio», texto escrito en 1553 por el jurisconsulto francés Hugo de Celso, quien fuera fiscal del Consejo de Castilla. En la entrada titulada «adevinos y adevinança», escribe: «Dos maneras ay de adevinança: la una, que se haze por sciencia de astrología, la qual es una de las siete Artes Liberales, y la tal no es prohibida a los que son sabios en la dicha arte y sciencia; la otra es de los agoreros y de los hechizeros, que catan agüero de aves y stornudos, o de palabras que llaman proverbios». Más adelante, en el repertorio se añade lo siguiente: «La sciencia de astronomía es una de las siete Artes o Sciencias Liberales, y no es prohibida; antes, pueden usar d'ella, y aun para devinar, quando fueren en la tal arte sabidores».

A partir de esta separación, las obras de astronomía/astrología judiciaria pasaron a calificarse como libros perniciosos para la fe de los cristianos, que los católicos no estaban autorizados a leer, y algunas de ellas pasaron a formar parte del *Índice de Libros Prohibidos* actualizado en 1559 por el inquisidor Fernando de Valdés.

El fuerte influjo del demonio. Tratados demonológicos

Siguiendo la pista a todos estos textos malditos, el lector puede comprobar la enorme influencia que ejerció el demonio durante la Edad Media y en los siglos posteriores, en los que el miedo a las artes mágicas y a la hechicería desembocó en la terrible caza de brujas de los siglos XV al XVII. Junto a estos grimorios que servían para realizar invocaciones y penetrar en el peligroso mundo de las ciencias ocultas, surgieron los primeros compendios o *Tratados Demonológicos,* además de los nefastos «martillos de brujas», que analizaremos detenidamente.

Dicho miedo irracional al Maligno, y más tarde a las brujas, conocidas como concubinas del primero, provocó la multiplicación de escritos cuyo protagonista era precisamente el Príncipe de las Tinieblas. Desde la Baja Edad Media, este temor al diablo, incitado desde Roma para controlar a los fieles, analfabetos en su mayoría, se convirtió en una auténtica obsesión que perduró hasta bien entrado el siglo XVIII. Dicho temor alcanzó su cenit entre la segunda mitad del siglo XVI y principios del siglo XVII.

Durante estos dos siglos se persiguió con dureza cualquier tipo de prácticas mágicas, se acusó de nigromancia a cualquiera que realizara un simple brebaje (aunque fuera únicamente un remedio natural para aliviar algún tipo de dolencia) y se llevó a la hoguera a miles de personas acusadas de brujería, y, por tanto, de tratos —o pactos— con el diablo.

Los *Tratados Demonológicos* comenzaron a escribirse en el siglo XV, aunque alcanzaron su mayor éxito en los citados siglos, cuando comenzaron a proliferar también los manuales de exorcistas, que bebían de la influencia de algunos grimorios medievales —aquellos que pretendían invocar a los demonios para exorcizarlos— y de la larga tradición bíblica sobre la práctica del exorcismo. En cuanto a los tratados demonológicos, el que parece ostentar el primer puesto, al menos cronológicamente, es el texto que escribió Alfonso de Espina y cuyo título era *Fortalitium Fidei*. Publicado en el año 1485, el escrito de este vallisoletano de la Orden de San Francisco fue la primera obra donde se describían las nefastas consecuencias del pacto demoníaco al que aludirían constantemente los autores de los «martillos». En dicha obra, Espina daba vía libre a su imaginación y clasificaba los demonios en diez grupos, entre los que destacaban los íncubos (demonios masculinos) y los súcubos (femeninos), los demonios de las pesadillas o aquellos formados nada menos que del semen y el olor de este cuando copulan con hombres y mujeres...

Junto a la obra de Espina, destacaron también los trabajos de Martín del Río, personaje sobre el que volveremos, quien en su *Disquisitionum Magicarum*, publicada en 1599, abordaba el tema del demonio en relación con la brujería, práctica común en la época. Por su parte, el abad del monasterio de San Juan de la Peña en Tarragona, Blasco de Lanuza, publicó en 1652 una obra cuyo rimbombante título *Patrocinio de ángeles y combate de demonios* no deja muchas dudas sobre su particular contenido.

Otros tratados que alcanzaron gran fama fueron los *Teufelsbücher*, término alemán que significa «libros del diablo». A diferencia del resto de las obras, generalmente concebidas por miembros de la Iglesia católica —aunque no todos—, estos compendios demonológicos fueron escritos por pastores luteranos que gozaron de gran éxito entre mediados del siglo XVI y principios del XVII con la intención de denunciar y erradicar los pecados de los hombres y mujeres contemporáneos, afirmando que el demonio controlaba al hombre en todos sus ámbitos, tanto en cuerpo como en alma.

En 1559 dichos compendios fueron reunidos por el librero y editor en Fráncfort Sigmund Feyerabend en un grueso volumen que recibió el nombre de *Theatrum Diabolorum*. Al parecer, durante el siglo XVI llegaron a circular por toda Alemania más de 240.000 de estos libros malditos.

El terror irracional a la figura del diablo, a la magia negra y a la hechicería en general adquiriría su máxima expresión con la brutal persecución de personas, en su mayoría inocentes, en el oscuro periodo conocido como caza de brujas, en el que nos sumergiremos en el siguiente capítulo.

CAPÍTULO 6

«MARTILLOS DE BRUJAS»: TRATADOS QUE COSECHARON ODIO Y MUERTE

Malleus Maleficarum

La obsesión de la Iglesia por erradicar los cultos paganos de los llamados hechiceros y brujas, a los que consideraba enemigos mortales de Dios, necesitaba dotarse de un texto que convirtiese en oficial el procedimiento a seguir para la lucha contra el Maligno. En este contexto apareció un libro que ha sido descrito en numerosas ocasiones como «el más funesto de la historia literaria». Conocido popularmente como «martillo de brujas» —*Hexenhammer*—, fue obra de los inquisidores dominicos Heinrich Krämer (pseudónimo de Enrique Institoris) y Jacob Sprenger. Su maléfica obra se comenzó a escribir a raíz de que el papa Inocencio VIII publicase en Estrasburgo su bula *Summis desiderantes affectibus,* conocida también como «Bula bruja» y tradicionalmente «Canto de guerra del infierno», el 9 de diciembre de 1484, dirigida, según el pontífice, a subsanar los errores que el Tribunal del Santo Oficio había cometido en torno a los procesos de brujería.

Reproduciré a continuación algunos extractos de dicha bula, que no tienen desperdicio, para que el lector pueda apreciar la línea que, a partir de ese momento, seguirán los manuales conocidos como «martillos de brujas» y que marcarían el inicio de una política de terror en toda Europa:

> Nos anhelamos con la más profunda ansiedad, tal como lo requiere Nuestro apostolado, que la Fe Católica crezca y florezca por doquier,

> en especial en este Nuestro día, y que toda depravación herética sea alejada de los límites y las fronteras de los fieles, y con gran dicha proclamamos y aun restablecemos los medios y métodos particulares por cuyo intermedio Nuestro piadoso deseo pueda obtener su efecto esperado [...].
>
> Por cierto que en los últimos tiempos llegó a Nuestros oídos, no sin afligirnos con la más amarga pena, la noticia de que en algunas partes de Alemania septentrional [...] muchas personas de uno y otro sexo, despreocupadas de su salvación y apartadas de la Fe Católica, se abandonan a demonios, íncubus y súcubus, y con sus encantamientos, hechizos, conjuraciones y execrables embrujos y artificios, enormidades y horrendas ofensas, han matado a niños que estaban aún en el útero materno, lo cual también hicieron con las crías de los ganados; que arruinaron los productos de la tierra, las uvas de la vid, los frutos de los árboles; más aún, a hombres y mujeres, animales de carga, rebaños [...] estos desdichados, además, acosan y atormentan a hombres y mujeres y animales con terribles dolores y penosas enfermedades, tanto internas como exteriores; impiden a los hombres realizar el acto sexual y a las mujeres concebir, por lo cual los esposos no pueden conocer a sus mujeres, ni estas recibir a aquellos; por añadidura, en forma blasfema, renuncian a la Fe que les pertenece por el sacramento del Bautismo, y a instigación del Enemigo de la Humanidad no se resguardan de cometer y perpetrar las más espantosas abominaciones y los más asquerosos excesos [...].
>
> [...] y otorgamos permiso a los antedichos Inquisidores —Heinrich Kramer y Jacobus Sprenger— [...] para proceder, en consonancia con las reglas de la Inquisición, contra cualesquiera personas, sin distinción de rango ni estado patrimonial, y para corregir, multar, encarcelar y castigar según lo merezcan sus delitos, a quienes hubieran sido hallados culpables, adaptándose la pena al grado del delito.[...] Por Nuestra suprema Autoridad, les garantizamos nuevamente facultades plenas y totales.

El pontífice continúa, en los mismos términos de credulidad supersticiosa, con su sermón antiherético para concluir ofreciendo a los inquisidores (Krämer y Sprenger en concreto) todos los medios a su alcance en la lucha contra el mal. Esta iniciativa, por la que se equiparaba el maleficio al grado de herejía, recayendo en la esfera competencial de la Inquisición, servirá de incentivo a las calenturientas mentes de sus integrantes para llevar a cabo un genocidio sin precedentes, basado únicamente en la creencia en antiguas leyendas y supersticiones grecorromanas adaptadas al Medievo —tales como la capacidad de volar de dichas brujas o su gusto por la carne de los infantes— y en un miedo irracional fruto del desconocimiento. La bula *Summis Desiderantis* fue el empujoncito que necesitaban los autores de los «martillos» para dar forma a unas obras enfermas, incoherentes, retóricas y pedantes que, por desgracia, fueron tenidas muy en cuenta durante siglos como códigos a seguir para torturar y asesinar a personas inocentes.

El citado Enrique Institor, un teólogo de avanzada edad que había ejercido como inquisidor para el sur de Alemania desde el año 1474, incluyó la polémica *Bula contra brujas* de Inocencio III al comienzo de su «martillo». De esta forma, el dominico se aseguró la eficacia de su distribución, simulando una autorización papal que no era tal y que brindaba a la obra una oficialidad que, de no existir, hubiese provocado su secuestro en las máquinas de la imprenta. El invento de Gutenberg constituyó una auténtica revolución en la edición de libros, que debían mucho, en el desorbitado aumento de su difusión, al todavía reciente y revolucionario descubrimiento. Dicho avance en el mundo editorial supo aprovecharlo ingeniosamente Institor, como buen propagandista, al igual que la reciente aparición de la prensa, en una época en la que todavía se dejaban ver los efectos que causara, a lo largo de muchos siglos oscuros, el analfabetismo medieval.

El éxito del «martillo» fue enorme. Publicado en 1486, dos años después de que viese la luz la bula citada, en menos de dos siglos el *Malleus Maleficarum* contó con 29 ediciones. En 1520 ya contaba con 13 ediciones, mientras que entre 1547 y 1669 llegó a 16, si bien no constan el lugar ni la fecha de publicación. La obra de Krämer se erigió como fuente de inspiración de todos los tratados posteriores sobre el tema, a pesar de que su propia composición debía casi todo a textos anteriores tales como el *Formicarius* (1435) y el *Praeceptorium,* de Johannes Nider, prior de los dominicos con el que nos encontraremos en breve.

Aunque se considera a Jacob Sprenger coautor del texto «maldito», lo cierto es que este dominico, profesor de Teología en la Universidad de Colonia e inquisidor de Renania desde 1470, se había distanciado bastante de la postura de Institor cuando este se decidió a escribirlo y colaboró en su redacción de forma más bien secundaria, por no decir anecdótica. No obstante, el teólogo gozaba de una renombrada reputación e incluir su nombre en el frontispicio del libro era la mejor opción para asegurar su éxito. El maquiavélico Krämer no solo se valió de esta estratagema; a la hora de enviar el texto a la imprenta se encontró con otro problema: debía obtener la licencia de la Universidad de Colonia para poder imprimir y distribuir su obra, algo nada sencillo en un tiempo de pasión censoria y pánico herético. Únicamente si dicha institución emitía un dictamen favorable, el bueno de Institor podría salirse con la suya.

Aunque la universidad no negó al dominico la autorización, sus anotaciones sobre la obra fueron despectivas; sus métodos y su lenguaje apocalíptico no obtuvieron el visto bueno de muchos teólogos. Sin su aprobación, la obra estaba condenada al fracaso, ya que ponía sobre aviso a los lectores de su pernicioso contenido. Para no sepultar sus expectativas de fama y gloria, Krämer falsificó el acta de los teólogos de Colonia a través de la ayuda prestada por el notario Arnold Kolich. El escribano extendió un documento notarial fechado en el mes de mayo de 1487, firmado por nada menos que siete profesores de Teología de dicha universidad que aprobaban con entusiasmo el contenido del «martillo», alabando a su vez la labor del inquisidor de los dominicos —puestos a falsificar, había que hacerlo a lo grande, con toda la pomposidad posible.

Dicho documento fue incluido a modo de apéndice en el *Malleus,* aunque Institor se mostró prudente a la hora de publicarlo en Colonia, única ciudad donde no se incluyó el acta notarial para no levantar sospechas. Su éxito, insisto, fue enorme, mucho mayor del que el propio autor esperaba. Es extraño comprender cómo un libro, descrito como uno de los documentos más aterradores de la historia humana, pudo gozar de tal prestigio y admiración en países tan importantes como Alemania o Francia, cuando en España —ese país al que la leyenda negra culpa de toda persecución de la disidencia en aquellos tiempos— fue considerado, y con razón, la obra de un loco. Lo más curioso del caso es que no solo la Iglesia católica, a instancias de Roma, siguió a rajatabla los designios marcados por el manual maldito; también los protestantes, enfrentados constantemente a los católicos por las cuestiones más diversas, convirtieron el *Malleus* en libro de cabecera de jueces tanto religiosos como civiles. Es más, allí la persecución sería mucho más feroz. Y es que la obsesión por el demonio, las brujas, los nigromantes y, en suma, por cualquier practicante de las ciencias ocultas, fue moneda de cambio habitual desde el siglo XV hasta bien entrado el XVIII.

Apenas un siglo después de la primera aparición del «martillo de brujas», los protestantes alemanes alabaron las nuevas ediciones de la obra publicadas en Frankfurt por el escritor y jurista Johann Fischart (1546-1590). El miedo al demonio era patente en cualquier rincón del «mundo civilizado». El propio Martín Lutero, impulsor de la Reforma y máximo enemigo de la Santa Sede, decía ser visitado en numerosas ocasiones por el Príncipe de las Tinieblas, quien pretendía tentarle, como a Cristo, con los más insospechados ardides. Un hombre de su talla y cultura, capaz de desafiar a los mismísimos servidores de Dios en la Tierra, justificaba la persecución de brujas y hechiceros sin reservas. Era, también, un enfervorecido antisemita.

Muchos eruditos contemporáneos a Lutero o posteriores a él apoyaron, en detrimento de su ingente sabiduría, la salvaje cruzada contra las «hordas del mal». Aunque no todos, es de reseñar. Algunos hombres de letras vislumbraron las atrocidades que generaría la adopción de una política de caza de brujas. Las voces en contra fueron, no obstante, pocas, por no decir anecdóticas, pues todo aquel que se atrevía a cuestionar la eficacia de la pena de muerte solía correr la misma suerte que el reo y sus carnes acababan por servir de leña en alguna pira.

La intención del *Malleus* fue, para Institor y Sprenger, poner en práctica la orden que emanaba directamente de las Sagradas Escrituras de perseguir la magia, en concreto del *Éxodo*, 22, 17, que sentenciaba: «A la hechicera no dejarás con vida». Ninguna hechicera (si es que la hubo) logró sobrevivir a esta caza, pero tampoco cualquier mujer o adolescente sospechosa de infringir un mínimo decreto. Aunque la originalidad del «martillo» era más bien poca —copia y síntesis de manuscritos anteriores—, lo cierto es que destacó por su novedad en un curioso aspecto: atacaba a la mujer de forma directa y brutal. A pesar de la llamada de atención de la *Bula Bruja* refiriéndose a la brujería en ambos sexos, los hermanos dominicos alemanes centraron sus iras en el femenino, quizá desconocedores o temerosos de unos seres de los que les alejaba el celibato. En uno de los capítulos del texto, bajo el título de «¿Qué tipo de mujeres son supersticiosas y brujas antes que ninguna otra?», los dominicos dan muestras de una misoginia sin precedentes; la mujer es, para ellos, la concubina del diablo, un ser maligno y despreciable por naturaleza, por lo que no es de extrañar que la mayor parte de las personas que condujeron a las hogueras fuese del género femenino. La descripción que realizan de la mujer bajo tal epígrafe habla por sí sola:

> [...] Tres vicios generales parecen tener un especial dominio sobre las mujeres malas, a saber, la infidelidad, la ambición y la lujuria. Por lo tanto, se inclinan más que otras a la brujería, las que, más que otras, se entregan a estos vicios. Por los demás, ya que de los tres vicios el último es el que más predomina, siendo las mujeres insaciables, etcétera, se sigue que entre las mujeres ambiciosas resultan más profundamente infectadas quienes tienen un temperamento más ardoroso para satisfacer sus repugnantes apetitos; y esas son las adúlteras, las fornicadoras y las concubinas del Grande.

Y continúan ofreciendo, sin filtros, información sobre la forma en que estas «depravadas mujeres» se entregan al cultivo del mal:

> Ahora bien, como se dice en la Bula Papal —*Summis desiderantes affectibus*—, existen siete métodos por medio de los cuales infectan de brujería el acto venéreo y la concepción del útero. Primero, llevando las mentes de los hombres a una pasión desenfrenada; segundo, obstruyendo su fuerza de gestación; tercero, eliminando los miembros destinados a ese acto; cuarto, convirtiendo a los hombres en animales por medio de sus artes mágicas; quinto, destruyendo la fuerza de gestación de las mujeres; sexto, provocando el aborto; séptimo, ofreciendo a los niños a los demonios, aparte de otros animales y frutos de la tierra con los cuales operan muchos daños.

El «martillo» constaba de tres partes claramente diferenciadas. En la primera, formada por diecisiete capítulos, los hermanos dotaban de cuerpo teórico, bajo el velo de la teología, la existencia de las brujas como una representación del diablo en la Tierra, realizando a su vez una llamada de atención a los gobernantes. Pretendían que estos comprendiesen la brutalidad y monstruosidad que generaba la brujería, brutalidad que únicamente podría adscribirse a la actuación posterior de estos depravados cazadores, puesto que nada de lo que se decía en los manuales sería nunca demostrado sino a través de falsos testimonios obtenidos bajo tortura. Dicha monstruosidad brujeril generalmente estaba unida, según los autores, a la renuncia a la fe católica, la burla de Dios, la adoración del diablo y el sacrificio de infantes no bautizados cuyo sebo serviría, supuestamente, a las despreciables brujas para realizar ungüentos con los que poder volar y reunirse en aquelarres y orgías sexuales sin parangón. Aquella depravación de la mujer —engañada por el demonio debido a su alma débil y a su tendencia a la lascivia—, no podía seguir consintiéndose, y el ingenioso y pragmático Institor, probablemente un hombre de sexualidad frustrada, ofrecía las claves para acabar con dicha plaga.

La creencia en la brujería era una obligación, al contrario que en tiempos pasados,[1] y mostrarse escéptico era considerado inmediatamente una herejía: la Biblia daba por real la existencia de las brujas y los dominicos, en consecuencia, afirmaban en el «martillo» que «cualquier hombre que cometa un grave yerro en la exposición de las Sagradas Escrituras será justamente considerado hereje». No había lugar para voces disidentes.

La descripción de la secta de las brujas rozaba en ocasiones el delirio:

> Las brujas de la clase superior engullen y devoran a los niños de la propia especie, contra todo lo que pediría la humana naturaleza, y aun la naturaleza simplemente animal. Esta es la peor clase de brujas que hay ya que persigue causarles a sus semejantes daños inconmen-

1. En el *Canon Episcopi*, compuesto hacia el año 906, se afirmaba con rotundidad la falsedad de tales supercherías: se negaba la existencia de las brujas como realidades físicas efectivamente existentes y se consideraba que eran imaginaciones impías, no realidades.

> surables. Estas brujas conjuran y suscitan el granizo, las tormentas y las tempestades; provocan la esterilidad en las personas y en los animales; ofrecen a Satanás el sacrificio de los niños que ellas mismas no devoran, y, cuando no, les quitan la vida de cualquier manera. Claro está que en estos casos se trata casi siempre de niños aún no bautizados; si alguna vez llegan a devorar a los bautizados, es que lo hacen, como más adelante explicaremos, por especial permisión de Dios.
>
> Pueden también estas brujas lanzar los niños al agua delante de los mismos ojos de los padres, sin que nadie lo note; pueden tomar de pronto espantadizo al caballo bajo la silla; pueden emprender vuelos, bien corporalmente, bien en contrafigura, y trasladarse así por los aires de un lugar a otro [...]
>
> Saben concitar los poderes infernales para provocar la impotencia en los matrimonios o tornarlos infecundos, causar abortos o quitarle la vida al niño en el vientre de la madre con solo un tocamiento exterior; llegan a herir o matar con una simple mirada, sin contacto siquiera, y extreman su criminal aberración ofrendándole los propios hijos a Satanás.

La segunda parte del *Malleus* abordaba los tres tipos de maleficia de las brujas y qué procedimientos debían abordar los jueces de Dios para contrarrestar los efectos de tales hechizos. Junto a ellos, los dominicos ofrecían un amplio abanico de ejemplos prácticos recogidos de manuales anteriores, como el citado *Formicarius,* o directamente sacados de su propia experiencia como inquisidores en Alemania. Dichos ejemplos constituyen un cúmulo de absurda credulidad que difícilmente podían tomar como verdaderos hombres supuestamente doctos.

Veamos algunos ejemplos que ilustran dicha torpeza mental, en la que se dan por verdaderos cuentos de viejas y leyendas rurales sin ningún fundamento real. Krämer y Sprenger recogen la creencia popular de la Antigua Grecia según la cual las brujas robaban las narices de los cadáveres y de los hombres vivos, a quienes se las arrancaban sin piedad sumiéndolos en un profundo trance.[2] Los dominicos

2. King, Francis X., *Historia de brujas y demonios*, Barcelona, Plaza & Janés Editores, 1987.

adaptaron dicho cuento legendario a la realidad, aún más brutal, de la Alemania del siglo XV; las brujas ya no solo arrebataban narices a sus víctimas, generalmente hombres dormidos, sino sus mismísimas partes íntimas. Después, sus órganos genitales eran escondidos en tenebrosos nidos situados en árboles de gran altura. Uno de estos ejemplos prácticos raya en la frivolidad, sobre todo por considerarlo auténtico por la institución eclesiástica de entonces: una aldea alemana estaba tan afligida por la tremebunda actividad de las brujas que los aldeanos emprendieron la dificultosa tarea de encontrar el nido en el que se encontraban tan lujuriosos objetos. Cuando lo encontraron, los arriesgados exploradores, atónitos, descubrieron el pene del cura del pueblo, que fue reconocido, según señala el descriptivo Institor, «porque era mucho más largo que cualquiera de los otros». Sobran las explicaciones.

Si la primera y segunda partes del tratado eran sórdidas y enfermizas, la tercera superó los límites de la locura (dicen que el mismo Enrich probablemente fue un demente, única excusa para justificar tan deplorable escritura). En esta última sección, a la que los religiosos prestaron mayor interés, se incluía un extenso manual de los procedimientos a seguir por los inquisidores, clases de torturas incluidas, para obtener de los acusados/as una confesión que, generalmente, implicaba a terceras personas inocentes. Para llevar a cabo un proceso únicamente era necesaria la denuncia de un particular o de cualquier persona que se sintiese celosa del vecino; no se necesitaban pruebas, ni era necesario que los testigos fuesen hombres de reconocida credibilidad. A partir de entonces, cualquiera, delincuentes y asesinos incluidos, se podía convertir en confidente de la Inquisición. Su palabra, aun mentirosa, valía para enviar a cualquier desgraciado/a a la hoguera. Lo más habitual, no obstante, como señaló el eminente antropólogo e historiador español Julio Caro Baroja,[3] era que el propio juez abriese la causa ante los rumores que corrían entre el público. Se llegó incluso a dar por válido el testimonio de niños, generalmente asustados o coaccionados por sus padres, para acusar a una o varias personas de brujería.

3. Caro Baroja, Julio, *Las brujas y su mundo*, Madrid, Alianza Editorial, 2003.

Según Sprenger y Krämer el juicio debía ser rápido, sencillo y concluyente, de modo que el acusado no tenía opción de recurrir la sentencia. Con esta forma de proceder, los inquisidores se aseguraban el veredicto de culpabilidad rápidamente y sin dar tiempo a la aparición de testigos de la defensa. Las competencias del juez eran absolutas, lo que se desprendía ya de la *Bula Bruja* de Inocencio VIII, que entregaba a los inquisidores plenas facultades para proceder en los juicios. El magistrado decidía si el acusado tenía derecho o no a defenderse —generalmente, como es de esperar, no lo tenía—; decidía, también, quién estaba capacitado para ejercer de abogado defensor, convirtiendo al jurista en una figura sin voz ni voto.

La tortura era la forma mediante la cual debía obtenerse la declaración de culpabilidad del reo que, aunque se retractase o se arrepintiese, era enviado irremediablemente a la hoguera. Los procedimientos de tortura, cuya brutalidad no había sido conocida por civilización alguna hasta bien entrado el siglo XV con el invento de máquinas horribles, servían también a otro cometido: la implicación de terceras personas acusadas por el reo de brujería. Está claro que con tales padecimientos la imaginación del torturado era tal que podía tachar de bruja a toda mujer de su comunidad. Al cobrar dinero por la entrega de un sospechoso/a, muchos mercenarios se dedicaron de por vida a la labor de dar caza a las desdichadas.

En Inglaterra[4] esos mercenarios fueron conocidos como «punzadores»; solían buscar en el cuerpo de las supuestas brujas las conocidas como «marcas del diablo», cicatrices o manchas de nacimiento que, al no sangrar ni producir dolor cuando eran punzadas por los verdugos, se consideraban un claro ejemplo de que la acusada estaba en concierto con el Maligno. Todo era generalmente un fraude, pues la mayoría de las veces la aguja ni siquiera penetraba en la carne, bastaba con una simple inclinación de la mano para simular un efecto óptico. Cuenta Carl Sagan que, cuando no había marcas visibles —lunares, antojos o cualquier otra señal de nacimiento—,

4. Sagan, Carl, *El mundo y sus demonios. La ciencia como una luz en la oscuridad*, Barcelona, Crítica, 2017.

bastaba con «marcas invisibles», que podían ser de cualquier tipo, según la decisión del inquisidor o del propio punzador. Al parecer, añade el genial divulgador científico estadounidense, en las galeras de la flota inglesa del siglo XVII, un punzador llegó a confesar que había causado la muerte de más de 220 mujeres en Inglaterra y Escocia por el beneficio de veinte chelines la pieza. Y lo afirmaba con orgullo.

A partir de la publicación del *Malleus Maleficarum*, el texto maldito más temible de la historia, la luz de las hogueras empezó a vislumbrarse en media Europa; comenzaba una larga etapa de terror que, lejos de ser producida por féminas que volaban con escobas y raptaban a niños para cocinarlos, era fruto de la depravación de unos hombres de negro que más parecían siervos del diablo que del Dios de las Escrituras. Su brutalidad y su sadismo superaban con creces la ira del vengativo Yahvé del Antiguo Testamento. Decían luchar contra los demonios, pero lo cierto es que con sus terribles actos dieron forma a un auténtico infierno sobre la Tierra.

Otros tratados infectos

El «martillo» fue el más famoso de todos los tratados que pretendían erradicar supersticiones y herejías a golpe de hacha y hoguera, pero ni fue el primero ni sería el último. Muchas fueron las plumas de intelectuales que utilizaron su grandísimo ingenio para deslegitimar a la mujer y a los que utilizaban ungüentos varios para curar enfermedades o aliviar dolores. La llamada caza de brujas no fue únicamente una represión, se erigió como uno de los episodios más crueles, falaces y tristes de la historia del hombre hasta la llegada de la era contemporánea. Este genocidio alcanzó su momento culminante a mediados del siglo XVII en Alemania, país en el que pueblos enteros fueron arrasados con la excusa de la lucha contra el mal.

Aunque las fuentes más fiables hablan de unas decenas de miles de personas condenadas a muerte por brujería, hay autores que elevan esa cifra a 200.000 hasta que la fiebre por erradicarla decayera a finales del citado siglo, aunque quizá fueran muchas más. Ludovico de Paramo, por ejemplo, en la obra *De Origine et Progressu Officii Sanctae Inquisitionis,* publicada en 1598, afirmaba que la Inquisición había quemado a treinta mil brujas en un espacio que comprendía 150 años.

Habían pasado más de 200 años desde que Sprenger y Krämer escribieran el *Malleus* pero el texto maldito siguió utilizándose como manual a seguir por los hombres de fe en sus desquiciantes procesos. Según algunos relatos, que quizá hayan sido exagerados por aquellos pueblos que sufrieron en la propia carne la locura de la caza, Benedict Carpzov, principal perseguidor de la brujería en Sajonia, con el que volveremos a encontrarnos, firmó personalmente más de 20.000 sentencias de muerte. Es probable que con ellas se asegurase un lugar en el cielo...

El primer manual que abordó el tema de las brujas, aunque no en profundidad, fue *Practica Inquisitionis Heretice Pravitatis,* escrito por Bernard Gui —Guidoni— a principios del siglo XIV. Este inquisidor dominico que ejerció en Tolosa entre el 1307 y el 1323 y que inmortalizaría en la gran pantalla el actor F. Murray Abraham en la adaptación homónima de la novela *El nombre de la rosa,* de Umberto Eco, destacó por su capacidad para extraer confesiones de los acusados incluso en las circunstancias más adversas.

En su tratado recogió las características de los herejes, destacando que estos podían ser descubiertos por sus extraños comportamientos, por ejemplo, en sus actitudes a la hora de rezar durante la misa, señalando que «durante la elevación miran a la pared y no hacia la hostia» y «es raro que se arrodillen o junten las manos para orar como los demás». Gui reforzaba sus afirmaciones apoyándose en san Agustín, hombre de fe con el que el cristianismo estableció la tortura de forma oficial y que ya había definido el mundo de la hechicería y la brujería como «una asociación criminal del mundo oculto». Agustín de Hipona (354-430 d. C.) allanó el camino para proceder a ejecutar a los herejes, práctica que después sería aplicada en la caza de brujas. En *Liber de Fide ad Petrum Diaconum,* sostenía firmemente que «no solo el pagano, sino el judío, el hereje y el cismático, serán condenados al fuego eterno, que está preparado para el Diablo y sus ángeles, a menos que antes del final de su vida se reconcilien con la Iglesia católica y vuelvan a ella».[5]

Bernard Gui añadió, siguiendo la misma línea y en defensa del Tribunal del Santo Oficio, que «la finalidad de la Inquisición es la destrucción de la herejía. La herejía no puede ser destruida sin que los herejes lo sean también, y eso no puede hacerse sino de dos maneras: mediante su conversión o mediante la incineración carnal». Otra sentencia de Guidoni incluida en el *Manual del inquisidor* no deja lugar a dudas de que su obra influyó enormemente en los posteriores procesos contra la hechicería y la brujería: «La hechicería es un delito de lesa majestad que consiste en el rechazo consciente de un dogma, o la rígida adhesión a una secta cuyas doctrinas ha condenado la Iglesia por ser contrarias a la fe».

Junto a la *Técnica o Libro de sentencias del inquisidor* (1308-1323) Gui dejó escrito un interesante texto sobre los albigenses, los herejes cátaros que erigieron su bastión en la ciudad de Albi, a la que deben su nombre. En dicho escrito, el dominico recogió muchos de los tópicos que más tarde se atribuirían a estos «hombres buenos» para ser acusados de herejía:

> Afirman que la cruz de Cristo no se debe adorar ni venerar, porque, según insisten, nadie venera ni adora el patíbulo sobre el cual un padre, pariente o amigo ha sido colgado. Ellos también declaran que los que adoran la cruz deben, por razones semejantes, venerar todas las espinas y las lanzas, porque cuando el cuerpo de Cristo estaba en la cruz durante la pasión, así mismo estuvo la corona de espinas en su cabeza y la lanza del soldado en su costado [...].

Como ha sucedido a lo largo de toda la historia de la humanidad, Gui se refiere a los textos escritos por los herejes cátaros como libros malditos: «Pero todo lo relacionado con este tema se puede leer de modo más completo en los libros que ellos han escrito e infectado». Dichos escritos, por cierto, serán quemados por santo

5. Hope Robbins, Rossell, *Enciclopedia de la brujería y demonología*, Madrid, Debate, 1992.

Domingo de Guzmán, episodio que será inmortalizado en un lienzo del siglo XV por Pedro Berruguete.

Los textos de Eymerich y Nider

El dominico catalán Nicolás Eymerich siguió los pasos de Gui y en el mismo siglo, concretamente en el año 1376, publicó una interesante obra bajo el título de *Directorium inquisitorum* que fue reeditada varias veces entre los siglos XVI y XVII. Continuando la senda iniciada por los escolásticos, Eymerich estableció la existencia de tres clases de brujería, reafirmando las mismas supercherías que un siglo después recogerá Krämer en el *Malleus:*

> 1. La brujería de los que dan a los demonios un culto de latría, sacrificando, prosternándose, cantando oraciones, encendiendo cirios, quemando incienso, etcétera.
> 2. La brujería de los que se limitan a dar a los mismos un culto de dulía o hiperdulía, mezclando los nombres de los demonios con los de los santos, en las letanías, rogando que los mismos demonios sean mediadores cerca de Dios.
> 3. La brujería de los que invocan siempre a demonios trazando figuras mágicas, colocando a un niño en medio de círculos, sirviéndose de una espada o un espejo.

Tales autores se habían basado, para la redacción de sus funestas obras, en la Escolástica, pensamiento inaugurado por Tomás de Aquino que alcanzó su mayor auge entre los siglos XII y XIII. El teólogo siguió la senda iniciada por san Agustín sobre la superstición, profundizando y renovando la noción de pacto con el diablo que más tarde sería aplicado a la brujería. Santo Tomás distingue, en su *Summa Theologica,* entre el pacto expreso y directo con el demonio y el pacto tácito, aquel más relacionado con la hechicería y que incluía augurios, adivinación a través de sueños, astrología, sortilegios, presagios, quiromancia y, en general, todo campo de estudio de las ciencias ocultas, consideradas instrumentos de Satanás. El punto de vista de Aquino serviría igualmente tiempo después de influencia para la redacción de los llamados *Tratados antisupersticiosos*.

Otro tratado destacado, que sirvió a Sprenger de documentación para su manual, fue el *Formicarius* («el hormiguero»), de Johannes Nider (o Juan Nyder), escrito entre 1435 y 1437 sobre los brujos suizos. Nider, nacido en Alemania, había mostrado ya desde pequeño grandes dotes para las ciencias y una decidida inclinación hacia el mundo de la Iglesia, por lo que sus padres lo pusieron bajo la dirección del padre Conrado de Prusia, superior del convento de Santo Domingo de Colmar. Aprovechando sus enseñanzas, recibió de sus manos el hábito religioso en el año 1400, convirtiéndose así en dominico, como Sprenger y Krämer, orden religiosa de la que emanaría la mayor parte de las sentencias de muerte contra brujas y herejes.

El siglo XV sería uno de los más temibles de la historia europea y daría el pistoletazo de salida a la política de caza de brujas con la publicación de importantes tratados sobre el asunto como el *Formicarius* o el *Malleus*. Tras recibir el hábito, Juan Nyder viajó a Viena para estudiar Filosofía y Teología, y más tarde a Colonia, ciudad donde fue ordenado sacerdote. En el año 1418 el religioso ya había conseguido deleitar a toda una comunidad de fieles, a la vez que se convertía en doctor de la universidad. Sin duda, el apasionante trabajo de explicar las Sagradas Escrituras y el *Libro de las sentencias* avivó su ingenio para, años más tarde, pasar a explicar algo muy diferente: las características de los brujos y brujas y sus maleficios. También en aquella empresa alcanzó un notable éxito.

En 1431 la Santa Sede lo eligió prior del convento de Basilea. A partir de ese momento su actividad estaría irremediablemente ligada a la cruzada llevada a cabo por la Iglesia contra la herejía de los husitas y el posterior Concilio de Basilea. Aquella herejía provocó uno de los episodios más oscuros llevados a cabo por los predicadores del Señor, que por aquellos años ya contaban con la experiencia de exterminios tan notables como los de los caballeros templarios y los cátaros en el Languedoc. Juan Hus y su discípulo Jerónimo de Praga tomaron por hábito predicar contra el papa de Roma y contra todo el clero, de tal manera que lograron un buen día que el bajo pueblo de Bohemia se levantara gritando improperios contra la Santa Sede y toda la Iglesia Mayor. Entre otras mil blasfemias, tacharon al sucesor de Pedro de anticristo, algo que por supuesto no gustó demasiado en la ciudad pontificia.

Debido a ello, fueron encerrados en la cárcel de la ciudad de Praga muchos gentileshombres humildes, casi todos zapateros, y pocas horas después pasados a cuchillo por los secuaces del pontífice. Aquello no impresionó demasiado a sus compañeros herejes que, a falta de sentir temor por su pellejo, procedieron a envolver los cadáveres de los mártires entre paños de brocado y de seda, paseándolos por las calles al grito de: «Estos son los santos, que dieron sus cuerpos por el Testamento». Tras largas batallas por el poder eclesiástico, Hus y Praga fueron denunciados al Concilio de Constancia, al que asistieron convencidos de la inmunidad que les otorgaba un salvoconducto del emperador Segismundo. Dicho salvoconducto no fue tenido en cuenta en tan suntuosa reunión de importantes dirigentes de la Iglesia (se sugiere que solo había sido firmado para asegurarles un viaje sin incidentes), por lo que ambos herejes fueron encausados, considerados culpables y conducidos a la hoguera; según José María Montoto,[6] Juan Hus cantando el *Símbolo de los apóstoles* y Jerónimo de Praga entonando los salmos.

Una vez disuelto el Concilio de Constancia, último que vieron con vida los dirigentes husitas, sus seguidores continuaron cometiendo toda clase de asaltos y batallas bajo el mando de un tal Procopio Ruso y de un sacerdote de nombre Bedrico. El papa Eugenio IV no aceptaba las propuestas de reforma de los herejes, por lo que se propuso la celebración de un nuevo concilio, el de Basilea, para intentar mediante la negociación frenar el avance de este grupo considerado una secta por Roma. Con la intención de recabar diputados entre los husitas para dicho concilio, fueron enviados varios nuncios a una amplia zona de la Alemania de entonces. Uno de ellos fue precisamente Johannes Nider, quien realizó un arduo trabajo para ganarse la simpatía tanto de husitas como de católicos.

El propio Nider, viendo la imposibilidad de reducir la herejía por cualquier medio, fue el cerebro de una idea más eficaz: intentó sepa-

6. En la introducción al *Formicarius* de Nider (consultar bibliografía).

rar del partido de los husitas a los nobles y a la clase media. Expuesta tan brillante iniciativa ante el concilio, este entregó una ingente cantidad de dinero a Mainard de Neuchaux, un noble que consiguió acabar con los últimos coletazos de la herejía: tras derrotar al ejército de los dos Procopios, que perdieron la vida en un brutal combate, encerró en un granero a todo aquel simpatizante de la causa husita. Una vez dentro, prendió fuego a la edificación y la secta fue, como tantas otras veces en la historia de la Iglesia, extinguida a base de altas temperaturas.

El *Formicarius,* que está formado por cinco libros, no trata únicamente sobre las ciencias ocultas. En su amplio tratado, Nider abordó diferentes cuestiones teológicas que se adivinan del amplio y grandilocuente título del texto: *Hormiguero de Juan Nyder, o exhortación a la vida cristiana, diálogos históricos, en los que se habla con frecuencia de príncipes, obispos, superiores, sacerdotes, religiosos, mendigos y mendigas, repúblicas y ciudadanos, personas casadas, viudas, doncellas, y de otras muchas cosas que se refieren a los íncubos, la invocación de los muertos o el arte para comunicar con los demonios.*

Nider escribió su *Formicarius* a modo de diálogo entre un teólogo y un escéptico que discuten sobre los problemas que surgen en el seno del citado Concilio de Basilea. Él mismo fue casi un escéptico, pues en una obra anterior, *Praeceptorium Divinae Legis,* afirma que los vuelos nocturnos no son sino fantasías del sueño, y que las metamorfosis reales no existen; son simplemente supersticiones creadas por los demonios para engañar al hombre. Aun así, su obra marcó un hito entre los demonólogos y sirvió al propósito de la caza de brujas como pocas. En numerosas ocasiones su quinta parte, dedicada a «las brujas y sus engaños» fue incluida a modo de apéndice en distintas ediciones del *Malleus Maleficarum.* Nider utiliza la metáfora de las hormigas —de ahí el título de su manual— para referirse a la secta de las brujas e «instruir en su deber a los cristianos de todas edades y condiciones»:

> Son las hormigas varias en los colores, porque unas son negras, otras rojas o amarillas. Mas por sus colores puede entenderse la varia condición de los vicios, aunque los mismos animales sean de sí buenos,

> como todas las criaturas de Dios. Así como por la blancura y candor de los vestidos, según san Gregorio, se acostumbró a entender la pureza y limpieza de virtudes, así también por los colores, que se apartaban más o menos de la blancura, se significaba la mayor o menor enormidad de los vicios, como se ve por la Sagrada Escritura.

Y en otro pasaje continúa comparando al hombre con las diminutas hormigas:

> Aun cuando la hormiga respecto al ingenio y sagacidad sea el más noble de los animales diminutos, sin embargo, si incautamente alguno la toca, por limpio que esté se pone sucio. Así el cuerpo humano, aunque esté exento de pecado actual, se mancha en uno y otro hombre muy fácilmente con el contacto de otro sexo, a la manera que se convierte al instante en lodo la ceniza a quien se aplica un líquido.

Sin duda, el *Formicarius* de Nider es más que interesante por la novedad de su planteamiento y su forma de redacción —el diálogo— recién comenzado el siglo XV, forma que sería simplificada más tarde por todos los expertos en la materia, que favorecieron el discurso teórico de corte teológico en detrimento de la originalidad. Las teorías de Nider —aunque en ellas no se refiere al aquelarre, el pacto con el diablo o las relaciones sexuales con el diablo, como la mayoría de sus colegas— marcaron un antes y un después en el mundo de la demonología. Siglos después de su redacción todavía influiría a hombres de la talla de Francesco Maria Guazzo y Jean Bodin en la composición de sus tristemente célebres «martillos», en los que enseguida nos sumergiremos.

Tractatus de hereticis et sortilegiis

Otro de estos tratados «malditos», probablemente el que más influencia ejerció tras el *Malleus,* fue escrito en 1524 por Paulus Grillandus (o Paolo Grillandi), juez papal que participó en los procesos por brujería celebrados en Roma a comienzos del siglo XVI. *Tractatus de hereticis et sortilegiis* («Tratado sobre herejes y hechicería») fue su título, y entre sus páginas Grillandus abordaba como tema principal el concepto del aquelarre. Este inquisidor fue el que más noticias dio acerca de dichas reuniones de brujas, que servirían para despertar la imaginación de no pocos autores posteriores. Según él, estos aquelarres —cuya tenebrosidad sería recogida con toda genialidad por Francisco de Goya en sus lienzos siglos más tarde— se celebraban en Benevento.

Grillandus contaba el caso de una joven retenida en el castillo de San Pablo (Italia) que le confesó haber asistido a una de esas nocturnas reuniones. Según el magistrado, la joven fue conducida por los aires por una vieja bruja a una de sus asambleas, presidida por el diablo. Una vez allí, renegaba de Dios y juraba realizar todo tipo de maleficios para entregarse a continuación a la cópula con diferentes demonios. En aquel lugar desconocido —siempre según Grillandus—, las brujas bailaban, copulaban y comían abundantemente carne de niño mientras el diablo, en forma de macho cabrío o de gato negro, tocaba algún instrumento, como la gaita o el tambor. Al amanecer, el aquelarre se disolvía y las brujas regresaban a su hogar por los aires, a lomos de algún animal brindado por el demonio o sobre una vara que lograba elevarlas gracias a las virtudes de un misterioso ungüento. Habladurías y viejos cuentos de pueblo que, inexplicablemente, fueron tomados en serio por la Santa Sede y todo religioso que se preciare.

Su obra abarcaba un amplio abanico de «ciencias ocultas»: demonología, posesiones y pactos con el diablo, los citados aquelarres y la adivinación, aunque afirmaba que jamás había visto ni oído que se hubiese encontrado en bruja alguna, signo de su «flagrante crimen», lo que repercutió negativamente en la credibilidad de su obra.

La «martillos» franceses

La literatura antibrujeril durante estos años (siglos XV-XVII), tras la aparición del *Malleus Maleficarum* y su consiguiente éxito, fue muy prolífica, casi apabullante. Dichos manuales se convirtieron en el instrumento a través del cual los jueces, tanto civiles como eclesiásticos, canalizaron su sadismo y sus frustraciones sexuales. Otros, quizá, siguieron simplemente la moda de una época terrible marcada por guerras, desastres naturales y enfermedades que asolaron Europa, como la peste, lo cual no les exime de sus actos y sus terribles consecuencias.

Aunque sería en Centroeuropa, en países como Alemania o Suiza, donde la caza de brujas fue más febril y enfermiza, otros países no se libraron de la locura persecutoria. En Francia destacaron importantes demonólogos que crearon escuela y cuyas obras serían reeditadas varias veces: Henri Bouguet, Nicolas Rémy y Jean Bodin.

Henri Bouguet (1550-1619), famoso abogado de la época, además de un exitoso libro pedagógico de Derecho, escribió una de las obras más consultadas entonces sobre demonología, *Discours exécrable des Sorciers* («Discurso execrable de los hechiceros»).[7] El tratado conoció unas doce ediciones en tan solo doce años y en él describía, en la línea de sus predecesores, el peligro de las sectas de las brujas y los procedimientos a seguir para acabar con ella. Sus recomendaciones rivalizaron incluso con las del *Malleus,* aunque no divergían demasiado de estas últimas.

Bouguet insertó en su *Discours exécrable des Sorciers* un largo apéndice compuesto de setenta artículos bajo el título de «La forma en que ha de proceder un juez en un caso de brujería», en el que codificaba los métodos judiciales a seguir en los procesos. A pesar de dotar a su manual de un lenguaje jurídico que en un principio parecía serio, su obra no dejó de ser otro compendio de superchería, ideas absurdas y ejemplos realmente increíbles. Cuando Henri ejerció como un sádico juez en algunos procesos, examinó a no pocos brujos y brujas, y llevó a la hoguera a muchos de ellos. Según cuenta en su *Discours,* había entre ellos incluso niños imberbes. De poco le sirvieron sus estudios de derecho, la ley en aquel tiempo no conocía la palabra *justicia* o, al menos, nunca supo (o quiso) aplicarla debidamente.

Nicholas Rémy fue todavía mucho más cruel y vengativo que Bouguet. Tras estudiar también Derecho, como su colega, en la Uni-

7. El título completo, largo e igualmente pomposo como se acostumbraba entonces, es *Discours exécrable des sorciers, ensemble leur procés, faits depuis deux ans en ça, en divers endroits de la France, avec une instruction pour un juge, en faict de sorcelerie.*

versidad de Toulouse —donde conoció a Jean Bodin, que ejercía allí como magistrado—, consiguió el puesto de fiscal del Tribunal Supremo de Lorena en 1591. Obseso perseguidor de brujas, publicó una obra titulada *Daemonolatreiae libri tres* («Tres libros de brujería —o demonolatría—»), desordenado compendio de actas judiciales, opiniones y experiencias personales, y curiosas anécdotas que dividió en tres partes.

En la primera abordaba el tema del satanismo, mientras que en la segunda se centraba en la relación de las brujas con el sexo y los demonios; valga de ejemplo la descripción de las relaciones que mantuvieron dos hombres con unos súcubos —demonios con forma femenina:

> Pero en este punto, quienes nos han hablado de la cópula con demonios en forma masculina o femenina, dicen al unísono que no puede imaginarse ni describirse nada más frío ni desagradable. Petronio Armentario —uno de los inculpados en sus procesos— decía que en cuanto abrazaba a su «Abrahel» sus miembros se ponían rígidos, y Hennezel —el otro inculpado— aseguraba que experimentaba la sensación de introducir el miembro en una cavidad fría como el hielo y que se veía obligado a dejar a su «Schwartzburg» sin haber tenido un orgasmo. Estos eran los extraños nombres con que se conocía a los súcubos.

En la tercera y última parte de su *Daemonolatreiae* Rémy ofrecía conclusiones sobre la caza de brujas y ofrecía ejemplos prácticos a los jueces a la hora de proceder en los juicios. Aferrándose a la creencia de que «cualquier cosa que no sea normal es obra del Demonio» cometió verdaderas atrocidades; se jactaba de haber quemado a 900 personas en solo una década y procesó personalmente a una mendiga en 1582 porque su hijo mayor había muerto misteriosamente. Al parecer, unas semanas antes el joven le negó una limosna a la desdichada. Sin duda, para Rémy la desgracia de su primogénito era fruto de la maldición de una bruja. Los pobres, generalmente, tenían más posibilidades de acabar sirviendo de leña para las piras inquisitoriales, pues pocos fueron los nobles que corrieron la misma suerte.

Jean Bodin fue el más célebre de todos los autores franceses de «martillos». De profunda erudición —había estudiado Derecho, Lenguas clásicas, Filosofía y Economía—, marcó un hito en la historia de la caza de brujas. Nacido en 1529 en Angers, estudió doce años bajo el hábito de monje carmelita en la Universidad de Toulouse, donde acabó ejerciendo como profesor titular de Derecho romano y donde, efectivamente, conoció a Nicholas Rémy (dos voraces peces en la misma pecera teológica).

Antes de sumergirse en el controvertido universo de la brujería, Bodin escribió en París obras político-jurídicas de gran relevancia entonces, como *Los seis libros de la República,* texto que le valió la pérdida del favor real al arremeter en él contra la monarquía. En 1576, año en que publicó la controvertida obra citada, abrió un bufete de abogados en Laon, donde se casó —este, a diferencia de otros «cazadores», sí saboreó las mieles del género femenino, lo cual no le impidió arremeter contra este con igual contundencia que sus colegas—, hasta convertirse en fiscal público. Escribió doce obras, entre las cuales, la más importante en este capítulo fue *De la démonomanie des sorciers* («Sobre la demonomanía de los brujos») publicada en 1580 en París. En latín sería publicada al año siguiente bajo el título de *De Magorum Daemonomania,* y conseguiría en 1604 ser reeditada hasta en diez ocasiones.

Bodin escribió este tratado para orientar a los jueces en la lucha contra la brujería. La *Démonomanie* del jurista galo se basaba, como muchas obras precedentes, en la experiencia que el propio autor había cosechado en varios procesos. El francés fue otro de los que arremetieron enérgicamente contra aquellos que no creían en la brujería y la magia, a los que tachó de herejes, pues el abogado creía firmemente no solo en la realidad de las mismas, sino también en la licantropía, por lo que fue duramente criticado en 1605 por el arzobispo de York y escritor experto en asuntos religiosos Samuel Harsnett.

Férreo defensor de la casi siempre «evidente» culpabilidad de los sospechosos, Jean Bodin llegó a sentenciar que el simple rumor bastaba para condenar a un desdichado: «Pues se recomienda que, en estos delitos de conspiración, la presunción y la conjetura sean pruebas suficientes». Es seguro que con esta forma de proceder no era demasiado difícil ejercer como juez o abogado en aquellos tiempos, al menos si tenías el privilegio de acceder a una formación académica. Suya es también la famosa clasificación de los quince crímenes que cometían los brujos:[8]

1. Renegar de Dios.
2. Maldecir de Él y blasfemar.
3. Hacer homenaje al demonio, adorándole y sacrificando en su honor.
4. Dedicarle los hijos.
5. Matarlos antes de que reciban el bautismo.
6. Consagrarlos a Satanás en el vientre de sus madres.
7. Hacer propaganda de la secta.
8. Jurar en nombre del diablo en signo de honor.
9. Cometer incesto.
10. Matar a sus semejantes y a los niños pequeños parar hacer cocimiento.
11. Comer carne humana y beber sangre, desenterrando a los muertos.
12. Matar, por medio de venenos y sortilegios.
13. Matar ganado.
14. Causar la esterilidad en los campos y el hambre en los países.
15. Tener cópula carnal con el diablo.

Más de lo mismo. La clasificación de Bodin no viene a ser sino una compilación de las tópicas creencias de demonólogos varios sobre las brujas. En ocasiones es inevitable esbozar una sonrisa al leer tal sarta de supercherías, sonrisa que llevaría a la carcajada si no fuera porque dichas «sandeces» condujeron a la tortura y a la hoguera a cientos (e incluso miles; una vez más, depende de la fuente de consulta) de personas inocentes.

De la démonomanie des sorciers sigue la forma clásica de elaboración de los «martillos»: en una primera parte, de carácter teológico, Bodin aborda el tema del demonio y su relación con la secta de los brujos. Luego, recoge las diversas clases de magia utilizadas por

8. Caro Baroja, *op. cit.*

estos/as y sus modos de actuar, mediante maleficios, además de los famosos y reiteradamente nombrados vuelos nocturnos y reuniones en campo abierto —*sabbats,* para Bodin iguales en todos los lugares—. En la tercera y última parte de su tratado, el francés señala la forma en que deben actuar los jueces y las penas que deben sufrir los condenados.

Cruel y fanático, Bodin fue uno de los primeros que intentaron definir legalmente la figura del brujo: «La persona que, conociendo las leyes de Dios, intenta realizar un acto mediante un pacto con el diablo». A pesar de ser un hombre instruido, no se distanció demasiado de la actitud de sus colegas: promovía la tortura y exhortaba a tratar brutalmente a los sospechosos, como se desprende de este extracto de la *Démonomanie*:

> Si existe algún medio para aplacar la ira de Dios, para obtener su bendición, para infundir temor en ciertas personas mediante el castigo de otras, para evitar que unos contagien a otros, para disminuir el número de malhechores, para asegurar la vida de quienes obran el bien y para castigar los crímenes más infames que puede concebir la mente humana, ese medio consiste en castigar a las brujas con el máximo rigor.

El máximo rigor para Bodin consistía en torturas indescriptibles, vejaciones que acababan con la vida del reo incluso antes de condenarle a la pena máxima. Para cumplir su «divino cometido», llegó incluso a torturar con sus propias manos a niños y a inválidos. Siguiendo el trabajo de Rossell Hope Robbins,[9] «para infundirles el temor de Dios, Bodin recomendaba que se utilizaran cauterios y hierros al rojo, con el fin de arrancar la carne putrefacta».

A pesar de su férreo cumplimiento de la ley de Dios, todos los escritos del puritano juez fueron condenados por la Inquisición; al parecer, por simpatizar con los calvinistas franceses y participar en la matanza del día de san Bartolomé. Aunque se libró de la tortura y la hoguera, murió de peste, como muchos de los pobres miserables que mandó encerrar, condenado, en el año del Señor de 1596.

9. Hope Robbins, *op. cit.*

El «martillo» protestante

Una de las mentes más retorcidas que nació de la gran caza de brujas en Alemania respondía al nombre de Benedict Carpzov (1595-1666), conocido popularmente como «el legislador de Sajonia». Su obra, *Practica Rerum Criminalum,* publicada por primera vez en 1635, fue para los protestantes (contrariamente a lo que se cree por culpa una vez más de la llamada Leyenda Negra, cazadores de brujas mucho más perseverantes y homicidas con respecto a las brujas y hechiceras que los de la órbita pontificia), lo que el *Malleus* para los cazadores católicos.

Hijo de un afamado profesor de Derecho, Carpzov ejerció durante muchos años como juez en el Tribunal Supremo de Leipzig, ocupándose de casos de difícil resolución. Su mano de hierro con las brujas le llevó a condenar a miles de personas a la pena máxima. Algunos años después de su muerte, en 1675, el renombrado abogado e historiador político alemán Philipp Andreas Oldenburger, atribuyó a su persona más de veinte mil sentencias de muerte. Si bien las cifras, muy probablemente, fueron exageradas, debido al profundo horror que la caza de brujas causó entre la población germana, lo cierto es que Carpzov fue un legislador sin escrúpulos cuyos modelos a seguir fueron demonólogos como Heinrich Krämer, Paulus Grillandus, Martín del Río, Nicolai Rémy y su admirado Jean Bodin.

A pesar de no formar parte del círculo protestante, estos personajes cuyos delirios ya conocemos fueron la principal fuente de Benedict a la hora de redactar su «martillo», en el que, a decir de los expertos, no hizo ninguna aportación teórica novedosa respecto a la secta brujeril: las brujas volaban para reunirse en los aquelarres que, por supuesto, consideraba reales, y mantenían habituales relaciones con los demonios —dos o tres veces por semana, afirmaba—, a la vez que elevaba la hechicería al rango de la brujería, prácticas que él creía similares. La única anécdota novedosa que aportó en sus escritos sobre el asunto fue, aunque parezca increíble, su total convencimiento de que las brujas, en determinadas ocasiones y tras copular con demonios... ¡parían duendes! Eso, y algunas formas de tortura excesivamente crueles.

Si su obra, aparte del enorme éxito que obtuvo (conoció nueve ediciones en menos de un siglo), no aportó demasiado al corpus doctrinal de los demonólogos, sus acciones sí son dignas de recuperar en estas páginas, como muestra de la excelsa depravación de unos hombres que parecían no estar en su sano juicio, «enfermos» y sádicos. Sus actuaciones, quizá las más atroces de todas las llevadas a cabo por estos cruzados del mal, son indescriptibles. Carpzov consideraba, como Bodin y otros teóricos, la intencionalidad y la sospecha pruebas suficientes para encausar a un individuo. Defendió durante toda su vida la tortura como medio para extraer confesiones, dejando reseñados hasta diecisiete métodos diferentes de llevarla a cabo. Uno de los más habituales consistía en «quemar lentamente el cuerpo del acusado con velas e introducir varillas de madera bajo las uñas y prenderles fuego».

Por si esto fuera poco, Carpzov solía impedir que se enterrase el cadáver de los acusados de brujería, pues, de esta forma —creía— se disuadía al resto de las brujas para que no cometieran sus maleficios. Su nombre quedó grabado a fuego (ese fuego «purificador» que tanto estimaba) en el recuerdo de la población alemana durante muchos años. Todavía hoy, cuatro siglos después, sus atrocidades inspiran profundo temor.

Guazzo y el «martillo» italiano

Francesco Maria Guazzo nunca fue un hombre de acción, como aquellos autores a los que admiró e imitó: Bodi, Rémy o Lancre. Aunque participó como asesor en varios juicios, su trabajo se adscribió al campo teórico, y en su obra recogió, en la misma línea que sus predecesores, los actos típicos de las brujas y la manera de combatirlos mediante «armas del Señor» como el agua bendita, el crucifijo o la oración.

A comienzos del siglo XVII tomó los hábitos como hermano de la orden de San Ambrosio de Nemus en la ciudad de Milán. Férreo católico, arremetió duramente contra el protestantismo, llegando a afirmar que su inspirador, Martín Lutero, era hijo de una monja y del mismo diablo. Escribió su «martillo», titulado *Compendium*

Maleficarum («Manual de Brujas» o «Compendio de los Males») a petición del humanista italiano y arzobispo de Milán Federico Borromeo, con la intención de «desenmascarar y clasificar las prácticas de brujería». Su texto, que influiría más tarde en la creación de la obra del sacerdote franciscano y escritor italiano Ludovico Maria Sinistrari,[10] está compuesto de la clásica división en tres partes (Libro I, Libro II y Libro III) y sus correspondientes capítulos, con títulos tan sugerentes como «Sobre si las brujas tienen el poder de hacer hablar a las bestias» o «Las brujas hacen uso de cadáveres humanos para asesinar a los hombres».

Cada uno de estos capítulos consta de una introducción teórica, reforzada con los más variados e ingeniosos ejemplos, casi todos extraídos de obras clásicas anteriores como el *Malleus Maleficarum* o el *Discours des sorciers*. Su compendio demuestra ante todo la falta de originalidad de los «martillos» desde que Krämer y Sprenger publicaran su obra; no obstante, la importancia del *Compendium* reside en ser el primer gran manual, algo tardío, de autoría italiana, país menos acostumbrado que Alemania o Suiza a las delirantes cacerías de brujas.

Si uno lee con atención el tratado de Guazzo podrá apreciar un brillante trabajo de erudición y una clara pasión por comunicar sus conocimientos y opiniones —equivocadas, sin duda— al lector. Guazzo, además, acompañó sus escritos con curiosas ilustraciones en las que mostraba escenas de aquelarres, pactos con el diablo y vuelos nocturnos sobre bestias. Sus grabados son, junto con los del

10 Nacido en Ameno, Italia, Sinistrari fue uno de los exorcistas más experimentados de su tiempo, cuyos conocimientos sobre demonología, magia negra y brujería eran requeridos a lo largo y ancho del Viejo Continente. Fue consejero principal de la Congregación por la Doctrina de los Santos y un miembro ilustre de la rama académica de la Santa Inquisición. Su obra, *De Daemonialitate et Incubis et Succubis*, incluye consejos y sugerencias, en la línea de los llamados manuales de exorcistas y, además, algunos remedios paganos, oportunamente sacralizados, eficaces según él en la lucha del sacerdote contra el demonio. Y se centra, como indica el título, en los íncubos y los súcubos, seres de orden sobrenatural, demoníacos, que se alimentan de la energía liberada durante los arrebatos pasionales (una suerte de antecesores de los vampiros). Sinistrari recoge, entre múltiples anécdotas, que la reina de los súcubos es Abrahel, de extraordinaria belleza, y que Larimón es el líder de los íncubos.

Malleus, los más representativos de toda aquella época en la que el temor a las brujas era algo casi patológico. Las siguientes palabras, recogidas en el capítulo VII del *Compendium Maleficarum*, ilustran a la perfección ese irracional temor:

> Nadie está tan seguro como para estar libre de todo temor a ser dañado por los malvados. Nuestra experiencia cotidiana es prueba suficiente de que ninguno de nosotros está expuesto a un no pequeño peligro en este sentido. Porque las brujas no atacan con sus venenos solo a aquellos que están sin guardia o dormidos por la noche; sino que extienden sus trampas para los precavidos de tal forma que pueden apenas escapar mediante el consejo o la previsión humanos.

Quizá el capítulo más curioso del *Compendium*, muy similar a los contenidos de los «manuales de exorcismo», que alcanzaron su mayor éxito más o menos en la misma época en que se redactó la obra de Guazzo, es el capítulo II de la tercera y última parte, donde el autor ofrece una nada despreciable información para distinguir entre aquellos hombres que están endemoniados de aquellos que están embrujados. El epígrafe denota una clara influencia del *Rituale Romanum*, en concreto su apartado *«De Exorcizandis Obsessis a Daemonio»*.

Guazzo ofrece nada menos que 47 síntomas particulares que aparecen en aquellos poseídos por el demonio, entre los que se cuentan algunos tan curiosos como los siguientes: «Si sienten que derraman agua fría sobre su espalda» (8) o «Del orificio abdominal de algunos salen ciertas cosas como bolas, como si fueran gusanos, u hormigas o ranas» (30). El ambrosiano completa su lista con una serie de síntomas característicos —20 concretamente— de aquellos que en lugar de «endemoniados» se encuentran únicamente «embrujados», basándose en los estudios precedentes del médico y botánico italiano Andrea Cesalpino (1519-1603).

En *Daemonum Investigatio Peripatetica* («Investigación peripatética de los demonios»), Cesalpino defendió la realidad de los demonios y explicó su existencia y acciones en base a la filosofía natural. Destacó el concepto de espíritu y la presencia de sustancia divina en los humanos. Su discusión sobre los demonios intenta reconciliar los textos hipocráticos con las opiniones de Aristóteles sobre el carácter «demoníaco» de la naturaleza, según afirma en *Sobre la adivinación durante el sueño*. Así, Cesalpino distinguió entre lo sobrenatural, lo preternatural y lo natural. Sostuvo, además, que los demonios eran seres inmateriales que utilizaban «la inteligencia fáctica para poseer e irritar a sus víctimas», actuando de forma análoga a los artesanos. Por ello, apunta, los actos demoníacos son más artificiales que naturales y, por tanto, están más allá del curso ordinario de la naturaleza. Dado que sus acciones involucran el alma y los espíritus humanos, las obras demoníacas están ligadas igualmente a la inteligencia divina que impregna la naturaleza.

Algunos de los síntomas que plantea Guazzo son tanto o más interesantes que los citados anteriormente: «Algunos se vuelven generalmente impotentes» (11) o «Aquellos que están embrujados pueden apenas soportar mirar a un sacerdote a la cara, al menos no de forma directa; porque les cambia el blanco de los ojos de distintas maneras» (17).

Los tratados españoles

En el panorama español son tres los autores que merece la pena reseñar: Martín del Río, Pedro de Valencia y el francés Pierre de Lancre, cuyas actuaciones más polémicas tuvieron como escenario el País Vasco francés y Navarra. Aunque la península ibérica no fue precisamente de los países más proclives a exterminar brujas —sí lo fue, como ya vimos, con herejes como los judaizantes y los protestantes—, destaca por un caso singular que todavía hoy, cuatrocientos años después, se mantiene vivo en el imaginario colectivo, el de las tristemente célebres brujas de Zugarramurdi.

Pero antes de abordarlo, veamos quién fue Martín Antoine del Río (1551-1608), uno de los pocos españoles cuya obra ejerció una enorme influencia en toda Europa. Nuestro protagonista, un español nacido en Amberes y de origen converso (hijo de un noble castellano y de una acaudalada aragonesa) fue un famoso jesuita cuya enciclopédica obra, de nombre *Disquisitionum Magicarum Libri Sex* («Seis libros de discusiones mágicas»), dentro del amplio catálogo de textos existentes sobre el tema de la brujería, alcanzó tal fama que durante más de un siglo poco tuvo que envidiar al mismísimo *Malleus Maleficarum;* sin embargo, la mayor parte de su trabajo no se adscribió precisamente al territorio español —únicamente impartió clases en Valladolid— sino a un amplio espacio geográfico europeo.

Gran erudito, Del Río dominaba a la perfección las lenguas clásicas, incluido el hebreo, y hasta cinco lenguas modernas, lo que le permitió trabajar en muy diversos lugares: Bruselas, Lieja, Lovaina o Salamanca. A los diecinueve años ya había publicado una edición de las obras de Séneca, anotada con cientos de citas cultas de su propia cosecha, y con tan solo veinticuatro fue nombrado vicecanciller y fiscal del Tribunal Supremo de Brabante, impartiendo más tarde clases por diversas ciudades europeas bajo el hábito de la Compañía de Jesús. Durante veintiséis años escribió quince obras y en 1599 publicó la más relevante de todas ellas, el citado *Disquisitionum,* que en 1747 había conocido ya veinte ediciones. Del Río dividió su obra en seis secciones, dedicadas a la Magia Natural y artificial, la alquimia, la magia demoníaca, la *maleficia,* profecías y adivinación y recomendaciones a los jueces, junto a ejemplos prácticos para luchar contra la tan temida brujería.

Aunque escéptico sobre algunos temas (no creía, por ejemplo, en la licantropía), Martín del Río siguió a rajatabla el camino marcado por el dogma oficial, y arremetía duramente, al igual que muchos de sus colegas, contra los incrédulos, a los que tachaba no solo de herejes sino también de brujos:

> Los jueces están obligados, so pena de pecado mortal, a condenar a muerte a las brujas que hayan confesado sus crímenes. Sobre aquel que se pronuncie contra la pena de muerte recaerán sospechas razonables de complicidad; nadie debe interponerse en la labor de los jueces, pues es *indicium* de brujería el defender a las brujas o el afirmar que las historias de brujería que se dan por ciertas son meros engaños o ilusiones.

De poco le valió al eminente erudito su profundo conocimiento de las lenguas clásicas, el Derecho y otras ramas del saber. Arremetió contra personas inocentes con la misma dureza que otros jueces menos doctos que él, dando por válidas las mismas supercherías: ofreció una visión unitaria del *sabbat,* creía en los vuelos nocturnos y en los habituales tipos de maleficia atribuidos a las brujas. La siguiente descripción contenida en el *Disquisitionum Magicarum Libri Sex* viene a ser un claro ejemplo que confirma esta afirmación:

> Según otras interpretaciones, realizan un sucísimo sacrificio al ídolo Moloch, de modo cruel y malvado, al ofrecer al Demonio y matar en su honor los propios hijos y los ajenos, o le dedican el propio semen al derramarlo, como aquel mago criminalísimo. Que tenía trato venéreo con una mujer dentro de un templo y lo mezclaba con el santo crisma según narra Jacquier al folio 58 del Azote de fascinadores [...].

Pierre de Lancre y el Labourd

A la vez que se desarrollaba en Zugarramurdi (Navarra) el proceso por brujería más relevante de la historia de España, Pierre de Lancre realizaba una feroz persecución en el País Vasco francés, en Labourd (Labort en vasco), triste episodio sobre el que dejaría varios escritos.

Pierre de Rosteguy, señor de Lancre, nació en Burdeos en 1553 en el seno de una familia acomodada. Tras estudiar con los jesuitas y doctorarse en Derecho, ejerció como abogado en el Parlamento de Burdeos. De no ser por un acontecimiento puntual, probablemente su nombre no hubiera pasado a la historia de la mezquindad con letras mayúsculas.

Dos nobles del país de Labourd, en el País Vasco francés, los señores D'Amou y D'Urtubie, hicieron un llamamiento al entonces rey Enrique IV de Francia y III de Navarra, primer monarca de la dinastía borbónica, para que mandara consejeros a la región con el fin de investigar la plaga de brujería que la asolaba. El rey accedió a su petición y envió a la zona a De Lancre y al presidente del Parlamento de Burdeos, el popular Jean d'Espaignet —o Espagnet—, erudito conocedor de la filosofía hermética y la alquimia que pronto acabó abandonando la investigación. De este modo, De Lancre se vio libre para dar rienda suelta a sus más depravados vicios, provocando una tremenda represión.

Aquella zona, políticamente convulsa, con idioma propio —el vascuence— y «extrañas formas de organización», preocupaba mucho a nuestro juez, y por extensión a toda la Casa Real, la Iglesia y demás poderes de la época, por lo que la brutal cruzada no fue únicamente religiosa, sino principalmente política. Para De Lancre «los labortanos —así se conocía a los lugareños—, malos agricultores y peores artesanos, no aman ni su patria ni a sus mujeres ni a sus hijos, no son ni franceses ni españoles y esto da indiferencia a sus costumbres», según sus palabras. Gran detractor del país y sus gentes, el juez de Burdeos llevó a cabo una caza sistemática en una región en la que, según el jurista, había más de tres mil personas marcadas por el crimen de la brujería.

Lancre dejó escritas sus experiencias en dos relevantes obras: *Tableau de l'inconstance des mauvais anges et demons* («Tratado de la inconstancia de los ángeles malos y demonios») publicada en París en 1612, y *L'incrédulité et mescreánce du sortilège plainement convaincue*,[11] que apareció en 1622. En ellas recogió la brutalidad de sus decisiones y sentencias y las mismas burdas afirmaciones que sus predecesores, lo que ya venía a ser una auténtica tradición: creía firmemente en los vuelos nocturnos y en los archifamosos aquelarres, arremetió con dureza contra los escépticos del tema y utilizó el testimonio de niños como principal indicio para acusar a un sospechoso de brujería. Sus textos rozan en ocasiones el delirio, y llegan a un extremo casi de autoparodia, si no fuera porque, tristemente, Lancre creía firmemente en todo lo que escribía.

En el *Tableau* afirma que él mismo fue testigo de la presencia del demonio y sus fieles amantes las brujas. Recoge en la obra que, en una ocasión, cuando se encontraba en Saint Pé, en el castillo del señor D'Amou —también obseso perseguidor de las brujas y uno de los culpables de la ola de terror en la zona—, durante la noche del 24 al 25 de septiembre de 1609, el demonio entró en la residencia del

11. El título completo era *L'incrédulité et mescréance du sortilège plainement convaincue, où il est amplement et curieusement traicté de la vérité ou illusion du sortilège... et d'une infinité d'autres rares et nouveaux subjects.*

noble acompañado de la bruja Sansinena, y estuvieron a punto de invadir el aposento del piadoso juez, aunque no lo consiguieron debido a la profunda fe del magistrado.

Lo que más sorprende de su trabajo en Labourd es el profundo acoso al que De Lancre sometió no solo a las mujeres —su misoginia era casi patológica— sino también a los hombres y, aunque parezca extraño, a los sacerdotes de la región. El religioso francés acabó con la vida de varios de ellos y condenó a otros cinco que se libraron por los pelos cuando finalizó el plazo dado a la comisión, gracias a la intervención del obispo de Bayona (Bayonne), Bertrand D'Echaux, quien comprendió a tiempo lo absurdo del proceso; gracias a ello, la sentencia de muerte que había dispuesto De Lancre no se cumplió.

Pero no todos corrieron la misma suerte. El magistrado quemó a tres sacerdotes, acusados de haber oficiado misa al diablo, cometiendo sacrilegio. De Lancre recoge en su *Tableau,* en el discurso 2.º del Libro Segundo, dedicado a estos «malvados hombres de fe», el caso de un sacerdote de Ascain, un viejo loco llamado Arguibel. Este confesó haber dado culto al diablo y haber asistido al *sabbat,* donde realizó toda clase de depravaciones, aunque afirmó que ya no quería saber nada sobre las fuerzas del mal, pues el diablo solo le ofrecía «dolor y tormento». De Lancre consiguió que Arguibel firmara tres declaraciones, que corroboró ante la presencia del vicario del obispado de Bayona. De esta forma, el juez de Burdeos aseguraba la veracidad de sus relatos, justificando su feroz caza de brujas particular; nunca tuvo en cuenta si los testigos poseían algún tipo de enfermedad mental, si eran coaccionados por la tortura o simplemente se trataba de niños con grandes dosis de imaginación. El propio De Lancre llegó a confesar no haber descubierto nunca con sus ojos pruebas palpables de lo testificado, si bien aquello no le impidió acabar con multitud de vidas. El viejo Arguibel, por supuesto, fue quemado en la hoguera, aun confesando y arrepintiéndose de unos crímenes que casi con seguridad jamás cometió.

La ola de fanatismo y terror que despertó la depravación de Pierre de Lancre en el Labourd provocó no pocos incidentes y una revuelta de los lugareños; al parecer unos 5.000 pescadores que regresaban de Terranova y clamaban a gritos justicia al enterarse de que muchos de sus familiares habían muerto abrasados en la hoguera. La multitud encolerizada intentó parar los pies al juez y a sus seguidores, quienes llegaron a temer por sus vidas. Los únicos perdedores, sin embargo, fueron los inocentes habitantes del País Vasco francés. De Lancre, con la conciencia bien tranquila, regresó a Burdeos, donde fue recompensado por sus servicios y nombrado consejero de Estado en París, lugar en el que falleció en 1622. Ironías del destino, el juez que había odiado tan profundamente a los vascos y sus costumbres, traduciendo de forma patética su lengua, que desconocía (lo que provocó no pocas incongruencias en sus juicios), descansó para la eternidad bajo una lápida que contenía una inscripción en vascuence.

La influencia del caso Zugarramurdi

Prácticamente a la vez que el despiadado De Lancre realizaba su caza de brujas en el Labourd, en Zugarramurdi, Navarra, tuvo lugar la mayor persecución habida en España en este sentido. Todo comenzó el año 1608, cuando María de Ximildiegui acusó a María de Yureteguía de realizar prácticas de brujería. Desde ese mismo momento, una ola de terror azotó la región, provocando un aluvión de acusaciones que desembocaron en una investigación del Santo Oficio.

El pánico colectivo fue alentado por los sermones combativos de algunos clérigos de la zona, y las denuncias siguieron la misma tónica que los conocidos procesos europeos, entre ellos los que se celebraban paralelamente en el Labourd o Labort. Los testigos referían casos de vuelos nocturnos, aquelarres, encuentros con el demonio, ungüentos mágicos y pócimas para realizar todo tipo de maleficios y una larga lista de tópicos recogidos en los «martillos», que influyeron de forma nefasta en la percepción de la realidad de muchos religiosos de entonces. Una relación publicada en 1611 y realizada por el impresor Juan de Mongastón, varias veces editada con ingeniosas notas del ilustrado Leandro Fernández de Moratín, ha permitido que dispongamos de una detallada descripción de los hechos.

El proceso abierto por la Inquisición culminó en Logroño en el año 1610, donde se celebró un tristemente famoso y polémico auto de fe. En el enorme tablado construido para la ocasión se encontraban 53 presos sobre los que recaían diferentes penas: 21 eran considerados «penitenciados» o condenados leves, sus penas eran menores; 21 «reconciliados» —aquellos que habían confesado sus culpas y habían encauzado de nuevo la senda del Señor—, vestidos con los ropajes reglamentarios, que incluían la coroza (capirote) y el sambenito (túnica) amarillo aspado con una cruz roja. Junto a ellos, otras seis personas a las que abandonaron los hados fueron condenadas a ser quemadas en la hoguera, entre ellas la anciana María Zozaya, acusada de pertenecer a la archifamosa secta de las brujas. También se quemaron cinco culpables en efigie, curiosa práctica que consistía en someter a las llamas el maniquí, con sambenito y ataúd incluidos, de aquellos «relajados» que eran condenados *in ausentia,* esto es, por haber huido o muerto antes de cumplir su pena (en algunos casos, el ataúd contenía los restos ya corruptos del condenado).

La Comisión encargada de evaluar el caso fue integrada por el inquisidor Juan Valle Alvarado, el magistrado Alonso Becerra Holguín y el sacerdote y también inquisidor Alonso de Salazar y Frías, quien, descontento con las pesquisas, discrepó con la sentencia y pidió más pruebas que demostrasen la culpabilidad de los procesados. Años más tarde, en 1613, Salazar y Frías sería el primer español en desmentir todos los tópicos sobre la brujería, afirmando que no eran sino fruto de la imaginación y del pánico colectivo. Sus indagaciones posteriores en Santesteban y pueblos del norte de Navarra, situados en la cuenca del río Escurra y del valle de Baztán, demostraron que la mayoría de los testimonios eran falsos o habían sido adornados con una gran dosis de inventiva, acentuada por las terribles torturas a las que se sometía a los inculpados.

Frías examinó a 1.384 niños y niñas de seis a catorce años y a 290 personas más de todas las edades hasta los ochenta años. Concluyó que en el proceso realizado en Logroño se habían cometido muchas irregularidades, y dejó escritas dos memorias que sirvieron para cambiar la orientación del piadoso tribunal español, no sin antes ganarse la enemistad de muchos de sus colegas, que le acusaron de hereje y traidor. Sus palabras muestran por primera vez algo de sentido común entre tanto fanático perseguidor: «Y así, regulando todo en la igualdad y rectitud conveniente, he tenido y tengo por muy más que cierto que no ha pasado real y corporalmente ninguno de todos los actos deducidos o testificados en este negocio».

Las indagaciones de Salazar no están exentas de curiosas anécdotas: el magistrado consiguió, entre muchas otras cosas casi increíbles, que una mujer confesase que seguía teniendo los tres dedos del pie que había dicho que le quitó el diablo; a las jóvenes María de Aranzate y María de Tamborin y Xarra las convenció de la falsa creencia en que estaban, pues estaban convencidas de que el diablo las sacaba del lecho por las noches. Para ello, fueron atadas con sus madres mientras dormían: el «demonio», como era de esperar, dejó de actuar en sus aposentos.

Todos estos ejemplos no vienen sino a demostrar nuevamente que la mayoría de las delaciones, denuncias y testimonios increíbles relacionados con la brujería no eran sino fruto de un pánico social acrecentado por el analfabetismo, los sermones apocalípticos, y la profunda y nefasta huella que habían dejado en toda Europa los infames «martillos de brujas», auténticos libros malditos.

El humanismo de Pedro de Valencia

Siguiendo una línea similar a la emprendida por Alonso de Salazar, el humanista, hebraísta e historiador español Pedro de Valencia, quien fuera cronista del rey Felipe III, inició, casi simultáneamente, su particular batalla para desmentir muchos de los actos atribuidos a las oscuras artes de la brujería. Valencia, que nació en Zafra, Badajoz, en 1555, escribió dos importantes discursos sobre la trascendencia del auto de Logroño. En su *Discurso acerca de los cuentos de las brujas y cosas tocantes a la magia,* publicado en 1611, expuso sus revolucionarias opiniones, entre las que destaca la firme creencia de que todos los delitos relacionados con la brujería no se producían sino por medio de efectos naturales, que por supuesto no tenían nada que ver con las artimañas y la intervención del demonio ni de otras oscuras fuerzas sobrenaturales. Añadió que los famosos vuelos nocturnos y aquelarres no eran sino fruto de la imaginación de las acusadas, que soñaban reunirse con el Maligno tras la ingesta de drogas de diversa naturaleza. Afirmaba, no obstante, la realidad del pacto demoníaco, lo que desacreditaba en este sentido, en gran medida, su punto de vista escéptico.

Con sus recomendaciones de prudencia a las autoridades y por extensión al Santo Oficio, propició un cambio necesario, junto a Salazar y Frías, en el desarrollo de los acontecimientos en una época marcada por el miedo, la intolerancia y la irracionalidad. Sus colegas europeos tardaron bastantes años en darse cuenta del tremendo error en que se hallaban. Muchas personas sufrieron actos indescriptibles por ello. Muchas otras fueron pasadas a cuchillo o inmoladas. La historia no debe olvidarlo.

El «martillo» regio: un rey que cazaba brujas

Jacobo Estuardo, hijo de María, reina de Escocia (aquella desdichada conjurada a la que mandó decapitar su prima Isabel de Inglaterra) y de Lord Darnley, nació en Edimburgo en 1566 y durante sus primeros años de vida tuvieron lugar escabrosos sucesos que serían propicios para inculcar en su mente una misoginia habitual en los cazadores de brujas. Tenía un año cuando su padre fue asesinado en conocimiento de su madre, precisamente en un complot pergeñado por el amante de la reina católica, el conde de Bothwell, con quien esta se casaría poco después.

Ante tamaño crimen Escocia se sublevó y tras una cruenta guerra civil en la que triunfó el bando protestante, María se vio obligada a abdicar la corona en su hijo y a refugiarse en la corte de su prima Isabel I, en Londres, quien la mantuvo prisionera sabedora de que María presumía desde hacía años de ser la legítima reina de Inglaterra. Sin saberlo, se había metido en la boca del lobo. María desheredó a su hijo y nombró como heredero de la Corona de Escocia a Felipe II, que anhelaba también la Corona inglesa, pero en un habilidoso juego de fichas Isabel, que no dejaba herederos, llegó a un pacto con un adolescente Jacobo. Lo reconoció como rey de Escocia y como heredero del trono inglés. Pocos meses después, tras conocerse la llamada conspiración de Ridolfi, Isabel mandó decapitar a su rival María a principios de 1587, algo que la atormentaría durante lo que le restaba de vida y reinado. Pero ya no había vuelta atrás.

Con la muerte de la Reina Virgen, Jacobo Estuardo, que era rey de Escocia desde el 29 de julio de 1567, se convertía, el 25 de julio de 1603, también en rey de Inglaterra e Irlanda. Aunque Jacobo fue bautizado católico, fe por la que su madre perdió literalmente la cabeza, había sido educado en la más severa disciplina calvinista y convertido en miembro de la Iglesia de Escocia, de confesión presbiteriana.

Bajo el gobierno de sus predecesores, en Escocia se habían producido numerosos procesos de conspiradores aristocráticos, acusados de tramar atentados contra la persona del rey por procedimientos mágicos. Así, por ejemplo, por haber «realizado» prácticas de encantamiento contra el rey Jacobo V, Lady Glamis fue condenada a la hoguera en 1537. En 1563, la propia María Estuardo promulgaba una ley en contra de las brujas que causó la muerte de varias mujeres acusadas de hechicería. Según la tradición popular escocesa, dichas mujeres contaban con la ayuda de hadas y sílfides, alevosos y perniciosos espíritus cuyo trato era prohibido como un crimen castigado con la pena de muerte.

La brujomanía en la sociedad escocesa

Para comprender el discurso de Jacobo con respecto a la brujería y sus actuaciones en dicho marco, hay que analizar el contexto de las creencias de aquel tiempo: Satán era una figura común en la vida religiosa escocesa que se aparecía tentando a los piadosos a pecar. Como señala Christina Larner en *Enemies of God. The Witch-hunt in Scotland* (1981), el miedo al diablo aparece en los registros con mucha más frecuencia que la fe en Dios. La presencia de Satanás se extendió así a la brujería, que con frecuencia se definía como la renuncia a Dios para hacer un trato con el diablo, el celebérrimo pacto. Cualquier relación con las brujas (que habían renunciado al cristianismo a favor de la inversión de Satán) se consideraba un acto de dar la espalda a la verdadera fe.

En países protestantes como Escocia (que, sin embargo, había sido profundamente católica no muchas décadas antes) también se asociaba la brujería con la superstición católica y muchas prácticas brujeriles se describían como muy similares a las de los católicos, por lo que, en palabras de Larner, «era imperativo erradicar a las brujas y restaurar la comunidad de Dios». La brujería escocesa presentaba de manera única a hadas, fantasmas y otros espíritus como cómplices de las brujas o como criaturas que estas podían convocar si así lo deseaban. Precisamente el rey Jacobo dedicaría el último libro de su «martillo» a discutir acerca de estos espíritus, incidiendo en que dichas creencias prevalecían en Escocia. Sin embargo, también las descartaba como «trucos del diablo» o creencias cosechadas por los católicos. Veamos ahora cómo se obsesionó el monarca con el acecho de la secta de las brujas.

El proceso de North Berwick

Jacobo I Estuardo fue un auténtico azote de brujas durante casi toda su vida, aunque en los últimos años se volvería más escéptico sobre el asunto. Su obsesión por las hechiceras surgió durante un viaje a Dinamarca y el posterior proceso de las brujas de North Berwick, que causó espanto en los corazones de sus súbditos escoceses.

En dichos procesos, que tuvieron lugar entre 1590 y 1592, se juzgó a varias personas acusadas de haber provocado mediante artes oscuras una terrible tormenta cuyo fin era hundir el barco en el que Jacobo se dirigía a Dinamarca en busca de su prometida.[12] Eso fue lo que al menos confesó una de las inculpadas, ante los brutales tormentos a los que fue sometida, para regocijo de un monarca que se las daba de experto en la materia, y que había leído con avidez los escritos de los perseguidores franceses como Jean Bodin, autor como sabemos del texto *Démonomanie des sorciers*.

Todo comenzó tras el interrogatorio (en el que, a diferencia de Inglaterra, donde estaba prohibida, se utilizó la tortura) a varias

12. La princesa Ana, hermana de Christian IV, gran militar y rey de Dinamarca.

personas, entre ellas a la criada de David Seaton —ayudante del alguacil de Tranent—, Gilly Duncan, a la que se atribuía la capacidad de realizar curaciones milagrosas; sus extraños movimientos llamaron la atención de su amo, quien creía que su don era antinatural y diabólico. Seaton la torturó atándole una cuerda a la cabeza, le aplastó los dedos con un torno y examinó su desnudo cuerpo en busca de las archifamosas «marcas del diablo», que no eran sino verrugas o manchas en la piel que para los fanáticos se trataba de pruebas irrefutables de la culpabilidad del reo. Los inenarrables castigos corporales a los que fue sometida se hallan recogidos en el libelo *Noticias de Escocia* (1591).

Seaton acudió a las autoridades y a partir de ese momento se desató el pánico, como solía suceder en estos casos, y fueron inculpadas hasta 70 personas, acusadas de los delitos de brujería y alta traición. Los terribles interrogatorios se hicieron en presencia del monarca, un personaje tremendamente supersticioso, por petición propia. A la desdichada Duncan, que soportó con estoicismo las terribles torturas, le encontraron en el pecho, por medio de agujas, la famosa «marca del diablo». Tras venirse abajo, reconoció todo lo que le sugerían sus verdugos y, recluida en prisión, tuvo que denunciar a sus supuestos «cómplices».

Una de las acusadas, Agnes Sampson, fue interrogada por el propio Jacobo en el castillo de Holyrood. Según recogen las actas del proceso, sus verdugos le encontraron la marca del diablo en sus partes pudendas y acto seguido la ataron a una de las paredes de la fría celda con una brida de bruja, un terrible artilugio formado por cuatro afiladas púas que se introducían en la boca: dos de ellas presionaban la lengua y las otras dos las mejillas. Le arrancaron todos los pelos del cuerpo, la obligaron también a permanecer en estado de vigilia, y le ataron una cuerda alrededor de la cabeza de la que tiraban constantemente.

Sufrió tales padecimientos que la desdichada acabó admitiendo cada una de las nada menos que cincuenta y tres acusaciones que se habían presentado contra ella, la mayoría relacionadas con realizar curaciones mediante conjuros. Afirmó asimismo que había participado, junto a noventa mujeres y seis hombres, en una diabólica danza alrededor de la iglesia de la localidad, tras lo cual la cohorte infernal había entrado en el lugar sacro para ofrecer el beso ritual en el trasero del Maligno presente en figura de hombre —y no de macho cabrío, en este caso—. La acusada llegó a inventarse una canción y una melodía que supuestamente entonaron en la iglesia.

Acorralada, Agnes Sampson reconoció que ella misma, junto a otras brujas, había desencadenado la tempestad mientras regresaba la embarcación del rey en su viaje de Noruega (donde hubo de refugiarse debido a un temporal tras partir de Dinamarca) a Escocia, y sostuvo que el barco no había naufragado «ante la inquebrantable fe de Su Majestad». Vamos, que la desdichada dijo todo lo que el monarca quería escuchar, entre otras cosas, que durante el último gran aquelarre Satanás había pronunciado un largo discurso en el que se refirió a Jacobo como su más enconado enemigo. Aquella confesión sirvió para que a la pobre Agnes la estrangularan antes de que su cuerpo fuera conducido a la hoguera.

Como hilo conductor de aquel enrevesado proceso se hallaba la sospecha de que todos los complots que salieron a la luz durante los interrogatorios estaban dirigidos por miembros de la nobleza. Se acusó en un principio al maestro de escuela Juan Fian de ser el secretario y redactor de las actas de la asociación diabólica, cuya intención última era el asesinato del rey. Pero el responsable último no podía ser otro que un aristócrata, y se apuntó a un personaje incómodo para el monarca, Francis Stewart, quinto conde de Bothwell, sucesor legítimo de la Corona escocesa en caso de que Jacobo no tuviera descendencia (además, su tío materno había sido el sospechoso de acabar con la vida del padre de Jacobo, Lord Darnley) y un declarado aficionado a la magia, un arte muy en boga por aquel entonces, por otra parte, entre las clases altas. También fue acusada Euphame MacCalzean, una católica amiga de Bothwell, condenada a morir en la hoguera.

El «martillo» regio

Concluidos los procesos de North Berwick, varias personas sufrieron una terrible agonía en la hoguera ante los complacientes ojos del rey Jacobo Estuardo. En el discurso que pronunció el monarca ante los jurados, desarrolló la teoría según la cual, si bien en los procesos ordinarios las personas de reputación dudosa no podían actuar como testigos, sí podían hacerlo en los procesos por brujería, ya que esta secta cometía «crímenes de lesa majestad, delitos imposibles de ser comprobados por el habitual procedimiento de indagación, ya que se perpetraban de manera invisible». Aquel discurso fue publicado rápidamente, en 1591, y cobró celebridad entre la gente bajo el nombre de *Discurso de Tolbooth,* que sería la base del «martillo de brujas» que Jacobo de Escocia escribiría pocos años después.

En 1597, el monarca, reconvertido en cazador de brujas, publicaba su obra *Demonología* (con título original en latín *Daemonologie*), «con el objeto de disipar las dudas de muchos» acerca de la realidad de la brujería. El texto, publicado por primera vez en Edimburgo, consistía en un diálogo en tres partes que seguía la tradición de los demonólogos europeos a los que tanto admiraba el soberano. Su intención era resaltar la realidad de la brujería frente al escepticismo mantenido por algunos autores; hacía hincapié en la efectividad de la prueba del agua y en las marcas del diablo como sistemas para erradicar «tan odiosa traición contra Dios».

Asimismo, el fanático rey escribió otro texto titulado *Basilikon Doron* dedicado a su hijo, el príncipe Enrique —quien fatídicamente moriría en 1612—, donde advertía al joven egregio que la brujería era uno de los «delitos terribles que en conciencia jamás podría perdonar». En 1604, y ya como rey de Inglaterra e Irlanda, Jacobo hizo publicar un durísimo estatuto contra los delitos de brujería y hechicería. En dicha ley dictaminaba la pena de muerte para el primer delito de «maleficia» incluso si la persona que había sido hechizada no moría por ello. Una legislación que endurecía la anterior de Isabel I.

La bruja del ojo

En la obra de Jacobo *Daemonologie,* se puede ver una clara influencia de «martillos» anteriores, como el envenenado *Malleus Maleficarum.* Curiosamente, antes de la llegada del hijo de María Estuardo al trono, las cosas parecían estar cambiando. Frente a los «martillos», en 1584 el caballero inglés y miembro del Parlamento Reginald Scot publicó *The Discoverie of Witchcraft* («El descubrimiento de la brujería»), donde calificaba de irracional y anticristiana la acusación de hechicería, responsabilizando además a la Iglesia romana de fomentar aquello. Desenmascarando a los charlatanes y a aquellos que perseguían con fervor a los brujos, Scot intentó minimizar el miedo de la población, anhelo frustrado unos años después, en 1603, cuando se unieron las Coronas de Inglaterra y Escocia precisamente en la figura de Jacobo I, quien mandó quemar los libros de Scot (la biblioclastia una vez más) en todo el territorio que permanecía bajo su cetro.

Pero también influyó en su cosmovisión un caso largamente escuchado en su familia desde que era niño y que había sucedido unos 150 años antes de su reinado, en 1441, y que fue protagonizado por Eleanor Cobham, duquesa de Gloucester, en el marco de la Guerra de los Cien Años. Cobham fue señalada por hacer tratos ilegales con Margery Jourdemayne, a la que se conocía en Inglaterra como «la bruja del ojo al lado de Westminster» («the Witch of Eye Next Westminster») y a quien la aristócrata había acudido para provocarle la muerte a su suegro, nada menos que el rey Enrique VI. Su castigo fue caminar por la calle a cara descubierta y después la exiliaron a la isla de Man, donde hubo de pasar el resto de su miserable vida recluida en el castillo de Peel. Por su parte, la pena para Margery Jourdemayne fue mucho peor; es muy probable que fuera juzgada y sentenciada por un tribunal eclesiástico, aunque no ha sobrevivido ningún documento que confirme los hechos. Parece que fue quemada en la hoguera en Smithfield Market el 27 de octubre de 1441.

Un cambio de rumbo

Con los años, sin embargo, el monarca escocés se volvió más bien escéptico con respecto al tema de las brujas, hasta el punto de desenmascarar él mismo a distintos «posesos» que no eran sino farsantes que intentaban inculpar a terceros, pero el daño ya estaba hecho; muchas personas inocentes habían muerto a causa de su pánico irracional al Maligno.

Bajo el reinado de Carlos I, que comenzó en 1625, hasta el estallido de la guerra civil inglesa y la revolución, en 1642, ninguna bruja fue ejecutada en toda Inglaterra, pero durante la guerra tendría lugar la más feroz caza de brujas inglesa a manos del citado Mathew Hopkins, quien se jactaba de haber llevado a la hoguera a miles de «brujas». La última mujer de Inglaterra ejecutada por bruja fue Alice Molland, que murió en la horca en Exeter, en 1684, y en 1712 compareció por última vez ante un tribunal inglés una mujer acusada de hechicera, Juana Wenham —bajo el mandato de la reina Ana—, que salió en libertad.

Regresando al reinado de Jacobo I, uno de los episodios más conocidos fue la llamada Conspiración de la pólvora. Fue una ambiciosa conjura orquestada por un grupo de católicos ingleses y encabezada por Guy Fawkes y Robert Catesby para cometer regicidio y arrebatarle la vida a Jacobo, su familia y la mayor parte de la aristocracia protestante durante la Apertura de Estado el 5 de noviembre de 1605 mediante la voladura con pólvora de las Casas del Parlamento (de ahí el nombre con el que el complot pasaría a la historia). Además, los conspiradores habían planeado secuestrar a los infantes, que no estarían presentes en el Parlamento, e incitar una rebelión de los católicos en las Midlands que desembocaría en un gran levantamiento que reinstaurase en el trono inglés a un rey obediente al pontífice romano, presumiblemente el mismo hijo del monarca, el príncipe Carlos, que había sido instruido en los dogmas católicos.

El Gobierno inglés descubrió el ambicioso complot, ejecutó a la mayoría de los conspiradores y endureció a su vez las medidas contra los católicos. El 5 de noviembre de cada año se celebra en el Reino Unido y en algunos territorios de la Commonwealth la llamada Noche de Guy Fawkes o Noche de la Hoguera, que se hizo mundialmente famosa gracias a la adaptación cinematográfica de la novela gráfica de Alan Moore *V de Vendetta*.

A comienzos de 1625 el rey que cazaba brujas padecía artritis, gota y desmayos, y en el mes de marzo enfermó de gravedad de fiebres tercianas y sufrió un ataque al corazón. Pocos días después fue víctima de un fuerte ataque de disentería, y murió el 27 de marzo de ese año, en Theobalds House. Tenía cincuenta y ocho años y durante su funeral, John Williams, obispo anglicano de Lincoln, señaló en su sermón que «el rey Salomón murió en paz, habiendo vivido unos sesenta años... y sabéis que así ha ocurrido con el rey Jacobo», un discurso que sería publicado más tarde bajo el título de *Salomón británico,* según recoge la historiadora inglesa Pauline Croft.[13] Sus restos fueron enterrados en la capilla mariana de Enrique VII en la abadía de Westminster, lejos del acecho de brujas y otros seres maléficos, donde aún permanecen justo cuando se cumplen 400 años de su fallecimiento.

13. Croft, Pauline, *King James*, Londres, Palgrave Macmillan, 2003.

CAPÍTULO 7

TRATADOS ANTISUPERSTICIOSOS Y ESCRITOS DE MAGIA NATURAL

El espectro de la caza de brujas que asoló Europa con la brutalidad que hemos visto en el anterior capítulo no hubiese sido posible, dejando al margen la mentalidad de los oscuros hombres que la llevaron a cabo, en una época en la que no hubiesen tenido una importancia capital la superstición y la magia. Con el fin de desterrar milenarias creencias profundamente instaladas en el imaginario colectivo de los pueblos, fueron escritos diversos tratados que tenían como objetivo poner fin a estas prácticas —supercherías, según la jerga de los teóricos— que preocupaban de forma creciente a los eclesiásticos y que habían alcanzado una gran difusión durante los siglos XVI y XVII. Dichas creencias rozaban la herejía o eran consideradas en algunas ocasiones como tales y ante su imparable avance la Iglesia, particularmente la española, se vio obligada a actuar, promoviendo dichos escritos con la intención de adoctrinar en los «buenos pensamientos» tanto al clero como a los ciudadanos.

La superstición era considerada por la ortodoxia católica, según la doctrina de san Agustín, aquel tipo de creencia que atribuía a determinadas cosas o personas una fuerza sobrenatural que no había sido otorgada por Dios y que entroncaba con las ancestrales tradiciones paganas consideradas una herejía. Dentro del amplio espectro de las supersticiones, se incluían la magia y la hechicería, la adivinación, y el culto a objetos o dioses profanos.

Ante este panorama, surgieron los primeros tratados antisupersticiosos, que pretendían desterrar aquellas creencias perniciosas para el buen mantenimiento de la jerarquía eclesial. Aquella decisión generó mucho daño entre los pueblos y, sobre todo, una vez más, entre determinadas mujeres (como las parteras y las curanderas) que desde hacía milenios ofrecían al vulgo alternativas a sus males, aquellos que la ciencia y la medicina oficial de entonces no podía o no sabía curar. Así surgió un amplio abanico de «remedios naturales» a través de ungüentos y pócimas que, lejos de ser fruto del diablo, tenían su origen simplemente en un profundo conocimiento de las plantas (plantas que en nuestro siglo son utilizadas habitualmente como magníficos remedios naturales y para la fabricación de medicamentos, pero que entonces fueron designadas como «instrumentos del Maligno»). Parteras, curanderas y hechiceras, encargadas de mantener y transmitir tradiciones ancestrales con finalidad terapéutica entre el vulgo, fueron relegadas, debido a la construcción del modelo cristiano de superstición, al papel de herejes y desde entonces perseguidas con recelo.

El fraile, inquisidor y escritor español del siglo XVI Martín de Castañega, profundamente misógino, arremetía contra estas mujeres en su Tratado contra el oficio de partera: «[Satanás] hace que los ministros, en la más sutil y secreta manera que pueden, maten niños, como lo hacen muchas parteras brujas [...]». No le bastaba con esto y en el capítulo V de dicho texto expone las razones por las cuales existen, según él, más mujeres que hombres consagradas al demonio: «[...] más son las mujeres viejas y pobres [...] porque en los otros vicios la pobreza es muchas veces ocasión de muchos males». A su fuerte misoginia Castañega suma la discriminación social, pues piensa que las gentes humildes tienen una mayor tendencia a ser atraídas por las fuerzas del mal (no se puede extrapolar, no obstante, el contexto del siglo XVI a nuestro tiempo). Lo que quizá no entendió el franciscano es que muchas personas pobres del vulgo accedían a los remedios naturales por no disponer de recursos para pagarse una buena asistencia médica, de la que sí disponían muchos nobles y súbditos de la Iglesia, eso sí, dentro de las limitaciones que el arte de Hipócrates presentaba en la época.

En España, los dos principales autores de estos bienintencionados textos orientados a erradicar la superstición fueron el citado fray Martín de Castañega y el maestro Pedro Ciruelo, que escribieron sus tratados prácticamente a la vez. Castañega fue un fraile burgalés de la Orden de los franciscanos que en 1529 publicó el primer tratado antisupersticioso: *Tratado de supersticiones y hechicerías*, a instancias del obispo Alonso de Castilla, que convocó una omisión para investigar extraños casos de brujería acaecidos en la diócesis de Calahorra. Su título completo fue *Tratado muy sutil y bien fundado de las supersticiones y hechicerías y vanos conjuros y abusos y otras cosas al caso tocantes y de la posibilidad de remedio de ellas*. Aunque la obra es un tratado de diferente índole que los «martillos», lo cierto es que la difusión de obras de esta naturaleza coadyuvó a la hora de definir a las brujas y hechiceras, y más tarde a perseguirlas y condenarlas.

Castañega dedicó no pocos pasajes de su escrito a la secta brujeril y a sus típicas acciones recogidas en los «martillos»: «Mas muchos de los sacrificios antiguos diabólicos y los más solemnes se celebran con sangre humana, ofreciendo, degollando y sacrificando a sus propios hijos e hijas al demonio». El fraile pretendía erradicar las supercherías y, sin embargo, dio crédito a cosas absolutamente increíbles, dignas de una mente totalmente supersticiosa y crédula.

Su obra, como la posterior de Ciruelo, ayudó a los «martillos» a generalizar el estereotipo de bruja satánica. En la introducción, Castañega aclara la intencionalidad del tratado: «Para que los visitadores y curas, y aun todos los clérigos deste muy honrado y grande obispado —Calahorra—, lo tengan entre manos por ser materia peregrina [...] para quitar muchas ignorancias que muchos, presumiendo de letrados, niegan las materias de las supersticiones y hechicerías». Si en los «martillos de brujas» nos encontrábamos con una larga lista de temas habituales e imprescindibles: el *sabbat*, el pacto diabólico, los vuelos nocturnos, el rapto y asesinato de niños en prácticas antropófagas, etc., en los tratados antisupersticiosos ocurre algo similar: los teóricos de la superstición se refieren con frecuencia, como Castañega, a diversos tipos de «creencias heréticas»: el mal de ojo o aojamiento, los ensalmadores y saludadores, hechiceros, parteras y los llamados «excomulgadores de la langosta» que, mediante conjuros y pócimas, pretendían combatir diversas enfermedades y plagas que arrasaban las cosechas.

El *Tratado de supersticiones y hechicerías* de Castañega, aunque obligatorio para todos los curas del obispado de Calahorra cuando fue publicado a modo de manual para su «buen actuar», gozó de un escaso éxito y pronto sucumbió en el olvido para, más de cuatrocientos años después, ser recuperado en el siglo XX por antropólogos y eruditos debido a su importancia como reflejo de la mentalidad de toda una época. Su competidor, Pedro Ciruelo, gozaría de mayor suerte que Castañega y su obra obtendría mucho más éxito.

Pedro Ciruelo

Pedro Sánchez Ciruelo publicó un tratado antisupersticioso pocos meses después de que Castañega diera el primer paso con su obra. *Reprobación de las supersticiones y hechicerías,* considerado el primer libro sobre brujería que se publicó en castellano (aunque su colega abordara también distintos aspectos sobre el asunto), fue escrito por decisión personal del propio Ciruelo ante los «grandes males» que estaban provocando las supersticiones. El título original del tratado fue *Opus de magica superstitione* (algo así como «Libro de la creencia en la magia») y su éxito fue inmenso, consiguiendo una docena de ediciones durante el siglo XVI. Erudito de renombre, Ciruelo, aunque fue profesor de Matemáticas en París y canónigo de Salamanca, no gozaba de la experiencia práctica de su contemporáneo Castañega, aunque ocupó el cargo de inquisidor en Zaragoza durante treinta años.

La obra, dividida en tres partes, recogía abundante información sobre las supersticiones que habían arraigado con fuerza en el populacho desde tiempos inmemoriales, otorgando una importancia crucial a las artes adivinatorias y a la nigromancia como actos profundamente negativos que rozaban la herejía. *Reprobación de las supersticiones y hechicerías* es un completo compendio de las más destacadas ciencias ocultas conocidas entonces, desde la astrología a la nigromancia, pasando por las prácticas típicas de la hechicería popular ya recogidas por Castañega: el aojamiento, los agüeros, los populares excomulgadores de langosta, los ensalmadores o los sacadores de malos espíritus. Ciruelo dedica también una atención especial a la «xorguinería» o arte de las brujas, afirmando que los vuelos nocturnos de estas podían deberse a dos causas: suceder realmente en la realidad (lo que desprestigia bastante su labor como guía para el sentido común, aunque, insisto, vivió en el siglo XVI) o tratarse de un engaño del diablo que generaba en sus acólitas la creencia de que realmente volaban, cuando dichas aventuras aéreas solo formaban parte de su imaginación durante el sueño. Para Ciruelo, sin embargo, la gravedad de este tipo de actos era similar a los que tenían lugar realmente, pues no dejaban de ser «pecaminosos y un desafío a Dios». Si bien para el inquisidor la brujería no suponía una herejía formal, debía tratarse y castigarse con la misma dureza.

Aunque la obra del inquisidor, como la de Castañega, muestra la alarmante preocupación por la extensión de la superstición y la creencia mágica entre el pueblo español durante el siglo XVI, y en un principio debemos creer que su intencionalidad era buena, lo cierto es que su influencia posterior sería nefasta. La superstición, tan arraigada entre un pueblo sufrido, culminaría en España con el triste juicio de Zugarramurdi y el posterior Auto de Fe de Logroño, tras algunos antecedentes como el descubrimiento de los conventículos de Navarra en el año 1527.

Los tratados antisupersticiosos de Castañega y Ciruelo fueron los que más relevancia alcanzaron en la época entre los religiosos, aunque no los únicos. El fuerte influjo de la creencia en lo sobrenatural generó un auge de obras temáticas que, aunque no provocó el impacto de los «martillos» marcó una fase decisiva en el seno de la literatura maldita española. Junto a los citados libros, destacaron también *Adversus fallaces et superstitiosas artes, id est, De magia, de observatione somniorum, et de divinatione astrologica,* dividido en tres partes, del jesuita valenciano Benito Pereira (1591) y *Tribunal de superstición ladina,*[1] obra del también religioso y escritor español Gaspar Navarro —natural de Aranda de Moncayo, Zaragoza—, publicada en 1631, más de un siglo después de que viera la luz el primero de los tratados antisupersticiosos.

1. Su larguísimo título completo era: *Tribunal de superstician ladina, explorador del saber, astucia y poder del demonio: en que se condena lo que suele correr por bueno en hechizos, agueros, ensalmos, vanos saludadores, maleficios, conjuros, arte notoria, cabalista, y paulina y semejantes acciones vulgares...*

Escritos de Magia Natural

En el esplendor de la sabiduría que supuso el Renacimiento, muchos fueron los autores que se decantaron por escribir libros mágicos, que años después engrosarían la abultada lista de los malditos, cuyas características eran diferentes de los grimorios anteriormente citados. El tipo de magia que se cultivó entonces fue la conocida como Magia Natural, aquella que utilizaba las fuerzas del cosmos y la naturaleza en armonía con las fuerzas ocultas en el cuerpo humano para influir de diversa manera en el devenir de los hombres y las cosas.

Generalmente, este tipo de prácticas mágicas estuvo vinculada a un grupo reducido de eruditos que, a diferencia de los autores de los grimorios, generalmente no pertenecían a la jerarquía eclesiástica, aunque hubo excepciones como en el caso del abad Tritemio. Muchas fueron las brillantes mentes que combinaron diversas ciencias y ramas del saber, como la filosofía o las matemáticas, junto con elementos mágicos y herméticos que desembocaron en un tipo de literatura misteriosa, selectiva, podríamos decir que brillante, y cómo no, «maldita», que nos ha legado textos de la importancia de la *Filosofía oculta* de Agrippa o tratados de importantes pensadores como el abad Tritemius, Marsilio Ficino o el médico suizo Paracelso.

Cualquiera de estos escritos está rodeado de un aura tenebrosa y enigmática que haría las delicias de cualquier amante del libro antiguo y secreto. Muchas fueron las páginas que se llenaron en honor de la llamada Magia Natural, que sus seguidores, generalmente, consideraban un tipo de conocimiento cercano a la filosofía, pensadores que, a pesar de aunar esfuerzos en desmentir toda serie de rumores, fueron considerados, durante siglos, como nigromantes y hechiceros —puede que algo de ello, no obstante, tuvieran—. Hoy en día, aunque cierto aire de esas leyendas pervive en torno a dichos personajes, muchos de ellos están siendo considerados por los estudiosos como precursores de muchos campos del conocimiento moderno, tan dispares como la medicina o la criptografía.

Los años del Renacimiento supusieron un gran avance en el mundo del saber, tan lacrado durante los (no tan) oscuros siglos de la Edad Media. El siglo XV legó a la humanidad personajes tan importantes como Leonardo da Vinci, Miguel Ángel, Nicolás Copérnico, Miguel Servet y un largo etcétera en el que se incluyen, sin duda, muchos de los magos citados. Fue por aquellos años cuando se fundó el sistema cósmico heliocéntrico y las utopías humanistas, todo ello rociado de un misticismo neoplatónico que influyó en autores como Pico della Mirandola o Marsilio Ficino, quien tradujo las obras del filósofo griego. De entre todos los autores citados destacan, por encima de otros, por la naturaleza oculta y podríamos decir «maldita» de sus trabajos, los citados Tritemius y el que pudo ser su discípulo, Cornelio Agrippa.

La *Esteganografía* de Tritemio

Johannes Tritemius —o Tritemio— (1462-1516) nació en plena efusión renacentista. Reconocido erudito, estudió en Heidelberg, donde fue instruido por un maestro en las ciencias ocultas y el esoterismo, quien le advirtió de que en el viaje de regreso a su hogar encontraría la clave de su vida. En dicha universidad fundó la conocida como Cofradía Céltica, una sociedad secreta para el estudio de la cábala, la numerología, las lenguas y las matemáticas.

Ciertamente, su existencia cambió por completo el año 1482. En el camino de vuelta a su pueblo natal, Trittenheim (Alemania) —de donde proviene su nombre— comenzó a llover copiosamente y Tritemio se refugió en la abadía benedictina de Sponheim. Aquel ambiente misterioso, lleno de santidad y recogimiento, ejerció una poderosa influencia sobre Johannes, quien decidió convertirse en monje. Apenas un año después, en 1483, se convirtió en abad del citado monasterio, con tan solo veintidós años.

Siempre preocupado por el saber, instruyó a los monjes en el arte de decorar los libros, que generalmente remataban con iniciales doradas. Además, en la abadía se trabajaba duro en diferentes tareas como la jardinería, sin olvidar la gran importancia de la oración. Bajo el mandato de Tritemio, Sponheim se hizo famosa y muchos eran los príncipes y reyes que enviaban emisarios al lugar para pedir el consejo del abad, cuya erudición se había vuelto casi proverbial.

Aunque el monasterio había contraído enormes deudas, con Johannes estas consiguieron saldarse y el erudito compró multitud de extraños manuscritos antiguos, dando forma a una importante y misteriosa biblioteca. Corría el año 1505 cuando el abad fue llamado por el conde palatino Felipe a Heidelberg, en cuyo palacio Tritemio cayó gravemente enfermo; mientras, en la abadía de Sponheim, los benedictinos, cansados de la rigurosidad de su líder, provocaron una revuelta. Johannes ya no pudo regresar al que había sido su hogar durante años, y hubo de renunciar, con gran tristeza, a la maravillosa biblioteca que tanto le había costado reunir. En 1506 entró a formar parte de la abadía de San Jacobo, en la que permanecería hasta el fin de sus días.

Aunque por encima de todo Tritemio se consideraba un buen cristiano y todas sus «artes mágicas» estaban orientadas en este sentido, pronto la fama de hechicero se apoderó de él. Su producción literaria comenzó con un libro de sermones convertido en éxito editorial. Llegaron a atribuírsele más de 7.000 trabajos sobre teología, por lo que fue considerado el «padre de la bibliografía», sin embargo, cuando publicó un tratado de índole mágica sobre criptografía conocido como *Esteganografía,* en 1499, su nombre engrosó la lista de sospechosos de nigromancia, sin duda, debido al poco cuidado que mostró a la hora de comunicar sus «descubrimientos sobrenaturales». El abad siempre intentó limpiar su buen nombre de dichas habladurías: «No he hecho nada que sea extraordinario y, sin embargo, corre el rumor de que soy mago».

Esteganografía —o *Steganographia*— era un compendio de escritura secreta, criptográfica, lleno de extrañas imágenes y fórmulas mágicas que supuestamente servían para invocar los espíritus de los ángeles. Tritemio dividió su escrito en tres libros utilizando la magia angélica de tipo cabalístico, además de la Magia Natural que pretendía buscar un equilibrio entre el hombre y el cosmos. Johannes señaló la forma de invocar a los ángeles de las diferentes partes de la Tierra, los del tiempo y las horas, y a los siete ángeles que ejercían su influencia sobre los siete planetas entonces conocidos: Orifiel —que controlaba Saturno—, Zachariel —que lo hacía con Júpiter—, Michael —Sol—, Samael —Marte—, Amael —Venus—, Rafael —Mercurio— y Gabriel, que influía sobre la Luna.

Dirigida a un reducido número de eruditos, iniciados que conocerían la clave para descifrarla, durante siglos la *Esteganografía* permaneció velada al igual que el famoso *Manuscrito Voynich*, del que hablaremos más adelante. Sin embargo, hace unos cuantos años un criptógrafo consiguió descifrar la clave del manuscrito de Johannes utilizando un complejo sistema informático, avance que no ha logrado aplicarse al Voynich, cuya lengua y codificado continúan siendo uno de los más grandes misterios relacionados con los libros malditos.

El autor del hallazgo fue el norteamericano James A. Reeds, investigador de los laboratorios ATT, quien transcribió el libro original y después lo microfilmó para hacerlo compatible con su ordenador. Reeds descubrió que Tritemio no había utilizado letras actuales —como la «k» y la «y»— pero sí, en cambio, otras inexistentes en la actualidad. Tras sustituir adecuadamente los signos, Reeds desentrañó los mensajes secretos ocultos en el entramado de signos y números de la *Esteganografía*. Aparentemente, según el investigador, el abad simplemente insertó frases escogidas al azar, sin un cometido específico, quizá para desviar la atención de los lectores. Lo que está claro, según Reeds, es que Tritemio fue uno de los más grandes expertos en criptografía de la era anterior a la informática, habilidad que heredaría el que se cree fue su pupilo: Cornelio Agrippa.

Puede que al final nada relevante se escondiera entre las páginas de la *Esteganografía*, sin embargo, ciertos investigadores, como Jacques Bergier —quien, ni corto ni perezoso, y sí muy imaginativo, siempre se decantó por las explicaciones sobrenaturales— opinan que el abad ocultó en su libro las claves de un conocimiento prohibido de poderes indescriptibles, entre ellas, la forma de hipnotizar personas a distancia, puede que telepáticamente, a través de ciertas manipulaciones del lenguaje.

Al parecer no se conserva ningún ejemplar completo del manuscrito del abad, quizá debido a su destrucción tras ser incluido en uno de los índices de libros prohibidos de la Inquisición, que no perdonaba ningún desliz de sus súbditos con las artes mágicas y el ocultismo. El libro fue publicado en 1606, impreso en Fráncfort, sin embargo, durante más de un siglo circuló en forma manuscrita, influyendo supuestamente en magos de renombre. Pudo ser durante aquellos años cuando parte del material se perdió o, quizá, el mismo autor decidió en el último momento que este no debía ser conocido por los profanos. De hecho, hacia el final de su vida, el famoso abad de Saint Martin de Sponheim se había vuelto muy prudente, quizá por el acoso de la Inquisición, lo que le llevó a aconsejar a sus seguidores: «Dad heno a los bueyes; pero, a los loros, dadles solamente azúcar».

¿Había descubierto la clave de un peligroso secreto? Aunque Bergier parecía estar convencido de que así era, lo cierto es que probablemente nunca lo sabremos. Quizá no baste solo con descifrar el contenido de las palabras escritas en *Esteganografía,* sino en entender su verdadero sentido. Entre otras enigmáticas afirmaciones, Tritemio dejó escritas palabras tan inquietantes como estas: «Puedo aseguraros que esta obra, en la que enseño numerosos secretos y misterios poco conocidos, parecerá a todos, incluso a los más ignorantes, que contiene cosas sobrehumanas, admirables e increíbles, habida cuenta de que nadie ha escrito o hablado de ellas antes que yo [...]».

Esteganografía no fue la única obra del erudito abad, aunque sí la más fascinante y misteriosa. Entre los más de cincuenta libros que se le atribuyen, destaca también uno titulado *Poligrafía,* un estudio dedicado exclusivamente al arte criptográfico y sin las referencias mágicas de la obra anterior. Todavía hoy, casi cinco siglos después de su muerte, la figura de Johannes Tritemio continúa envuelta en el misterio y la duda.

Agrippa y la *Filosofía oculta*

El libro clásico de la magia de todos los tiempos y texto de cabecera del ocultismo moderno es, sin duda, *De occulta philosophia* («Filosofía oculta») de Agrippa, uno de los máximos exponentes de la llamada Magia Natural.

Heinrich Cornelius Agrippa von Nettesheim nació en 1486 en Colonia y falleció en el año 1535 en Grenoble. Su vida estuvo marcada por la polémica, las acusaciones y reiterados fracasos, si bien fue uno de los más grandes magos y eruditos de su tiempo. Se cree, como ya apuntamos, que fue discípulo del abad Tritemio, y que de él heredó la clave para desvelar el secreto del universo, encerrado en la *Esteganografía,* aunque diversos estudiosos dudan de que Agrippa fuese realmente discípulo del abad. Lo que está claro es que conocía, como su «maestro», el arte de la cábala, la técnica del cifrado de textos y practicaba la Magia Natural, al igual que Ficino, Pico della Mirandola y todo buen erudito renacentista preocupado por los misterios que rodeaban al hombre, así como por los arcanos de las ciencias ocultas. El mismo Cornelio parece que fue maestro (o al menos se conocieron, aunque hay dudas sobre este punto) del célebre médico Paracelso, con fama también de mago y alquimista.

Agrippa vino al mundo en tiempos de convulsiones políticas y religiosas. Desde pequeño sintió una fuerte necesidad de conocimiento y fue enviado por su familia, que gozaba de una desahogada situación económica, a la recién fundada Universidad de Colonia, y en la Universidad de París estudió Misticismo y Filosofía. Se especializó, como buen hombre renacentista, en diversos campos del saber: fue médico, filósofo y diplomático, aunque su gran pasión fueron las grandes ciencias herméticas, magia, alquimia, astrología y cábala.

Agrippa estudió e impartió clases de Teología en diversas universidades europeas y llegó a estar vinculado a la corte del emperador Carlos V, a quien sirvió en ocasiones como consejero. Pronto, sin embargo, le ocurrió lo mismo que a Tritemio y fue acusado por el vulgo de nigromante; ello, unido a sus diferencias con los dominicos, le llevó a ser encerrado en la cárcel de Bruselas, y tuvo que optar finalmente por el exilio en Italia, tras ser acusado formalmente de hechicero.

En 1515 fue nombrado caballero y pasó a ser Cornelio Agrippa de Nettesheim, nombre que tomó de un pequeño pueblecito situado en las cercanías de Colonia. Francisco I de Francia le otorgó una pensión, pero finalmente le fue revocada porque, al parecer, Agrippa se negó a trazar horóscopos para la madre del soberano como si se tratara de un simple adivino de feria. Cuando fue nombrado cronista de la reina Margarita de Austria, a la que entró a servir en 1509, cometió la imprudencia de publicar una obra en la que intentaba demostrar la vanidad de la ciencia. Aquel desafío le generó no pocos enemigos, que acabaron conspirando contra él. Encerrado en más de una ocasión, unas veces por deudas y otras por su poco tacto a la hora de actuar, fue torturado por haberse atrevido a realizar amargos comentarios sobre la citada reina Margarita. Con la salud maltrecha, probablemente debido a las torturas y al encierro que sufrió, murió en 1535 a los cuarenta y nueve años de edad.

La fama de mago negro le acompañaría toda su vida: cuentan algunas crónicas, probablemente legendarias, que se hacía acompañar por un gran perro negro que no era sino el mismísimo diablo. Una curiosa leyenda incide en ese aspecto nigromántico de Agrippa. Se cuenta que en una ocasión uno de sus alumnos consiguió entrar en el estudio de su maestro con sigilo, cuando este se hallaba ausente. El estudiante encontró un libro de conjuros y al parecer comenzó a leerlo. Al rato llamaron a la puerta, pero el estudiante no oyó nada, fascinado ante lo que se mostraba ante sus ojos. La puerta se abrió de golpe y apareció un demonio que, molesto por haber sido invocado, estranguló al impertinente estudiante. Cuando Agrippa encontró el cadáver, sintió un profundo pánico ante lo que podía pasarle si era descubierto y ordenó al demonio homicida que devolviera la vida al estudiante el tiempo necesario para que pudiera dar un paseo y ser visto por los alrededores, de manera que no pudieran relacionar su muerte con las artes oscuras de su maestro.

El demonio así lo hizo y el joven, vivo y aparentemente sano, paseó tranquilamente por el mercado de la ciudad. Poco después se desplomó inerte en el suelo y los ciudadanos creyeron que había fallecido de muerte natural. Sin embargo, cuando examinaron el cadáver descubrieron huellas de los dedos del estrangulador venido del averno. Agrippa, no obstante, consiguió huir a tiempo de la ciudad.

Leyendas aparte, lo cierto es que Cornelio dejó escrita, entre otras, una de las obras mágicas más importantes de todos los tiempos, conocida como *Filosofía oculta* y que compuso cuando solo contaba veintitrés años. En ella insistía en que la magia era una facultad que nacía del poder de la mente y la imaginación; pensaba que la naturaleza estaba atada por una gran tela de araña que podía vibrar y producir determinados efectos si el mago en cuestión era capaz de dirigir su pensamiento de modo adecuado. Según el mago la mayoría de los seres humanos no aprendían jamás a utilizar sus poderes mágicos innatos por creer erróneamente que no tenían relación con el resto de la naturaleza, en la línea de la mayoría de los cultivadores de la llamada Magia Natural.

Filosofía oculta fue el primer tratado sistemático que aunó de modo claro la filosofía hermética, que podía ponerse en práctica a través de la citada Magia Natural, la astrología, los talismanes y determinadas invocaciones de espíritus. Agrippa consideraba, siguiendo la doctrina cabalística, que las letras hebreas representaban signos de realidades espirituales concretas, moldeadas en los propios signos que, según el mago, al combinarse entre sí eran capaces de generar vida. La propia naturaleza del cosmos convertía al hombre en un demiurgo a escala.

Su *De occulta philosophia* era un tratado bien estructurado que mostraba la amplia erudición del autor en campos como la Filosofía y la Teosofía, combinando recetarios astrológicos y mágicos; sus explicaciones se basaban en analogías entre el cielo y la Tierra y las estrechas relaciones con el ser humano, que podían ser «manipuladas» por el mago a fin de beneficiarse de estas correspondencias entre el hombre y el cosmos. La obra fue escrita por Agrippa en 1510, aunque no se publicó hasta 1533. Está dividida en tres libros, al uso de la época, correspondientes a los tres mundos en los que, según el erudito renacentista, estaba dividido el universo: el elemental, el celeste y el intelectual. El primer libro lo dedicó a la Magia Natural *(Magia Naturalis)*, el segundo a la celeste *(Magia Celestialis)*, y el tercero y último a la magia ceremonial *(Magia Ceremonialis)*.

Profundamente influido por los escritos de Marsilio Ficino, autor del *Libri de Vita* y de Giovanni Pico della Mirandola —responsable del *Discorso sulla dignità dell'uomo*—,[2] toda su obra respira erudición renacentista. En cuanto a la Magia Natural, Agrippa utilizó la teoría de Ficino, que consideraba las estrellas el medio a través del cual descendían las ideas, y de Mirandola la creencia de la estrecha relación entre las letras hebreas y los signos del zodíaco, los planetas y los elementos de la naturaleza.

2. *Discurso sobre la dignidad del hombre*, escrito en latín en 1486.

Cornelio Agrippa otorgó una enorme importancia a las matemáticas, ciencia que, según él, el mago debía conocer a la perfección para poder realizar sus rituales. En las páginas de *Filosofía oculta* incluyó fórmulas y procedimientos para invocar y supeditar a espíritus infernales, preparación de amuletos y talismanes, etcétera, lo que le llevó a ser considerado un hechicero más que un hombre de ciencia, a pesar de sus reiterados intentos por resaltar en su obra que sus prácticas nada tenían que ver con la brujería o la nigromancia.

El tercero de los libros de *De occulta philosophia* fue el que más polémica desató, pues entre sus páginas Agrippa pretendía recoger las claves para ascender a través de los tres mundos citados hasta el Creador, para poder obtener su omnipotente poder y, de esta forma, realizar milagros, desencadenar fenómenos meteorológicos (tormentas, lluvias, etc.), curar a los enfermos e incluso resucitar a los muertos, lo que suponía un notable peligro para el autor en una época de convulsiones religiosas en la que muchos eruditos acabaron con sus carnes en la hoguera, incluso a pesar de la apertura que supuso el Renacimiento en distintos ámbitos.

Junto a su *Filosofía oculta* —texto redescubierto en el siglo XIX y erigido como uno de los grandes pilares del ocultismo de nuestros días—, Agrippa escribió otras obras, entre las que destaca *Numerología oculta,* en la que muestra el arte y el poder de la combinación de números y su significado, basándose en Pitágoras y en la cábala hebrea; a través de esta obra Agrippa revela un saber tradicional que al parecer fue transmitido por iniciados a lo largo de los siglos. No obstante, su obra maestra fue *De occulta philosophia.*

Nadie mejor que el mismo mago para explicar su doctrina:

> Dios dio al hombre el espíritu y el discurso que son, como dice Hermes Trismegisto, la señal de la virtud, de su poder y de su inmortalidad; y dio a través de su omnipotencia y providencia el discurso en diferentes idiomas, los que, según su diferencia, tienen caracteres de escritura propios y diferentes, cierto orden, un número y una figura que no están distribuidos por azar ni por accidente ni por capricho de los hombres, sino formados divinamente, lo que los hace coincidir y corresponder con los cuerpos celestes, los cuerpos divinos y sus virtudes.

Capítulo 8

ALQUIMIA. LA CIENCIA DORADA

Durante siglos el hombre ha soñado con obtener riquezas infinitas, con convertir el cobre y otros metales en oro casi a partir de la nada, también con encontrar una cura milagrosa para sus enfermedades. Esto es lo que en principio buscaba la alquimia, una disciplina que, sin embargo, ha sido mucho más que eso, una forma de alcanzar la transformación espiritual. Desde la Antigüedad la figura del alquimista, hoy casi olvidada y vapuleada por la ciencia, fue considerada esencial en diversas culturas. Una de las más antiguas fue la china, con notables diferencias con la occidental.

Alambiques, retortas, hornos, extrañas fórmulas recogidas en añejos manuscritos, talismanes..., daban forma al laboratorio del alquimista, recluido normalmente entre cuatro paredes para intentar obtener la llamada piedra filosofal, clave del secreto —y meta— de la transmutación de los metales. Hoy se considera la práctica alquímica como mera superchería e ilusión de magos y charlatanes de antaño, pero lo cierto es que gracias a los complejos experimentos que estos hombres llevaron a cabo se contribuyó en gran medida al avance de lo que después sería la química moderna. Es cierto que muchos de dichos descubrimientos se debieron, principalmente, a los fallos en laboratorio de numerosos embaucadores —y no verdaderos alquimistas— que pretendían enriquecerse rápidamente (y combinaron así numerosos elementos químicos, descubriendo otros por accidente), vamos, por mera casualidad, pero no cabe duda de su importancia en la posterior evolución de la ciencia.

Un origen recóndito

El origen de la alquimia sigue estando rodeado de múltiples sombras. El propio significado de la palabra ha sido fruto de distintas interpretaciones, muchas de ellas encontradas y otras erróneas. Algunos autores creen que su etimología vendría de la raíz árabe *el kimyâ,* aunque también es posible que derive de una palabra de origen griego, como *khymeia,* cuyo significado es «fundido», o *khemía.* No obstante, la teoría más aceptada es la de su origen egipcio: derivaría de la palabra *khem* o «tierra negra», como se conocía precisamente al país del Nilo en su antigua lengua.

También su propio surgimiento está rodeado de un halo de misterio y confusión. La mayoría de los expertos sitúan su nacimiento —al menos el de la alquimia occidental— precisamente en Egipto, concretamente en la época de los faraones griegos, los Ptolomeos. Entre los siglos IV y I a. C., este país fue la cuna de múltiples saberes de tipo iniciático. Los misterios de la milenaria religión egipcia fueron la base del surgimiento de la ciencia hermética que floreció en sus templos. Su avanzado conocimiento científico y técnico, el enigmático lenguaje jeroglífico y las prácticas mágico-religiosas que tenían lugar en sus recintos sacros, convirtió este lugar en el más propicio para que surgiera una ciencia secreta que combinara precisamente todos estos elementos.

El nacimiento de la alquimia fue revestido allí de tintes legendarios. Para los sacerdotes egipcios, a Isis le habían sido revelados por el ángel Ammael todos los secretos de la naturaleza, después de que ella le entregase su cuerpo. El espíritu contó a la diosa el secreto de la fabricación del oro y la plata, pero poniendo como única condición que únicamente revelara el secreto alquímico a su hijo Horus. Desde entonces la alquimia se convirtió en una ciencia hermética, apta únicamente para los adeptos y transmitida de maestro a discípulo.

Posteriormente, y continuando con su aspecto mitológico, sería el dios de la escritura y la sabiduría egipcias, Thot, el encargado de transmitir esos secretos milenarios. Como ya señalamos en el primer capítulo de este libro, en Grecia Thot equivaldría a Hermes, considerado por los iniciados como el primer alquimista de la historia. Alrededor del año 300 a. C. en el Egipto ptolomeico, Hermes fue asimilado a Thot y ambos se convirtieron en la personificación de la sabiduría, la medicina, la astrología y la magia. A partir de entonces surgió un movimiento esotérico-religioso que adoraba a Hermes Trismegisto, «Hermes, el tres veces grande», que sería el encargado de velar por los misterios de la transmutación de los metales.

Y es que no se puede desvincular el fuerte componente religioso y simbólico del arte de obtener oro de los metales impuros. La alquimia es mucho más que la obtención de riquezas materiales o elixires para alcanzar la «vida eterna». Fue un auténtico movimiento filosófico-religioso que, utilizando la transmutación de los metales como alegoría de los cambios orquestados en la naturaleza, pretendía el acercamiento del ser humano a la divinidad a través de una comunión perfecta entre el microcosmos (el hombre) y el macrocosmos (el universo). Como un auténtico lenguaje críptico, el conocimiento alquímico se fue transmitiendo durante siglos en círculos muy reducidos de iniciados que pretendían alcanzar la comunión con Dios a través del ennoblecimiento de la materia.

Dos milenios de historia

La alquimia arrastra una historia de más de dos mil años de antigüedad y se ha practicado, y aún se practica, en los cinco continentes y en el marco de culturas muy diversas. Al no haber un corpus doctrinal y una autoridad absoluta que establezcan los límites que separan la alquimia de aquello que no lo es, históricamente se desarrollaron manifestaciones muy diversas de este antiguo conocimiento, a menudo interpretadas de manera contradictoria por los que se interesaron en ella. Mientras que algunos reducen este arte a una suerte de protoquímica que desarrolló muchas de las técnicas hoy comunes en los laboratorios de química, lo que permitió el descubrimiento de numerosas sustancias con utilidad práctica (como las actividades que pretendían obtener aleaciones metálicas similares al oro a través de metales impuros por cualquier medio —incluso aquellos fraudulentos—), en el extremo opuesto se hallan aquellos para los que la alquimia son procesos de transformación espiritual, más cercanos a experiencias místicas y trascendentes que a operaciones en laboratorios mediante hornillos, matraces y crisoles.

Sin embargo, existe una suerte de término medio, un núcleo central que define a la alquimia en su verdadera naturaleza —o al menos la más cercana a ella— y que exponen tratados que han sido utilizados por alquimistas de todas las épocas sobre los que hay un mayor acuerdo. El alquimista se proponía recrear a escala de laboratorio las condiciones requeridas para lograr que la materia evolucionara, en palabras del investigador Joaquín Pérez Pariente,[1] del CSIC, «de un estado amorfo o indiferenciado e impuro a otro de máxima pureza y perfección».

Siguiendo el trabajo de este autor, los alquimistas comparten la filosofía aristotélica que sostiene la existencia de una materia primordial común a cualquier objeto sensible, que, sin embargo, solo percibimos a través de su forma. Esa materia básica se expresa a través de los cuatro elementos, cada uno de los cuales se manifiesta a los sentidos a través de las dos cualidades que la caracterizan. Sin embargo, hay que tener en cuenta el cambio continuo que se observa en la naturaleza, que no es inmóvil, lo que ha sido objeto de teorías y escuelas de gran complejidad que por razones obvias no podemos tratar aquí.

Grosso modo, el alquimista se proponía llevar a cabo un proceso de vitalización de la materia, inyectando en ella de manera progresiva ese espíritu vital que para él impregna todo el cosmos. Según Pariente, la alquimia trasladó a laboratorio lo que hasta entonces solo habían sido ideas «para comprender el origen y fundamento de la creación». El alquimista dispone la materia lo mejor que sabe y le proporciona los cuidados necesarios para que se desarrolle y florezca, al igual que hará el agricultor con sus semillas en sus campos de labor.

En su texto escribe que las fuerzas activas responsables de la creación siguen presentes en el cosmos en la actualidad, y es su propósito atraerlas para que impregnen la materia contenida en el mi-

1. Pérez Pariente, Joaquín, *¿Qué sabemos de? La alquimia*, Los Libros de La Catarata, 2016.

crocosmos «representado en sus matraces». Por este motivo, puntualiza, se asimila la obra alquímica a la creación descrita en el Génesis y, de manera análoga, aquella parte de una materia prima que identifica como el caos, esa masa confusa primordial a partir de la cual se origina todo lo creado.

La labor del alquimista, por tanto, no es sencilla sino compleja (a lo que se añade la dificultad de comprender textos centenarios, y a veces milenarios, que utilizaban claves ocultas y un lenguaje hermético no apto para profanos), pues tiene que tomar sustancias concretas capaces de reproducir ese caos inicial y de «atraer hacia sí ese espíritu vital que impregna al cosmos», recurriendo a la analogía. Existía la creencia de que los metales y minerales evolucionaron de manera espontánea en el interior de la tierra bajo la influencia de los astros, siendo así la tierra la verdadera matriz en la que se gestan los vegetales.

Puesto que creían que los minerales metálicos y los metales evolucionaban dentro de la tierra, entonces —recurriendo de nuevo a la analogía—, las sustancias químicas que los componen debían desempeñar un papel activo en ese proceso de gestación metálica. Entre ellas destaca sobre todo el azufre, que forma parte de los sulfuros metálicos de los que se extraían la gran mayoría de los metales conocidos en la Antigüedad; también las disoluciones de azufre en agua de cal (hidróxido de calcio), que los textos grecoegipcios llamaban «agua divina», sustancias sulfurosas obtenidas mediante destilación (como los huevos).

Mediante la destilación y la sublimación (inventadas por los alquimistas grecoegipcios) «se puede obtener la sustancia más pura de un compuesto, la volátil, quedando en el matraz de destilación la parte terrosa no volátil. Así, las sustancias sulfurosas volátiles obtenidas por destilación serían ricas en los elementos aire y fuego, que en la filosofía estoica se asocian al *pneuma* o "aliento vital"».

De la filosofía a la práctica

Así, los primeros alquimistas se propusieron, empresa nada sencilla, traducir a prácticas experimentales lo que hasta entonces no habían sido más que concepciones de naturaleza filosófica y diseñaron a tal efecto equipos de laboratorio (como los alambiques), lo que supuso, mal que le pese a algunos, un paso fundamental en la evolución del pensamiento, pues, como recalca Pérez Pariente: «Por primera vez en la historia se desarrollaba un programa de trabajo experimental guiado por consideraciones teóricas, por especulaciones, acerca de la constitución de la materia y de los factores y fuerzas que determinaron su evolución».

Además del azufre y sus compuestos, otras sustancias capaces de alterar profundamente el aspecto de los metales, de hacerles perder su «forma» (y que, por tanto, también eran considerados «espíritus» capaces de captar el espíritu universal), eran el arsénico y el mercurio, a los que los alquimistas árabes, fundamentales para que los estudios alquímicos llegasen al Occidente medieval, añadieron el cloruro de amonio, que en la Antigüedad se conocía como «sal amoníaco».

> Con los tratamientos con esos espíritus, los metales perdían su forma original y se transformaban en compuestos de aspecto pulverulento que eran ricos en *pneuma*. De esta forma, la materia ya estaba lista para evolucionar hacia un mayor grado de perfección, ayudada por las operaciones que efectuaba el alquimista a continuación. Para el éxito de esas operaciones, los textos aconsejan imitar las condiciones físicas que prevalecen en la naturaleza.

El alquimista imita ese proceso de gestación (de la misma manera en que se incuba un huevo) encerrando sus materias en un matraz de forma esférica u ovoide denominado en los tratados alquímicos «huevo filosófico», y que contiene en sí todo lo necesario para que la materia evolucione sin añadir ni quitar nada: «Ese recipiente se calienta a temperatura moderada, uniforme y constante durante largos periodos de tiempo en hornos especialmente diseñados para ello». En palabras del autor español, si todo ha sido dispuesto de forma satisfactoria, la materia preñada de espíritu universal «va a gozar de propiedades peculiares, distintas a las de la materia común, que le van a permitir vegetar, crecer y desarrollarse para alumbrar finalmente una sustancia extraordinariamente pura que concentra en el más alto grado la energía vital del cosmos», la que los textos definen como piedra filosofal.

El *lapis philosophorum*

Pero ¿qué se entiende por piedra filosofal? Sería imposible sintetizar en estas páginas el complejo proceso de la experimentación alquímica —remitiéndonos incluso únicamente a su parte práctica—, desde las distintas fases que comprende, hasta su compleja simbología, pero a grandes rasgos podemos decir que la piedra filosofal *(lapis philosophorum)* es, en realidad un polvo, elixir o tintura —llamado polvo de proyección o precipitación— capaz precisamente de transmutar los metales en oro. Su función era ennoblecer los metales enfermos o inmaduros, como el cobre o el plomo, transformándolos en metales ennoblecidos como el oro o la plata. A partir de esta idea comúnmente aceptada por los eruditos medievales, surgió también la creencia del *lapis* como panacea universal, un remedio capaz de curar al hombre de todas sus enfermedades e incluso de proporcionarle la inmortalidad.

No es extraño, por tanto, que la alquimia, lejos de su auténtica finalidad —muy ligada al aspecto espiritual—, se convirtiera en un arte ambicionado por muchos y en un reclamo para embaucadores y farsantes. Muchos personajes se hicieron pasar por verdaderos adeptos y se enriquecieron con falsas prácticas que no llevaban a resultado alguno, arruinando a su vez a los príncipes, reyes e incautos que pusieron sus riquezas a su disposición con el afán de obtener grandes cantidades de oro o el alivio para sus dolencias. Los falsos alquimistas fueron conocidos como «sopladores» debido a las muchas horas que pasaban en los laboratorios manteniendo el fuego de los atanores siempre encendido, avivándolo mediante fuelles que aportaban el oxígeno necesario para la combustión.

Estos estafadores no hicieron sino contribuir a desprestigiar el arte alquímico, que sería condenado por el papa Juan XXII en el siglo XIV a través de la bula *Spondent quas non exhibent (Prometen lo que no pueden producir)*, que prohibía la fabricación y venta de monedas de oro falso. Para evitar el acceso de estos embaucadores a la ciencia hermética, los tratados y textos alquímicos fueron complicándose cada vez más hasta convertirse en una amalgama de símbolos, emblemas y lenguajes prácticamente ininteligibles solo comprensibles para los iniciados.

Entre otros, filósofos del Medio Oriente que vivieron en los siglos VI, VII y VIII afirmaron que uno de ellos había encontrado el secreto de la piedra filosofal: decían conocer los ingredientes para fabricar el compuesto, el *lapis philosophorum,* y haber dominado los peligrosos procesos para combinarlos. Sería algo que se diría numerosas veces a lo largo de la historia... pero sin resultados. Es en el siglo XII, en medio de las Cruzadas y con los grandes desplazamientos entre Oriente y Occidente, cuando las historias sobre la piedra filosofal comienzan a llegar a Europa y a despertar la imaginación de los sabios y científicos occidentales, que hasta entonces apenas sabían nada de aquel misterioso y milenario arte.

En busca de la quintaesencia

Se decía que la piedra filosofal era la clave para revelar los secretos del mundo natural. Ningún objeto salvo el Santo Grial supera a esta y su codiciada búsqueda en leyenda. El efecto del *lapis philosophorum* sobre el cuerpo humano era supuestamente extender la vida al máximo. Según la historiadora y autora de *best sellers* estadounidense Deborah Harkness, de la Universidad del Sur de California: «Convertía al propietario de la piedra prácticamente en inmortal». Una sola sustancia capaz de conceder a su propietario la vida eterna y riquezas sin límites.

En palabras de Peter H. Marshall,[2] la definición de la piedra filosofal era también oscura en extremo. A menudo se dice que la piedra «es el elemento más común de la Tierra y el más raro; está en todas partes y en ninguna; que es lo más difícil de fabricar y lo más sencillo». Toda una paradoja. Aunque se describe en términos ambiguos, lo que sí está claro es que no es literalmente una piedra, no

2. Marshall, Peter H., *La piedra filosofal: un viaje en busca de los grandes secretos de la alquimia*. Barcelona, Grijalbo, 2002.

es algo que pueda hallar un arqueólogo o desenterrar un cazatesoros, sino que debe ser fabricado por los buscadores de conocimiento (filósofos) y los hombres de ciencia. La citada Harkness afirma que no es una sustancia sólida y rocosa, sino un compuesto que puede ser casi líquido o en gel.

Por su parte, Harold Goldwhite, quien fuera profesor de química de la Universidad Estatal de California y autor de *The Chemistry of Alchemy*,[3] señala que la descripción más común es la de un polvo rojo inusualmente pesado o a veces una piedra roja o glóbulo rojo; pero también se da como un material ceruminoso amarillo, tal vez parecido al ámbar.

Junto a los cuatro elementos clásicos de la naturaleza (tierra, agua, fuego y aire), en la Edad Media, en los tratados alquímicos, se hablaba habitualmente de una quintaesencia, un elemento hipotético también conocido como éter. Joaquín Pérez Pariente indica que la sustancia a la que se prestó primeramente atención para convertirla en la verdadera quintaesencia en laboratorio fue el alcohol extraído del vino, el etanol. El alcohol tiene la capacidad de impedir la putrefacción de los cuerpos que se sumergen en él, por lo que se consideraba un buen punto de partida para la preparación de la quintaesencia. Pero el alcohol en sí mismo no es la quintaesencia del vino, sino que debía ser «circulado» en la vasija para que se transformase en sustancia quintaesencial. Se obtenía así lo que los adeptos llamaban «el espíritu de vino» *(spiritus vini)*.

Las fases del *opus magnum*

Alexander Roob, en la obra *Alquimia & mística*,[4] señala que el texto griego más antiguo que conocemos, bajo el título de *Physika kai Mystika* («De las cosas naturales y de las cosas ocultas»), distingue ya cuatro fases en el *opus magnum,* según los cuatro colores que

3. Goldwhite, Harold, *The Chemistry of Alchemy: From Dragon's Blood to Donkey Dung, How Chemistry was Forged*, Massachusetts, Prometheus, 2014.

4. Roob, Alexander, *Alquimia & Mística. El Museo Hermético*, Taschen, 2021.

toma: la fase del negro *(nigredo)*, la fase del blanco *(albedo)*, la fase del amarillo *(citrinitas)* y la fase del rojo *(rubedo)*. Una división que ha sobrevivido, con ligeras modificaciones, a toda la historia de la alquimia. Roob añade que más tarde aparecieron otras sustancias en la «astronomía inferior», como se llamó a la alquimia, que diferían considerablemente unas de otras, y que derivaban del número de metales planetarios o de los doce signos del zodíaco.

El filósofo y taumaturgo griego Empédocles enseñó que toda la vida es producto del movimiento nacido de la tensión entre las dos fuerzas polares del amor y la disputa. En el *opus magnum*, esas fuerzas corresponden a las dos operaciones sucesivas de disolución y coagulación, dispersión y fijación, destilación y condensación, sístole y diástole, «si y no en todas las cosas», en palabras del místico luterano Jakob Böhme. A su vez, en palabras de Roob, se corresponden con los dos agentes bipolares de la alquimia árabe: el mercurio filosófico y el azufre, el sol y la luna, la esposa blanca y la esposa roja. «Pero el punto culminante de la obra es la conjunción, es decir, la unión, de los principios masculino y femenino en los desposorios del Cielo y la Tierra, del espíritu ígneo y la materia acuosa (el término latino *materia* deriva de *mater*, madre). El producto de este coito cósmico es el *lapis*, el "hijo rojo del Sol".»

El primer gran alquimista

Según los documentos históricos que conocemos, la alquimia surge en el Egipto grecorromano de los primeros tiempos del cristianismo, probablemente del siglo I. Tras su conquista por Alejandro Magno en el siglo IV a. C., la lengua y culturas dominantes en Egipto eran griegas, incluso tras pasar a dominio romano en el siglo I a. C. La ciudad de Alejandría, fundada por el conquistador macedonio en el 332 a. C. en el delta del Nilo y entonces capital egipcia, se convertirá en el centro de encuentro entre las culturas de Oriente y Occidente que, mezcladas con el sustrato que aún pervivía de la cultura egipcia clásica, constituirán los fundamentos de los que surgirá la alquimia. A ello se suma el hecho del alto nivel alcanzado por la química aplicada en el país del Nilo, donde la metalurgia, la elaboración del vidrio y de pigmentos minerales, la tintura de tejidos o la preparación de sustancias con propiedades medicinales, estaban muy desarrolladas.

Los dos documentos egipcios más antiguos conocidos que recogen este conjunto de conocimientos de tecnología química son los llamados Papiros de Leiden y de Estocolmo, escritos en griego en el siglo III y hallados a principios del siglo XIX en los alrededores de la ciudad de Tebas. Estos papiros contienen un conjunto de breves recetas centradas en procedimientos para obtener aleaciones metálicas, que imitan el aspecto del oro y la plata, para fabricar sustancias con la apariencia de las piedras preciosas (gemas), así como información sobre el teñido de tejidos. No obstante, dichos papiros, con conocimientos técnicos (donde no se hallan referencias a aspectos teóricos y filosóficos) no pueden considerarse obras alquímicas como tales. Los textos alquímicos más antiguos conocidos se encuentran en un manuscrito escrito en griego que se conserva en la biblioteca de la iglesia veneciana de San Marcos, el llamado «Códice Marcianus gr. 299», elaborado en los siglos X-XI y de influencia claramente bizantina.

El documento recopila textos alquímicos atribuidos a diversos autores y gracias a él sabemos que la alquimia surgió precisamente en el Egipto grecorromano. Algunos autores a los que se atribuyen los textos del códice eran personajes históricos que casi con seguridad no tuvieron ninguna relación con la alquimia, como Moisés o la reina Cleopatra, otros eran de carácter religioso, como Hermes Trismegisto o Agathodaimon. Pero varios textos del manuscrito muy probablemente sí fueron confeccionados por los autores a los que se atribuyen, entre ellos Zósimo de Panópolis.

Sería en la Grecia alejandrina, en el siglo IV de nuestra era, donde viviría Zósimo de Panópolis o «El Griego», considerado el primer alquimista conocido, al menos en Occidente —pues los alquimistas chinos, los *fangshi,* una suerte también de magos, astrólogos y adivinos, se remontan mucho más atrás en el tiempo—, y que no ocultó su identidad. Panópolis era el nombre helenizado de la actual ciudad egipcia de Ajmin, situada en el Alto Egipto, la antigua Ipur de tiempos faraónicos, centro del culto al dios Min, una región a cuyos templos aún acudían los fieles en el periodo grecorromano en el que se redactaron esos manuscritos alquímicos. Se han encontrado diversos papiros del siglo IV de carácter religioso, algunos de tradición cristiana, otros de contenido gnóstico, así como textos herméticos, con frecuencia enterrados juntos (y que dormirían el sueño de los justos durante casi dos milenios, ocultando bajo tierra sus múltiples secretos), lo que indica que muy probablemente eran considerados por sus poseedores como pertenecientes a una misma tradición de conocimiento.

Zósimo fue el autor de una treintena de textos alquímicos y herméticos en los que indicaba precisamente dicho origen egipcio de la alquimia. Sus escritos, una mezcolanza de magia egipcia, filosofía griega, astrología y mitología, son los primeros que recogen las principales prácticas transmutatorias y los instrumentos que se han de utilizar para dichos experimentos. Entre los escritos de Zósimo se encontraron varias cartas dirigidas a Theosebeia, una de sus discípulas, lo que sugiere la probable existencia de un activo círculo de alquimistas, al cual también debían pertenecer mujeres.

Aunque la alquimia que ha llegado hasta nosotros probablemente tenga su origen, efectivamente, en Egipto, no debemos olvidar las antiguas disciplinas alquímicas de Oriente, que se centraron principalmente en el mantenimiento y recuperación de la salud del cuerpo y la mente, como en la antigua China o en la India védica, donde se realizaron estudios que combinaban la íntima relación del hombre con su entorno, la alteración de los metales y la astrología, todo ello con la finalidad de obtener un *elixir vitae* mágico, un «oro bebible» o panacea universal que curase todas las enfermedades y que influiría sobremanera en la posterior alquimia espagírica o vegetal. Asimismo, en la antigua Babilonia la alquimia estuvo estrechamente vinculada a la astrología.

De la alquimia árabe a la corte del saber

Sería gracias a la labor científica y divulgativa de los árabes como esta oscura ciencia, tan críptica, llegó al Occidente medieval. Entre los siglos VIII y X de nuestra era, los árabes tradujeron las principales obras científicas de la Antigua Grecia que probablemente se habrían perdido en la noche de los tiempos.

Cuenta la tradición que el primer alquimista árabe fue el príncipe omeya Khalid ibn Yazid. Sea como fuere, de lo que no cabe duda es de que a partir del siglo XII la alquimia penetró en Europa gracias a las traducciones árabes, que vertieron al latín los textos árabes heredados de la Antigüedad clásica. Más tarde, gracias a célebres eruditos como al-Razi, Geber o Avicena, se popularizó una farmacopea alquímica centrada en extraños elixires que circuló por el Viejo Continente, después de que el islam llevara a cabo su espectacular expansión.

Por otro lado, la encomiable labor cultural emprendida por el rey castellano Alfonso X el Sabio[5] en el siglo XIII permitiría la introducción en Occidente de muchas doctrinas mágicas y misteriosas, entre ellas la alquimia. En Toledo —donde se hallaba la llamada Escuela de Traductores y donde se hizo realidad la llamada España de las Tres Culturas— sabios musulmanes, cristianos y hebreos trabajando mano a mano, algo poco habitual en aquel tiempo (salvo en la corte de su contemporáneo Federico II de Hohenstaufen, en Sicilia) se dedicaron con ahínco a traducir textos de la Antigüedad de todo tipo, muchos de ellos de contenido hermético.

Fue así como se introdujo en toda Europa todo ese corpus doctrinal que impulsó la creación de multitud de laboratorios donde eruditos de toda condición realizaban experimentos orientados a obtener oro y plata de metales impuros, surgiendo la figura arquetí-

5. El *scriptorium* hermético de Alfonso X está repleto de obras fascinantes y de diversas disciplinas, muchas de ellas mágicas. Por ejemplo, *El Lapidario*, un estudio de las piedras y los minerales y las cualidades benéficas o perjudiciales para el ser humano, que fuera traducido por el sabio musulmán de ascendencia caldea Abolays y con añadidos posteriores de los traductores del rey castellano. También destaca el *Libro de Astromagia*, obra de magia harrariana en la que podemos encontrar ejemplos de cómo fabricar talismanes con la participación propicia de los astros para que funcionen correctamente. Y destaca por encima de todas el *Picatrix*, traducción de la obra árabe *Ghayat-al-Hakim* (cuyo significado es «El objetivo del sabio»). Se trata de un manual de iniciación a la magia y a la astrología que su autor divide entre teórica y práctica (una suerte de grimorio medieval) y cuya autoría se atribuye al árabe Abul al Qasim o bien al también alquimista y astrólogo árabe del siglo X Maslama al-Mayriti.

pica del alquimista tal y como ha pasado a nuestro imaginario. Grandes eruditos de la Edad Media, como san Alberto Magno, Roger Bacon, Ramón Llull o Arnau de Vilanova, dedicaron muchas horas de sus azarosas vidas a la práctica alquímica y a hallar la ansiada y esquiva piedra filosofal.

Alquimia y espagiria árabes. El esplendor de Al-Ándalus

Espagiria es el nombre que se le dio a la producción de medicinas a partir de plantas utilizando procedimientos alquímicos como la fermentación, la destilación y la extracción de componentes minerales de las cenizas de la planta en cuestión. Muchos de sus seguidores anhelaban dar con una panacea universal o *elixir vitae* que curase todas las enfermedades y que pudiese también extender la longevidad. Uno de los pueblos que más investigaciones realizaron en este campo fue el árabe, cuyos avances serían más tarde adoptados por la espagírica occidental tanto en la Edad Media como en el Renacimiento.

Como sucediera en la Antigüedad, los filósofos árabes llevarían las ciencias a las más altas cotas del pensamiento en el Medievo. Por ejemplo, la alquimia egipcia es conocida principalmente gracias a los escritos de antiguos filósofos helénicos que, a su vez, a menudo, únicamente perduraron a través de las tradiciones islámicas. Prácticamente no se han conservado documentos egipcios originales sobre la alquimia, que se perdieron cuando el emperador Diocleciano ordenó su quema tras una revuelta en Alejandría en el 292.

El citado príncipe omeya Khalid ben Yazid, que tras ser apartado del trono califal decidió alejarse de los asuntos mundanos y abrazar los espirituales que conducían a la sabiduría hermética, defendió como pocos la alquimia en Damasco. Según las directrices de Mahoma,[6] intentó traducir todos los libros de conocimiento que llegaron a sus manos y, como haría más tarde el rey castellano Alfonso X en Toledo, mandó traer a todos los sabios alejandrinos que pudie-

6. Alcalá Malavé, Ángel, *La alquimia en Al-Ándalus*, Madrid, Almuzara, 2016.

ran enseñarle los secretos del Arte Real. Acudió, entre otros, el monje Morenius, discípulo del alquimista Stephanos de Alejandría, que vivía recluido en una aldea de Jerusalén y que con ayuda de otros tradujo al árabe del siríaco, del griego y del latín una importante cantidad de textos que, probablemente, se habrían perdido por completo. Gracias a su labor, se tradujeron *el Libro de las tres palabras,* el *Libro de los amuletos, Secreto de la alquimia, Paraíso de la sabiduría* y *El libro testamento,* recogiendo y desenterrando del olvido una tradición antiquísima y eterna contenida en libros de gran valor, largamente olvidados y, eso sí, difíciles de descifrar para el no adepto.

Yabir Ibn Hayyán Al-Azdi (Geber)

Khalid ben Yazid protegió al alquimista ismaelí Yafar al-Sadiq (699-765), maestro del más célebre alquimista musulmán de Oriente y Occidente: Yabir Ibn Hayyán Al-Azdi (725-815), que sería más tarde conocido en Europa como Geber. Con él, el llamado Arte Real adquirió plena categoría de ciencia y arte entre los árabes, donde sería inmensamente respetado y venerado —todo lo contrario, al orbe católico, según hemos visto por diversas ordenanzas y bulas de la Santa Sede—, una disciplina tradicional en el islam que Alá, Señor de los Mundos, quiso revelar a Adán y a su descendencia de forma secreta y hermética, tal y como el profeta Idris (Enoch) hizo cuando soplaron en sus oídos el secreto de los secretos.

Ibn Hayyán destacó como alquimista, espagirista, matemático, astrólogo, músico y filólogo hermético de prestigio comparable al muy posterior Fulcanelli para los occidentales y al que se le atribuyen hasta 500 manuscritos (la mayoría de ellos escritos por sus discípulos, que optaron por transmitir su ciencia en lenguaje muy hermético). Entre ellos, *Los 70 libros, Libro de los equilibrios, Libro de las balanzas, Libro de la reunión, Libro de la misericordia,* etc. Sus estudios numerológicos, y sus correspondencias posteriores con las cualidades de frío, caliente, sequedad y humedad, aplicadas a cada una de las letras del alifato (el alfabeto árabe), serían retomados por el sabio murciano Ibn Arabí.

Anticipándose a Dalton y a Einstein, Yabir afirmó muchos siglos antes que «si el átomo pudiese ser dividido, podría liberar una fuerza suficiente como para destruir una ciudad del tamaño de Bagdad». Hizo contribuciones como citar las sales de amoníaco, inexistentes en el mundo antiguo, su concepto del equilibrio cósmico en la naturaleza de las sustancias (representado por el oro por encima de otros metales) o el elixir de la vida, el agua regia o el ácido nítrico.

Avicena

Otro de los eruditos que más destacaron en el mundo islámico (y cuyas enseñanzas serían muy célebres en Occidente) fue Abu Alí ibn Sina (920-1037), más conocido como Avicena, que ha sido descrito como «el Aristóteles de los árabes», a pesar de su origen persa. Estudió numerosas disciplinas y ciencias, aunque destacó en medicina, campo en el que fue autodidacta. En relación con la alquimia, sus opiniones quedan reflejadas principalmente en *El libro de los remedios,* que escribió entre 1021 y 1023, donde concordaba con Yabir en que la constitución de los metales está dada por los «principios inmediatos» azufre y mercurio, aunque se mostraba escéptico sobre que el hombre pudiese lograr la transmutación.

Al Razí

También fue relevante el médico, polímata y filósofo persa Ibn Bakr Muhammad Abu Zacaría (825-923), que sería conocido en Occidente como Rhazes o Al-Razi, quien escribió 184 libros y artículos científicos, toda una proeza a caballo entre los siglos IX y X, contribuyendo a numerosos campos del saber. En su tratado alquímico *La medicina del alma,* explica que la «filosofía es la imitación de Dios dentro de los niveles en los que es posible a la naturaleza humana». Sería uno de los principales impulsores de la llamada alquimia espiritual.

Al igual que la mayoría de los médicos de la Edad Media, Razi estudió Alquimia y escribió varios libros sobre ella. No todos se han encontrado, pero uno de ellos, *El libro del secreto de los secretos,* fue traducido al alemán con comentarios y aclaraciones de Julios Ruska, uno de los mayores expertos en historia de la alquimia. Razi creía que la transmutación era posible, que era uno de los objetivos principales de la Gran Obra, y que mediante elixires adecuados podría lograrse no solo la conversión de un metal en oro, sino obtener esmeraldas y rubíes a partir de cuarzo o vidrio; sostenía que los constituyentes de los metales eran el azufre, el mercurio y un tercer elemento, la sal, imprescindible para la transmutación de los metales que sería adoptada por la mayoría de los alquimistas posteriores.

El actual Instituto Razi, cerca de Teherán (Irán), fue bautizado así en su nombre. Además, en el país se conmemora, cada 27 de agosto, el Día de Razi como el Día de la Farmacopea.

La edad de oro de la alquimia

A pesar de la temprana condena de la Santa Sede, sería entre los siglos XVI y XVII cuando la alquimia alcanzaría su máximo esplendor. Paracelso (1493-1541) fue la gran figura de la medicina y la alquimia del Renacimiento; sus profundos conocimientos herméticos, mezcla de ciencia, ideas filosóficas antropocéntricas y esoterismo, influirían en importantes figuras posteriores como Michael Maier o Miguel Sendivogius, autores de importantes tratados.

Sería precisamente en estos siglos cuando surgirían los grupos secretos más importantes vinculados a la Gran Obra y cuando célebres personajes históricos como Felipe II, Rodolfo II de Habsburgo o Cristina de Suecia, algo más tarde, dedicarían grandes esfuerzos a desvelar los misterios de la transmutación, rodeándose de los más grandes sabios de su época. Para muchos expertos, sin embargo, lo que buscaban era un enriquecimiento a través de la Gran Obra, y no una verdadera transformación espiritual al modo de los verdaderos adeptos; también elixires que contribuyeran a prolongar su vida y mejorar su salud, muy delicada, en el caso de los Habsburgo, debido a los muchos siglos de política endogámica.

La muerte y el renacimiento

Con la llegada del Siglo de las Luces y la implantación del racionalismo en todos los ámbitos comenzó el declive inexorable de la alquimia; sin embargo, la química experimental moderna debe gran parte de su avance al legado de estos hombres que dedicaron grandes esfuerzos a comprender los cambios que tenían lugar en la naturaleza y en los elementos que la conformaban.

En el siglo XIX la ciencia alquímica quedó reducida a una mera superchería de tiempos pasados, vinculada a grupos esotéricos y sectarios, y desvirtuándose por completo su verdadero significado. Parecía algo de otro tiempo que ya no interesaba sino a ratones de biblioteca e intelectuales exquisitos. Sin embargo, ya en pleno siglo XXI se ha producido un renacimiento del interés por esta ciencia olvidada, principalmente por la llamada alquimia espiritual que, gracias al impulso que entre otros le diera el psiquiatra Carl Gustav Jung a principios del siglo XX, combina elementos de la Nueva Era, el holismo y el misticismo de nuevo cuño —con una fuerte influencia oriental.

Esta es practicada con gran éxito por los llamados «alquimistas modernos» que, si bien han desvirtuado en parte su mensaje y concepción originales, han contribuido a divulgar de nuevo la importancia de una sabiduría cuasiolvidada hoy, milenaria, reivindicando esa estrecha unión entre nuestro entorno y nosotros mismos, entre el macrocosmos y nuestro microcosmos particular, impulsando una nueva forma de entender lo que nos rodea, ayudándonos a transformarnos a nosotros mismos. Quizá, algo similar a lo que buscaban aquellos hombres que, entre retortas, alambiques y atanores, buscaron, durante siglos, la quintaesencia y el acercamiento a la divinidad.

La historia cuenta que el único alquimista que verdaderamente fue capaz de descubrir la ansiada piedra filosofal fue el francés Nicolás Flamel. Su cautivadora historia, con muchos elementos, sin duda, distorsionados y adornados por lo sobrenatural, ocupa el siguiente epígrafe.

Nicolás Flamel y la piedra filosofal

A medio camino entre la realidad histórica y la leyenda, la existencia de Nicolás Flamel trascendió el paso del tiempo y acabó, incluso, por convertirse en uno de los personajes capitales (por su trascendencia, no por la duración de sus apariciones) de la primera novela superventas de J. K. Rowling, titulada precisamente *Harry Potter y la piedra filosofal.*

Como sucede con otras figuras preñadas de secretos y susurros, y vinculadas con la alquimia, como Lascaris o el conde de Saint-Germain, entre otros, la existencia de Nicolás Flamel, aunque documentada, está salpicada de rumores, medias verdades y claroscuros. La historia oficial cuenta que Flamel nació aproximadamente en 1330 cerca de Pontoise, en Francia, en el seno de una familia humilde, aunque tuvo la posibilidad de recibir la educación de un letrado, algo nada sencillo para las clases menos pudientes en plena Edad Media.

Las actas de la parroquia de Saint-Jacques-la-Boucherie, donde vivió y fue célebre, reunidas en el siglo XVII (y donde se conservan documentos personales y familiares como su testamento, el de su mujer e información sobre algunos parientes) ofrecen abundantes datos sobre su vida y obra. E igualmente se conserva la lápida con la inscripción donde fue enterrado y una de las casas que hizo construir, así como datos sobre otros monumentos religiosos y edificaciones que le pertenecían o que financió.

Vino al mundo en tiempos tumultuosos, si es que algunos no lo son, durante la Guerra de los Cien Años. Poco después de su nacimiento tuvo lugar la batalla de Crecy (1346), un par de años después la peste negra asoló el Viejo Continente y también Francia, pero Flamel, a diferencia de centenares de miles de niños, sobrevivió. En su juventud se marchó a París, y comenzó a trabajar como copista. La Ciudad de la Luz era uno de los centros más destacados de Occidente y donde el comercio de libros se había desarrollado enormemente.

Librero y copista en París

En un primer momento nuestro protagonista se asentó junto al cementerio de los Inocentes, pero más tarde abandonó aquel lugar para establecerse como copista en una pequeña tienda anexa al atrio de la citada iglesia de Saint-Jacques-la-Boucherie, sita en la rue des Ecrivains y que sería destruida en el siglo XVIII (hoy una placa marca el lugar donde se asentaba). Durante ese tiempo se casó con una mujer de edad madura que ya había enviudado dos veces, Dame Perenelle. Aquel enlace, gracias a la dote, le aportó un notable bienestar económico y pudo tener dos pequeñas tiendas de copistería, una para su propio uso, y otra para los copistas y aprendices; no obstante, eran muy modestas y de pequeño tamaño.

Transcurridos unos años, gracias a los bienes aportados por su mujer y a lo que el frugal Flamel había logrado ahorrar, construyó una pequeña casa delante de su covachuela. No se tiene certeza documental, pero algunas biografías recogen que por aquel entonces estuviera con él Jean Flamel (posiblemente su hermano menor), secretario y bibliotecario del duque de Berry, Juan de Valois, tercer hijo del rey Juan II de Francia, gran mecenas de las artes y la literatura y quien poseía los más codiciados manuscritos de la época *(Salmos)* que, además, encargó a los hermanos Paul, Juan y Herman Limbourg el libro de oraciones profusamente iluminado (ilustrado) *Las muy ricas horas del duque de Berry,* publicado años después de la muerte del aristócrata.

En 1369 Flamel prestó juramento ante las autoridades universitarias, se convirtió en «librero juramentado» y pasó a ser miembro del gremio de «libreros, fabricantes de pergaminos, iluminadores, escritores y encuadernadores de libros, todos comerciantes», según recogía el escritor y político francés René de Lespinasse en *Les métiers et corporations de la ville de Paris* (1897) y que se conocían con el nombre genérico de «clérigos», aunque, como en el caso de Flamel, no tenían por qué formar parte de la clase sacerdotal de la Iglesia católica.

En esa misma década Nicolás compró una casa en la esquina de la rue des Ecrivains y la rue de Marivaux (hoy renombrada precisamente como rue Nicolas Flamel y donde una placa recuerda su paso por la ciudad parisina), donde vivió e instaló su taller, cuyo emblema era la flor de lis. Al parecer, entre los relieves de su fachada podía leerse una inscripción en francés que fue divisa de Enguerrand de Marigny, chambelán y ministro del rey Felipe IV de Francia y uno de los responsables de la persecución a los caballeros templarios: «Que cada quien esté conforme con sus bienes, aquel para quien nada es suficiente, no tiene nada».

Una extraña revelación

El negocio librero permitió a Flamel acercarse a infinidad de obras extrañas e incunables. Pronto pasaron por sus manos libros de una materia que empezaba a estar en auge en círculos reducidos, pero que gozaría de su máximo esplendor los siglos siguientes, textos de filosofía hermética y alquimia. En un principio, según él mismo confesaría, no le interesaban demasiado aquellos asuntos metafísicos, pero poco a poco los extraños grabados de dichos manuscritos fueron captando su atención. Entonces, según él mismo contó, tendría una especie de revelación, de sueño profético que describió así: un ángel se le apareció mostrando un enorme libro con cubiertas de cobre, lo abrió ante el copista y mostrándole las guardas le dijo: «Flamel, observa bien este libro. Ahora no lo entiendes, no lo entiendes ni tú ni muchos otros, pero algún día verás lo que nadie podría ver aquí».

Mucho tiempo después, el librero francés recordaría aquel sueño y las herméticas palabras del «ángel» cuando tuvo ante él un texto que consideró que no podía ser otro que el que visualizó. En el *Libro (o Explicación) de las figuras jeroglíficas,* el mismo Flamel cuenta:

> Pues yo, Nicolás Flamel, escribano, me ganaba la vida, tras la muerte de mis padres, con nuestro arte de escritura, haciendo inventarios y redactando facturas y liquidaciones de los tutores menores. Cierto día adquirí, por dos florines, un libro de tapas doradas, muy viejo y enormemente voluminoso; no tenía páginas de papel o pergamino como todos los demás, sino que estaba hecho

> —según me pareció— con cortezas de arbolillos. Su cubierta era de cobre muy sutil, grabado con extrañas letras o figuras, aunque, a mi juicio, tal vez fueran caracteres griegos o de otra lengua antigua parecida. Sea como fuere, no logré leerlas, y yo sé bien que no eran letras ni signos latinos o galos, pues nosotros entendemos un poco de esas cosas. Respecto al interior, las hojas de corteza estaban grabadas con gran laboriosidad, se había empleado un punzón para escribir hermosas letras latinas con perfiles muy limpios y coloreados. Constaba de tres veces siete folios, pues así se los contaba en la parte superior de cada folio, y el séptimo de los mismos tenía, en lugar de escritura, un grabado que representaba una verga y varias serpientes engulléndose mutuamente. En el segundo septenario había una cruz y una serpiente crucificada; en el tercero se había pintado un desierto, por cuyo centro corrían hermosos manantiales, de donde surgían numerosas serpientes, que se diseminaban en todas direcciones. El primer folio llevaba el siguiente título en letras mayúsculas, grandes y doradas: ABRAHAM EL JUDÍO, PRÍNCIPE, SACERDOTE, LEVITA, ASTRÓLOGO Y FILÓSOFO, A LAS GENTES JUDÍAS Y A AQUELLAS OTRAS DISPERSAS EN LAS GALIAS POR LA IRA DE DIOS. SALUD D. I. A continuación, se lanzaban terribles execraciones y maldiciones (con la frecuente repetición del vocablo MARANATHA) contra toda persona que, no siendo sacrificador o escriba, pusiera su vista en aquellas páginas.

Una advertencia que ha rodeado durante siglos a los libros «malditos», textos cuya utilización errónea por parte de los profanos podría causar grandes desgracias. Flamel parece que no entendió demasiado lo que quería decir, según él mismo confesó. Siguiendo el trabajo del heterodoxo escritor francés Jacques Sadoul,[7] en el primer folio figuraba solo el citado título; el segundo estaba ocupado por un mensaje a los israelitas, y el tercero y último versaba sobre la transmutación de los metales como medio más recomendable para «pagar los tributos impuestos por los emperadores romanos». Al parecer, el texto que versaba sobre la fabricación de la piedra filosofal, bajo el título de *Compendium Libri Cabalistico-Chimici, AEsch*

7. Sadoul, Jacques, *El gran arte de la alquimia*, Barcelona, Plaza & Janés, 1973.

Metzareph dicti, de Lapide Philosophico, era relativamente comprensible, aunque había un pero importante: no mencionaba la materia prima que se habría de emplear para obtenerla.

Aparentemente, había que interpretar los folios 4.º y 5.º (cuyas superficies estaban decoradas por hermosas figuras de colores sin texto escrito alguno) para deducir cuál era esa materia prima. En el *Libro de las figuras jeroglíficas,* Flamel explicó que aquellas figuras mostraban la materia aplicable, pero que se necesitaba ser un experto en el arte alquímico (un adepto) para poder comprenderlas. Por aquel entonces, nuestro protagonista no lo era, ni mucho menos, y reconocía su absoluta incapacidad para descifrar, aunque fuera una mínima parte de aquellos enrevesados símbolos.

Sadoul incide en que, sobre el contenido del texto, Flamel se muestra muy cauto sobre el tema, y sugiere que posiblemente el librero dejó informes más concretos en un breve tratado titulado *El salterio químico,* que legó a su sobrino Perrier, un texto compuesto en lenguaje cifrado que el copista escribió al margen de su propio misal y que se conserva en una biblioteca parisiense. Sobre el contenido, Flamel únicamente hace la siguiente aclaración: «No interpretaré aquí nada de cuanto se ha escrito con un latín muy bello e inteligible en los demás folios, porque si lo hiciera, Dios me castigaría; además, sería más malvado que aquel cuyo mayor deseo, según se cuenta, era que todos los hombres del mundo tuviesen una sola cabeza, para poder cortarla de un solo tajo».

Un laborioso cometido

Y a pesar de su aparente desconocimiento del contenido, a partir de entonces se entregaría, convencido de su predestinación, a estudiar los textos y las figuras de Abraham el judío. Durante meses y años no obtuvo resultado alguno. Su esposa, que sospechaba que le ocultaba algo, le pidió a Flamel que se lo contara y a partir de ese momento sería su entusiasta ayudante en el desciframiento. Sin embargo, una vez más, la búsqueda no arrojó ningún resultado efectivo. No obstante, continuaron manteniendo su tarea en secreto, probablemente porque la alquimia no gozaba de su mejor momento de acuerdo con la ortodoxia: en 1317 el papa Juan XXII publicó la citada bula *Spondent quas non exhibent* (a veces conocida como *Spondent Pariter*), algo así como «prometen lo que no muestran», que consideraba la transmutación un engaño. Curioso, cuando el propio pontífice, alejado de miradas curiosas, parece que también se entregaba a las manipulaciones alquímicas e incluso se le atribuye un tratado (aunque no hay corroboración histórica) titulado *Ars Transmutoria*, y, si hemos de creer lo que sostiene Jacques Sadoul, en ocasiones demasiado imaginativo, como su contemporáneo y compatriota Jacques Bergier, al morir dejó tantas riquezas que toda su corte le atribuyó a las mismas un origen hermético, precisamente el mismo que él pretendía boicotear a través de su decreto eclesiástico.

La bula de Juan XXII recoge lo siguiente:

> Los alquimistas nos engañan y prometen lo que no poseen. Aun cuando se crean sabios, caen en el abismo que están abriendo para los demás. De una manera risible, se hacen pasar como maestros de la alquimia y demuestran su ignorancia citando incesantemente a escritores mucho más antiguos; y, aunque no puedan descubrir lo que estos tampoco encontraron, consideran posible descubrirlo en lo por venir. Cuando intentan hacer pasar un metal cualquiera por plata u oro auténtico, emplean infinitas palabras, que no tienen significado alguno. Su audacia los ha llevado demasiado lejos, pues por ese medio acuñan moneda falsa y embaucan a los pueblos. Nos, ordenamos que todos esos hombres abandonen para siempre el país acompañados por quienes se hacen fabricar oro y plata o quienes se conchaban con los embelecadores y les pagan ese oro, mientras Nos, para castigarlos, le hacemos dar a los pobres su verdadero oro. Los productores de plata u oro falsos son gentes sin dignidad. Si los medios de quienes infringen la ley no les permiten satisfacer esa multa, se podrá remplazar tal correctivo por otro. Si algunos sujetos del clero figurasen entre esos alquimistas, se les privaría, sin contemplaciones, de la dignidad eclesiástica.

A pesar de la consiguiente cautela, aquello no impidió a Flamel y a Perenelle seguir intentando desentrañar los secretos del libro de

Abraham el judío. Gran devoto, nuestro protagonista compuso una plegaria dirigida a Dios con el fin de que le ayudase en la búsqueda de la materia prima de la piedra filosofal, oración que recoge Jean-Jacques Manget (1652-1742) en su colección de textos alquímicos *Bibliotheca Chemica Curiosa:*

> Dios Todopoderoso y Eterno, Padre de la luz y origen de todos nuestros bienes y dones; yo imploro, Señor, tu misericordia infinita; permíteme conocer tu sabiduría eterna, la que rodea tu trono, la que crea y hace, conduce y conserva todo. Dígnate enviármela desde el cielo, tu santuario; desde el Trono de tu Gloria, para que exista y actúe dentro de mí; ella es la dueña de todas las artes celestiales y ocultas, ella posee la ciencia y el conocimiento de todas las cosas. Haz que me acompañe en todas mis obras. Permíteme poseer, por mediación de su espíritu, la verdadera inteligencia, cultivar infaliblemente el noble arte al que me he consagrado y proseguir la búsqueda de la piedra milagrosa de los sabios que Tú ocultas al mundo, si bien sueles descubrirla ante tus elegidos. Dame fuerzas para comenzar, elaborar y rematar felizmente la Gran Obra que me toca ejecutar aquí abajo; permíteme disfrutar para siempre de ella. Os pido por Jesucristo esa piedra celestial, angular, milagrosa y fundamento de toda eternidad que gobierna y reina Contigo.

Canches, el rabino leonés

Finalmente, desesperado, Flamel decidió confesar la existencia de las imágenes al licenciado en Medicina Maître Anselme, apasionado también de la alquimia, y le dijo que solo tenía los dibujos, sin texto (digamos que ocultó parte de la información, quizá por temor a revelar demasiado). Flamel afirma que el licenciado tampoco supo interpretarlos, aunque le dio la explicación que creía correcta, lo que desconcertó todavía más al librero, que escribe:

> Ello fue la causa de que me pasara veintiún años largos haciendo mil y una destilaciones, aunque jamás con sangre, pues eso es una acción

> malévola y vil; además, yo había descubierto en mi libro que los filósofos llaman sangre al espíritu mineral que se encuentra dentro de los metales, principalmente en el Sol, la Luna y el Mercurio, cuya asociación era el continuo objeto de mis afanes.

Sadoul explica que dicha alusión a la sangre se debe a que Maître Anselme, como otros fraguadores, confundía la alquimia con la magia y sugería por ello la mezcla del azogue con la sangre muy pura de niños pequeños (atención a cómo se atribuyó siempre al líquido elemento la concesión de una gran longevidad e incluso la inmortalidad), algo que por suerte Flamel no estaba dispuesto a comprobar. Incapaz de descifrar el texto por sí solo, ni siquiera con la ayuda de personajes doctos en la transmutación como el licenciado, una versión de la historia (probablemente apócrifa) afirma que el librero reconvertido en alquimista decidió realizar un viaje para enseñar el texto a algún doctor judío, y por aquel entonces uno de los lugares con mayor presencia hebrea era la península ibérica, concretamente, parece que se encaminó a una sinagoga de Santiago de Compostela; así, Flamel realizó el peregrinaje (que también podemos considerar espiritual, en el sentido de «andar» la ruta jacobea). Sin embargo, este aspecto de su biografía, una vez más, está envuelto en el misterio y algunos autores consideran que jamás lo realizó, al menos en el sentido literal.

La misma versión del mito afirma que a su regreso de Galicia, Flamel se sintió indispuesto y tuvo que detenerse en la ciudad de León, donde, siguiendo los consejos de un mercader boloñés cuyo nombre desconocemos, consultó con un médico judío, un tal maese Canches, que era un gran conocedor de la cábala hebrea. Al enseñarle los dibujos, el rabino, estupefacto, dijo que aquella era la obra desaparecida del rabino Abraham, el *Aesch Mezareph*, que se consideraba destruida. Entonces, cautivado por el hallazgo, Canches se ofreció a acompañar al librero galo hasta la ciudad de París. Sin embargo, al llegar a Orleáns, el anciano murió, aunque si creemos a los biógrafos, no partió hacia el sueño eterno hasta revelar a Flamel los secretos del conocimiento que le faltaban. No sabemos si gracias a la intercesión divina que siempre reclamó o a las supuestas revelaciones que le hizo Canches, nuestro protagonista estuvo mucho más cerca de lograr su cometido.

Por su parte, el enigmático Fulcanelli no cree que Flamel realizara aquel viaje a Santiago literalmente. En *Las moradas filosofales*[8] escribe:

> Tales sugerencias ayudan a comprender el error en que han incurrido muchos ocultistas al dar como válido el sentido literal de narraciones puramente alegóricas escritas con la intención de enseñar a unos lo que se necesitaba ocultar a otros. El propio Albert Poisson se dejó engañar por esta estratagema. Creía que cuando Nicolás Flamel abandonó a su esposa, Dame Perenelle, dejó su escuela y sus estampas, fue para recorrer a pie la ruta ibérica y cumplir así el voto formulado ante el altar de Saint-Jacques-la-Boucherie, su parroquia. Ahora bien, nosotros damos fe —a fuer de sinceros y si alguien quiere confiar en nuestra palabra— de que Flamel no salió jamás del sótano donde ardían sus hornos. Quienes conozcan el báculo, la calabaza, las conchas y el chambergo de Santiago, saben también que estamos diciendo la verdad. El gran adepto observaba las reglas de la disciplina filosófica y seguía el ejemplo de sus predecesores, convirtiéndose en sustituto de los materiales y tomando como modelo al agente interno.

Un peregrinaje jacobeo que se atribuyó también a los «adeptos» Ramón Llull y Basilio Valentín, quienes, casi con seguridad, jamás viajaron a Santiago de Compostela.

La obtención de la piedra filosofal

Tras el viaje —real o simbólico—, que podríamos considerar sin miedo a equivocarnos de iniciático, el antiguo copista continuó trabajando en su obra durante tres años más (precisamente la duración del magisterio si se procede por la vía húmeda, en palabras

8. Fulcanelli, *Las moradas filosofales* (edición facsímil), Barcelona, Sincronía Editorial, 2017.

del citado divulgador francés). El mismo Flamel refiere así la obtención de la ansiada piedra filosofal:

> Finalmente, encontré lo que ambicionaba; lo reconocí al punto por su intenso olor. Una vez conseguido esto, me fue fácil realizar el magisterio; además, como yo conocía la preparación de los agentes básicos, pues me bastaba seguir al pie de la letra las instrucciones de mi libro, no habría fracasado, aunque lo hubiese querido.
>
> Así, pues, decidí realizar mi primera proyección sobre el mercurio, del cual convertí media libra más o menos en plata pura, que era mucho mejor que el producto minero, tal como lo he ensayado y he hecho ensayar varias veces. Ello ocurrió el 17 de enero, un lunes, hacia mediodía, en mi casa, con la única presencia de Perenelle; fue el año 1382, es decir, cuando se restituyó el linaje humano. Poco después, siguiendo palabra por palabra las instrucciones de mi libro, lo repetí con la piedra roja, empleando una cantidad similar de mercurio, también en presencia de Perenelle y a solas en la misma casa; fue el 25 de abril del mismo año, y a las cinco de la tarde, cuando lo transformé en una cantidad casi equivalente de oro puro, mejor, sin duda alguna, que el oro natural, más suave y maleable. Puedo afirmarlo con absoluta veracidad: he logrado obtenerlo tres veces con ayuda de Perenelle, que lo entiende tan bien como yo, pues me ha asistido en todas mis operaciones; sin duda, podría haber llegado al mismo fin si se hubiese querido emprender la manipulación por su cuenta.

Si hasta ese momento su biografía es incierta, a partir de entonces aparece envuelta por las glorificaciones de la leyenda, que efectivamente le atribuye la obtención de la piedra filosofal, algo reservado a muy pocos elegidos. Flamel regresó a París ese mismo año de 1382, y comenzó a acumular la fortuna que le haría célebre. Siguiendo el documentado, aunque demasiado optimista trabajo de Sadoul, en un periodo de pocos meses llegó a poseer 30 casas o fincas solo en París; hizo construir varios hospitales y templos (en una ingente labor filantrópica) y mandó reformar el pórtico de la iglesia de Sainte-Geneviève des Ardents e hizo un importante donativo al establecimiento de los Quinze-Vingts, una cofradía que a partir de entonces y hasta 1789 (con el ataque a todo lo religioso que supuso la Revolución Francesa), organizarían una procesión en la iglesia de Saint-Jacques-la-Boucherie para rogar por el alma del librero galo.

No fueron las únicas contribuciones a su comunidad: Flamel hizo erigir numerosos monumentos en el cementerio Charnier des Innocents, lugar muy célebre entonces, en cuya cuarta arcada hizo pintar las figuras jeroglíficas que ornaban su libro hermético de Abraham el judío. En su parroquia, la citada Saint-Jacques-la-Boucherie, se han hallado hasta 40 actas que registran los sustanciosos donativos realizados por el ilustre librero. Su prestigio se extendía cada vez más y, al parecer, cuando los servicios secretos reales averiguaron los rumores sobre su gran fortuna, el monarca Carlos VI de Francia consultó con uno de sus consejeros, Sire de Cramoisy, y lo envió a casa de Flamel. Tenemos constancia documental de aquellos hechos por lo recogido siglos después por el consejero y médico Pierre Borel (Petrius Borellius), quien también era alquimista y botánico (y al que se considera pionero en la utilización del microscopio para la investigación de tejidos de órganos humanos) en su obra *Trésor de recherches et antiquitez gauloises et françoises* (1655).

Tras la visita de Cramoisy, Flamel, a pesar de su fortuna, continuó llevando una vida modesta y discreta con Perenelle, que según las fuentes murió entre 1397 y 1400, y fue inhumada en Les Innocents. El librero vivió hasta al menos los ochenta años, una gran longevidad en aquel tiempo. Murió al parecer en 1418, pero antes se acrecentó su reputación y fama: compró un espacio para su sepultura en el interior de Saint-Jacques-la-Boucherie y legó casi todos sus bienes a dicha parroquia, pues no dejó descendencia.

Como en el caso del conde de Saint-Germain, la biografía de Flamel tiene una continuación tras su supuesta muerte: un viajero del siglo XVII, Paul Lucas, que informa en una crónica sobre un viaje al Asia Menor, escribe:

> En Burnus-Bachi sostuve una conversación con el devis de los uzbecos sobre la filosofía hermética. Este levantino me dijo que los verdaderos filósofos poseían el secreto para prolongar mil años su existencia y preservarse de todas las enfermedades. Por último, yo le hablé del ilustre Flamel y le hice observar que el hombre había muerto a despe-

> cho de la piedra filosofal. Apenas cité ese nombre, se echó a reír de mi simplicidad. Como quiera que yo le había dado crédito a cuanto había dicho, me asombró extraordinariamente su actitud dubitativa ante mis palabras. Al advertir mi sorpresa, me preguntó, con el mismo tono, si era tan ingenuo como para creer que Flamel hubiese muerto. Y agregó: «No, no. Usted se equivoca. Flamel vive todavía; ni él ni su mujer saben aún, lo que es la muerte. Hace tres años escasos los dejé a ambos en la India; es uno de mis mejores amigos».

Según Lucas, más tarde, el derviche le proporcionó nuevas informaciones, que aseguraban que, puesto que Flamel pensó que podría ser detenido, como hombre prudente que era ideó una forma de «escapar» del acecho de aquellos que también anhelaban poseer el *lapis philosophorum:* siguiendo sus consejos, Dame Pernelle fingió una enfermedad que acabaría fatalmente, y cuando se la dio por muerta, ya se había trasladado a Suiza, donde el matrimonio debería volver a juntarse más tarde. En su lugar, se enterró un trozo de madera cubierto con algunas prendas, y para dotar al ceremonial de la mayor solemnidad (y la menor sospecha de sus convecinos), se celebró el acto fúnebre en una de las capillas que ella misma había hecho construir. Unos años después, se supone que, en 1418, Flamel siguió la misma estratagema y, «como el dinero abre todas las puertas», en palabras de Lucas, no le costó mucho ganarse la confianza de médicos y eclesiásticos, y añade: «Flamel dejó un testamento en el cual disponía que se lo enterrase con su mujer y se levantase una pirámide sobre sus sepulturas», y mientras viajaba a tierras helvéticas a reunirse con su esposa, se enterraba un trozo de madera en su lugar.

Otros relatos, que coinciden en afirmar su supervivencia, aseguran que el librero galo y su mujer se trasladaron a la India, donde se habrían empapado de esos conocimientos arcanos y herméticos que siglos más tarde cautivarían a personajes como Madame Blavatsky o Ferdynand Ossendowski. La piedra filosofal les habría brindado la ansiada inmortalidad. Ciertos autores tildaron a Flamel de usurero y alegaron que su fortuna se debía a que se adjudicó hipotéticos depósitos de oro judío. No obstante, el escritor y científico (era químico) francés Louis Figuier (1819-1894) desmintió con rotundidad este punto: «Esas imputaciones están desprovistas de fundamento, no las respalda ninguna prueba; además, todo cuanto se conoce sobre el carácter y los actos de Flamel contribuye a acrisolar su memoria y a librarla de semejante acusación».

Atribuciones posteriores

El *Libro de las figuras jeroglíficas* describe el viaje de Flamel exponiendo a lo largo de dicha obra el magisterio filosofal como si de la peregrinación a Santiago de Compostela se tratara, o quizá aludiendo a un significado mucho más profundo, reflejo de los secretos iniciáticos que se ocultarían tras la obra. Sin embargo, el *Libro de las figuras jeroglíficas* es una narración bastante posterior a los hechos que se atribuyeron a Flamel: fue impresa en 1612, aunque se hace suponer que el librero reconvertido en adepto lo escribió en 1399, procedimiento bastante habitual en obras herméticas, textos cabalísticos y grimorios falsamente medievales para prestigiar un manuscrito.

Además, el *Aesch Mezareph* también es posterior, y solo se conoce en la cultura occidental a través de la traducción fragmentaria latina que se encuentra en la obra *Kabbala Denudata* del hebraísta Christian Knorr von Rosenroth, publicada en Sulzbach, Alemania, entre 1677 y 1684, cuatro volúmenes con el subtítulo de «Las doctrinas trascendentales, metafísicas o teológicas de los hebreos», que contienen una traducción latina, con parte de texto y comentarios hebreos, del Sohar o Zohar, «El libro del esplendor», el más famoso de todos los códices místicos de la cábala. El título alude a «Fuegos que purifican», tal como se obtiene el oro puro en la alquimia, quemando la escoria y separando así lo puro de lo impuro en el plano material, mientras que el fuego purificador del sufrimiento es también un símil apropiado de la purificación y exaltación del alma humana en el plano de la alquimia espiritual.

CAPÍTULO 9

LOS DEMONIOS DEL SIGLO DE ORO

Textos insólitos y crónicas del misterio en el siglo XVII

Las crónicas españolas de los siglos XVI y XVII están llenas de extraños sucesos que las gentes de entonces, profundamente supersticiosas, creían de índole sobrenatural. En una sociedad fuertemente jerarquizada y de religiosidad desbordante, el contraste entre el bien y el mal era muy marcado, y el temor a las fuerzas de la oscuridad casi una obsesión; fue el tiempo de novicias que decían sufrir arrobos y éxtasis, monjas posesas y también el de condenas por brujería y hechicería. Dichos casos se recogían en textos y manuscritos que hoy aún se pueden ojear en viejas bibliotecas. Hechos sumamente curiosos que advierten que las crónicas del misterio son tan antiguas, casi, como la misma escritura.

La superstición y la magia estaban muy arraigadas en la mente del español de los siglos XVI y XVII. En la península, a las supersticiones de los pueblos primitivos, romanas y godas, se unieron las de los judíos y los moriscos, además de las milenarias del pueblo gitano. Toda una caterva de prácticas heterodoxas, lograron fundirse con el dogma católico, generando una religión que podríamos considerar paralela entre el pueblo, que seguía manteniéndola viva a pesar de la condena de la Iglesia.

En el siglo XVI se intensificaron las creencias de índole mágico-supersticiosa, que parecían haber sucumbido a finales del Medievo. A tal punto llegaba la pasión por lo heterodoxo que en marzo de 1582 el inquisidor de Valladolid descubrió en la universidad de la ciudad profesores que enseñaban magia, doctrina que ordenaban los estatutos del centro, donde se hallaban, además, libros autorizados sobre la materia. Un año después se prohibieron aquellos estudios, pero se permitió el trazado de horóscopos, práctica tan en boga entonces que los grandes mandatarios y reyes del Renacimiento, como Felipe II, Catalina de Médicis o Isabel I de Inglaterra, se guiaron por los consejos de adivinos, magos y astrólogos.

Pero sería en el siglo XVII, el del Barroco por antonomasia, aquella España que veía el comienzo de su declive hegemónico bajo el cetro del cuarto Felipe, cuando la superstición alcanzaría un grado tal de inserción en la sociedad que, en todos los estratos sociales, desde el hombre más humilde al noble más laureado —salvo excepciones, que las hubo— creía en la intervención de lo sobrenatural en sucesos de diversa índole e incluso en el devenir de la vida cotidiana. Para el historiador español José Deleito y Piñuela,[1] este aumento desaforado de la superstición se erigió como caricatura «del ardiente misticismo y de la fiebre teológica que devoraron las almas en el siglo XVI». La España de los Austrias sufrió grandes crisis de ideales y una relajación moral y en las costumbres propicias para desarrollar creencias supersticiosas, prácticas que alcanzaron a todos los campos de la España de entonces: el pensamiento, las artes y las mismas costumbres.

Astrología, sortilegios y agüeros

Hechiceros, brujas, nigromantes y adivinos estaban a la orden del día y gentes de rancio abolengo creían a pies juntillas en sortilegios y agüeros, acudiendo a que les adivinasen el porvenir o a pedir ayuda para todo tipo de problemas: mal de amores, envidias, obtener éxito y dinero... Juan José de Austria, el hijo bastardo que Felipe IV tuvo con la comedianta María Calderón, era un apasionado de la astrología y un asiduo de los salones de adivinación. Esta ciencia alcanzó tanta notoriedad que incluso algunos nobles se permitieron el lujo de tener astrólogo propio que elaborase su horóscopo perso-

1. Deleito y Piñuela, José, *La vida religiosa española bajo el cuarto Felipe. Santos y pecadores*, Madrid, Espasa-Calpe, 1963.

nal. Se creía en el influjo de los astros sobre los hombres, los cuales nacían con buena o mala estrella, dependiendo del signo zodiacal que les influyese; existían días fastos, favorables para todo, y nefastos, que eran adversos para aventurarse a realizar cualquier cosa.

Durante los siglos XV y XVI gozó de una gran popularidad la llamada astrología judiciaria, aquella aplicada a los pronósticos y que trataba de predecir acontecimientos futuros por medio de la posición e influencia de los cuerpos celestes. La astrología llegó a ser recomendada por las Cortes como un necesario complemento de la medicina y se crearon cátedras de la misma en ciudades como Valencia. Pedro Ciruelo, teólogo autor del texto *Reprobación de las supersticiones y hechicerías* (Alcalá de Henares, 1530), de quien ya hablé al referirme a los tratados antisupersticiosos, llegó a decir que «la astrología es ciencia verdadera, como la Filosofía Natural o la Medicina», a pesar de condenar muchas prácticas supersticiosas y creencias sobrenaturales en su obra.

No obstante, en 1585, el papa Sixto V prohibió su práctica a través de la bula *Coeli et Terrae* y desde el año 1612 los astrólogos fueron castigados con pena de destierro y galeras, además de abjurar de sus creencias. Si muchos, como el mismo Felipe II y sus sucesores, admiraban esta ciencia y creían en ella a pies juntillas, autores como Calderón de la Barca la condenaron abiertamente, en obras como *El astrólogo fingido*.

Además de los vaticinios de tipo astrológico, existían formas de adivinación tan extrañas y sugerentes como la *spatulomancia* o «adivinación por los huesos de la espalda»; la *kefalenomanteia,* «a través de la cabeza asada de un asno o un carnero», o la *onuxomanteia* o «adivinación por las uñas manchadas de aceite»; además de las habituales a través de naipes o cartas, lectura de manos (*chiromancia* y ahora quiromancia), por los posos del café, y así un largo etcétera.

Hechos sobrenaturales y acontecimientos insólitos

Era habitual que los escritos de la época reseñaran prodigios y sucesos de índole sobrenatural cuya veracidad, en una época donde imperaba la superstición, nadie ponía en duda. En los *Avisos* de Pellicer y Barrionuevo, o en los textos de la escritora francesa Madame d'Aulnoy —que señala no creer en las supercherías de los españoles— se recogen no pocas situaciones sin aparente explicación racional. La escritora gala apunta que cuando llegó a la ciudad de Toledo, cuna de las tres religiones y enclave mágico por excelencia, los lugareños le aseguraron que de un nicho situado en el coro de la catedral brotó una fuente de agua que manó durante varios días seguidos; aquel prodigio ocurrió al parecer en tiempos medievales, cuando el moro sitiaba la ciudad y los cristianos andaban escasos del preciado líquido.

En el mismo recinto sacro la francesa vio un pilar protegido por una verja donde la tradición señalaba que la Virgen se había aparecido a san Ildefonso. Asimismo, le contaron que varios lagos que salpicaban la geografía española exhalaban ciertos vapores que desataban tempestades y albergaban en sus profundidades peces monstruosos; que existían conjuradores de la langosta —especie de hechiceros que conseguían extirpar las plagas mediante conjuros y ritos mágicos (esto ya lo vimos, y era cierto)— y que los nacidos en Viernes Santo eran capaces, cuando pasaban ante un camposanto en el que había personas asesinadas o por el lugar de un crimen, de ver al malogrado difunto ensangrentado cual aparición espectral.

No eran pocas las historias tomadas como ciertas acerca de sucesos sobrenaturales que tenían como escenario conventos y catedrales. En el convento de monjas de Santa Clara, sito en Valladolid, descansaba en una lúgubre tumba un antiguo caballero castellano que, al decir de las religiosas, siempre sollozaba cuando se moría alguno de sus parientes. El Barroco fue tiempo de arrobamientos, éxtasis y visiones demoníacas. En las *Noticias* de la época se hallan episodios de este tipo de forma abundante, como el que apuntaba que en la iglesia madrileña de San Ginés un fraile descalzo de la orden de los franciscanos «se arrebató en éxtasis, en el cual, desde la mitad de la iglesia fue hasta el altar por el aire, y en él estuvo un cuarto de hora mirando el Santísimo Sacramento a vista de gran pueblo, que le hizo pedazos el hábito [...]».

Por la misma época, en un convento de agustinos que se hallaba en la ciudad de Burgos, se veneraba en una capillita a un Cristo que según declaraban los religiosos, que se turnaban para custodiarlo, sudaba todos los viernes. La talla era adorada por personaje de alto rango y por el pueblo llano, y sus custodios se las vieron y se las desearon para protegerlo, pues al menos dos veces fue robado por los monjes de otro convento; aunque al parecer volvió por su propio pie a su ubicación original.

José Pellicer, en sus célebres *Avisos,* escribía el 8 de septiembre de 1643 que

> en Madrid una imagen de pincel en tabla, de Nuestra Señora del Popolo de Roma, estando en una casa particular una criada gallega, empezó a cantar en su alabanza y a bailar, y vio que Nuestra Señora movía los dedos de las manos. Dio voces, espantada, y llamó a gente que lo vio también. Concurrió mucho pueblo y el señor Nuncio, y se trujo la imagen a las Descalzas Reales, donde la pusieron en su oratorio adentro.

Nadie dudaba, aunque fuera un escritor de renombre, de la intercesión de fuerzas sobrenaturales en el devenir del día a día.

De bilocaciones, estigmas y prodigios varios

Fue muy habitual durante el Siglo de Oro que en la clausura de los conventos no pocas religiosas —muchas de ellas obligadas a tomar los hábitos por imposición familiar— dijeran experimentar éxtasis, bilocaciones e incluso mostrar los estigmas de la Pasión. Como señalan muchos de los expertos sobre aquel siglo y la mayoría de los antropólogos, era, quizá, una forma de romper con la represión en todos los ámbitos —principalmente en el sexual— que se vivía dentro del claustro, muchas de las veces entre ayunos, oraciones constantes e incluso mortificación de la carne.

Muchos de aquellos casos fueron fingidos por las propias monjas y beatas, que acabaría condenando la Inquisición, pero existieron algunos aislados que realmente causaron un gran revuelo y fueron considerados como «milagrosos». Baste recordar el ejemplo de santa Teresa de Jesús durante el reinado de Felipe II, con sus levitaciones y éxtasis, o el famoso caso de supuesta bilocación de sor María de Jesús, abadesa de la Concepción descalza de Ágreda, la llamada «Dama Azul», quien se convertiría en consejera del mismísimo rey, Felipe IV, incluso en asuntos de Estado, hacia el final de su reinado, y cuyos «desdoblamientos» son todavía hoy, tantos siglos después, motivo de controversia.

Felipe IV subió al trono el 31 de mayo de 1621, e inmediatamente ordenó al inquisidor general, Luis de Aliaga Martínez, que abandonase sus funciones, nombrando para el cargo a don Andrés Pacheco, arzobispo y consejero de Estado. Para celebrar el nombramiento del nuevo rey, la Suprema organizó un auto de fe que alcanzó gran celebridad en los mentideros de la Villa y Corte por el escarnio público a María de la Concepción, una beata que presumía de santa —a pesar de que los documentos de la época la tachan de «lujuriosa y desenfrenada» con sus confesores y otros eclesiásticos— que decía fingir éxtasis y experimentar revelaciones proféticas. Durante el proceso que abrió contra ella el Santo Oficio, fue acusada de haber hecho «pacto expreso con el diablo» y seguido los dictámenes de diversas sectas y herejías, cometiendo «los errores de Arrio, Nestorio, Elvidio, Mahoma y Calvino», además de los preceptos de materialistas y ateístas.

Fue condenada a doscientos azotes y a cárcel de por vida, después de celebrarse su auto de fe en la Plaza Mayor de Madrid, remodelada por Felipe III y enclave por antonomasia de ajusticiamientos y autos de fe, amén de corridas de toros y festejos populares. Compareció con sambenito completo, la coroza sobre la cabeza y la mordaza en la boca, y fue abucheada e injuriada por el populacho.

No solo el don de la bilocación, la visión profética o la levitación eran atribuidas a beatas y religiosas de toda índole. Uno de los aspectos más célebres de su supuesta taumaturgia era el don de la sanación, don que se atribuyó durante siglos también a los reyes (el llamado «Toque de Reyes»). Uno de los procesos que más polvareda levantaron en el Siglo de Oro fue el de la Madre Luisa de la Ascensión, conocida popularmente como la «monja de Carrión». En Carrión de los Condes la susodicha había fundado una hermandad de devotos que defendían la concepción inmaculada de la Virgen, y en 1625 había alcanzado tal éxito que sus congregantes sumaban 40.000 —entre ellos se encontraba el mismo rey, Felipe IV, sus hermanos, una de las infantas y cinco cardenales— y unos 150 conventos.

A la religiosa se le atribuían facultades milagrosas y en Valladolid era considerada santa. Al parecer, mostraba en sus manos las llagas de la Pasión de Cristo y «sostenía coloquios frecuentes con Dios y con la Virgen», nada menos. Se le atribuían incontables privilegios celestiales (recogidos en tres libros manuscritos aparecidos entonces), entre otros «Que la primera leche que mamó se la dio la Virgen» o que «libraba muchas almas del Infierno, salvando a veces 30 de un solo golpe». Además, se afirmaba que Cristo le había dado una manzana del paraíso «por la cual sería inmortal hasta el Día del Juicio, cuando ella fuese acompañando a Enoch y a Elías en su guerra con el Antecristo [...]».

Por supuesto, no tardó el Santo Oficio en investigarla y en considerar heréticas tales afirmaciones, por lo que se inició un proceso contra ella que duró catorce años, tiempo durante el cual fue recluida en el convento de las Agustinas Recoletas de Valladolid, donde falleció el 28 de octubre de 1636.

Fueron también célebres durante el reinado de Felipe IV algunos procesos por brujería. En 1625 se procedió contra Isabel Jimena, que tenía fama de bruja en la villa y corte. Durante el juicio declaró que «tres gatos negros entraban de noche en su cuarto bailando, y le quitaban las chinelas. Un día amaneció acardenalada». En 1645, también en Madrid, se acusó a cuatro prostitutas de brujas, de haber entrado en la casa de una familia honrada una noche de invierno para atacar a un niño; por la mañana, según describe Sebastián Cirac Estopañán, cuando los padres despertaron sudando y acongojados tras un sueño largo y profundo, hallaron al pequeño muerto, «con los muslos acardenalados, vacías y negras de sangre sus partes, y tan consumido todo, que parecía chupado de brujas, y apretado con la boca, como es notorio que las brujas matan y hieren, según el testimonio de dos cirujanos».

En una carta de 1619 se señala que solo en Cataluña tribunales civiles ahorcaron, en dos o tres años, a más de trescientas personas acusadas de brujería. España no fue, sin embargo, como ya señalamos, el país en el que se llevó a cabo una caza más encarnizada de las brujas —peor suerte corrieron judaizantes, falsos moriscos y protestantes—, pues en países como Francia, bajo el reinado de Enrique IV, un tribunal civil hizo quemar a 100 brujas en apenas cuatro meses. Y en Alemania se llevó a la hoguera a 100.000 personas por esta causa.

Demonios, posesas y seres imposibles

En tiempos de superstición, exaltada fe y carencias de todo tipo no es extraño que el Maligno hiciese a menudo de las suyas. Eran habituales los procesos en los que se afirmaba la realidad de un pacto demoníaco o se acusaba al reo de conjurar los malos espíritus para provocar el daño ajeno, tener «demonios familiares» o pertenecer a una secta satánica o brujeril.

Se escribieron múltiples tratados y compendios sobre la figura del demonio y la forma de combatirlo, adiestrando a los exorcistas cual soldados de Dios contra las fuerzas infernales. En 1631, diez años después de subir al trono Felipe IV, el doctor Gaspar Navarro, canónigo de Montearagón, publicó el pintoresco compendio de supersticiones demoníacas que entonces eran consideradas por muchos de sentido común, el citado libro *Tribunal de superstición ladina*. En él, dividido en 37 capítulos, sus tesis demoníacas, llamadas «Disputas», donde pretendía ridiculizar muchas de aquellas creencias, tenían títulos tan sugerentes como «Del saber que tiene el Demonio para revelar a los adivinos»; «Si puede el demonio conservar un cuerpo vivo sin comer, y de algunas cosas que hacen en los cuerpos muertos de sus amigos los magos, que parecen milagrosas y no lo son, como son hablar y conservarlos sin corrupción alguna»; «Apariciones así de demonios como de almas»; «De los raptos de los hechiceros que vulgarmente llaman arrobos. Y del maleficio que usa el Demonio con las brujas para sufrir los tormentos».

Al Maligno y a los que trataban con él se les atribuía la capacidad de provocar tempestades, causar enfermedades, mudar a hombres en animales, etc. El demonio estaba presente en todos los actos de la vida cotidiana del Siglo de Oro. Visible o invisible, juguetón o pendenciero, pero siempre malicioso, para los españoles del siglo XVII su presencia servía para explicar todos los misterios de cualquier índole, principalmente aquellos más morbosos y tétricos. El contagio de las creencias diabólicas alcanzaba a eruditos y teólogos reputados, como el citado Gaspar Navarro. Más atrevido fue el doctor Juan Rodríguez, capellán del convento madrileño de la Encarnación Benita, quien llegó a declarar que era lícito tratar al demonio; mientras, fray Antonio Pérez escribió diversos libros aprobando las consultas con el espíritu del mal, según recogió a finales del siglo XVIII Juan Antonio Llorente en la monumental obra *Historia de la Inquisición española*.

Fue célebre durante los siglos XVI y XVII el llamado «diablo cojuelo», que no solo dio nombre a una célebre obra de Vélez de Guevara, sino que era invocado habitualmente por hechiceras y celestinas, que recurrían a sus «malas artes» para realizar conjuros y filtros amatorios. En 1633 el Tribunal de la Inquisición de Toledo procesó a una mujer llamada Antonia Mexía que declaró que otra acusada, de nombre Beatriz,

> habrá seis años que dijo a esta que tomase un pedernal y le pusiese la mano encima y dijese: estos cinco dedos pongo en este muro;/ cinco demonios conjuro:/ a Barrabás, a Satanás/ a Lucifer, a Belcebú/ al Diablo Cojuelo,/ que es buen mensajero,/ que me traigan a Fulano luego/ a mi querer y a mi mandar.

Cojuelo, a pesar de tener una pierna algo dañada, era «diablo bullidor y zaragatero, aficionado a bailes y holgorios y a meter en danza a los mortales, haciéndoles ganar el infierno alegremente», según recoge un manuscrito de la época.

Eran también comunes en el Siglo de Oro las apariciones demoníacas, o así al menos se deduce de los testimonios recogidos en *Avisos* y *Noticias* contemporáneas. Pellicer cuenta un caso que tuvo lugar en 1641, según el cual un hortelano del monasterio de doña María de Aragón, «habiendo hecho voto de castidad, trató de casarse sin obtener dispensación. Y tres días antes de efectuarlo, una noche, 13 de abril, estando acostado con estos pensamientos, vio un demonio que le sacó de la cama y le arrastró grande rato por su aposento, dándole golpes como suyos».

Por su parte, Jerónimo de Barrionuevo refiere que: «Un fraile descalzo franciscano, en Granada, que le tenían por santo, le hallaron, según se dice, ahorcado, y oyeron decir en el aire a voces: "¡Quítenle el hábito, que nos queremos llevar el cuerpo al infierno, ya que tenemos allí el alma!", y que lo hicieron así».

El hechizo de Felipe IV

El caso más célebre de hechizamiento regio en el siglo XVII sería el del malogrado Carlos II, que precisamente ha pasado a la historia como «el Hechizado». Sin embargo, parece ser que su padre, Felipe IV, también fue hechizado. Así al menos intentaba explicar el vulgo los veintidós años de privanza que ejercía el conde duque de Olivares sobre el rey. Se acusó al valido de haber tenido durante su juventud relación con algunos hechiceros de Sevilla y de que, ya como primer ministro, «leía el Corán», por lo que el cardenal Monti le delató al Santo Oficio.

Fue acusado también —al menos en panfletos y crónicas— de introducir como médico de cámara de la reina al mago don Andrés de León, que «maleficó diez camisas, perfumándolas con polvos muy finos, rojos o cenicientos —según la versión—». Además, se le relacionaba con el nigromante Miguel Cervellón, acusado de pacto con el diablo y con una mujer de nombre Leonor que vivía en la calle Barquillo y a la que acusaron dos vecinas de haberles confesado poseer «hechizos sin peligro, probados en la persona del rey por el conde-duque, y fabricados por una amiga suya, llamada María Álvarez».

Aunque algunos miembros de la Administración que tuvieron conocimiento del caso intentaron abrir diligencias, el conde-duque parece que no tomó represalias, por lo que el caso quedó en agua de borrajas. No obstante, en los últimos años del reinado de Felipe IV, ya muerto el valido, los rumores de un encantamiento resurgieron con mayor fuerza y hacia finales de 1661 corrió por los mentideros el rumor del hallazgo de extraños objetos que estaban destinados a hechizar al rey y al valido don Luis de Haro, recientemente fallecido. Pero sería en 1665 cuando el rumor corrió como la pólvora en las esferas cortesanas y el inquisidor general, P. González, y el confesor del rey, P. Juan Martínez, después de examinar una bolsita de reliquias y amuletos que el soberano llevaba consigo, hallaron «un libro antiguo, negro, de magia, y ciertas estampas con el retrato del rey, traspasadas por alfileres. Todo esto fue solemnemente quemado, después de una ceremonia de exorcismos, por el inquisidor general en la capilla de Atocha».

En la imaginación popular se daban cita demonios, duendes, magos, brujas, nigromantes..., personajes y bestias que convivían con las gentes y protagonizaban obras de teatro, novelas y coplillas. Quizá eran el reflejo del sentimiento del pueblo, un pueblo hambriento y desamparado, olvidado por sus gobernantes, que recurría al demonio para explicar los desastres de un imperio gigantesco que se venía abajo por su propio peso. El Siglo de Oro de las letras españolas, de bronce, o más bien de hojalata para las miles de personas que intentaban ganarse la vida y pululaban por las calles de las grandes ciudades, debería llamarse, tal vez, el Siglo del Maligno. Casi una herejía.

Energúmenas fingidas y monjas poseídas

No fueron menos los episodios de falsos posesos que recogieron crónicas, avisos e incluso obras literarias —el mismo Quevedo hizo alusión directa al tema en *La endemoniada fingida*—. En la *Relación de la endemoniada fingida* (que forma parte de la correspondencia entre varios padres de la Compañía de Jesús), una carta fechada en Valladolid el 27 de enero de 1635, se habla acerca de una embaucadora que ideó que estaba endemoniada por falta de recursos, quizá porque una de las cosas que solían exigir los «demonios» era que les diesen limosnas para salir del cuerpo del poseso —muy ingeniosos ellos—. Un sacerdote con diez años de experiencia en materia de «expulsar espíritus» la conjuró en una iglesia de monjas armado de una cruz, un Evangelio y agua bendita, instando a que las «cuarenta y dos legiones» que decía la energúmena tener en el cuerpo, se bajasen todos «a la uña del dedo pulgar del pie izquierdo, adonde por cuatro meses la dejasen comer, beber... sin que la hagan ningún daño, y que mientras él los ligaba la derribasen en el suelo con mucha honestidad». Tras darle muchas limosnas durante varios días, procedieron a exorcizarla de nuevo en otra iglesia, donde se reunieron más de doscientas personas. Al parecer, todos sudaban la gota gorda porque habían entrado en el cuerpo de la mujer «tres demonios para ayudar a Belcebú (que hablaba por su boca)». Finalmente, la desdichada acabó por confesar su engaño.

En Toledo se dio también el caso de un cura que fue llamado para exorcizar a una joven que «decía estar endemoniada, y no había sanado por más exorcismos que le había dicho un religioso». En la sacristía el párroco descubrió pronto que era una farsante y ordenó que le diesen dos docenas de azotes. Aunque empezó negando su culpa, el tormento provocó que finalmente confesara, afirmando que decía tener el demonio en el cuerpo «por miedo de que no la castigasen por cierto mal recaudo que había hecho con un mancebo».

Por aquellos tiempos, uno de los lugares a los que más le gustaba acercarse al Príncipe de las Tinieblas era nada menos que los conventos, principalmente de monjas. Durante el reinado del cuarto Felipe fue de gran relevancia el caso de las posesas del convento madrileño de la Encarnación Benita —más tarde conocido como de San Plácido—. Pero no fue el único. Y es que el XVII fue un siglo dado a las posesiones diabólicas en lugares sacros, y si en España tenía lugar el escandaloso caso de san Plácido, en el país vecino, Francia, gozó también de una gran popularidad el de las endemoniadas de Loudun en 1634, momento de esplendor del cardenal Richelieu —principal antagonista de Olivares—, que acabó con la quema en la hoguera del padre Urbain Grandier, también por cuestiones de índole más bien política que «demoníaca», al que acusaban de haber firmado un pacto con el diablo, documento de insigne valor que aún se conserva. Célebres fueron, además, los de las posesas de Aix-en-Provence y el de las endemoniadas de Louviers, todos ellos ocurridos en el mismo siglo, al otro lado de los Pirineos. El caso de Grandier sería narrado en un magnífico ensayo por el visionario escritor británico Aldous Huxley, pero poco después de los sucesos, estos serían recogidos en varias crónicas, hoy auténticas joyas de la brujomanía.

CAPÍTULO 10

LOS TEXTOS CRISTIANOS «MALDITOS»

Hemos visto cómo, a lo largo de su extensa historia, la Iglesia católica ha sido la principal institución responsable del secuestro de libros y manuscritos, y la encargada de catalogar los textos como «malditos» a través de su mano ejecutora, el Santo Oficio, además de incluir dichos escritos en los tristemente famosos índices de libros prohibidos, siendo los escritos de magia, los grimorios y los libros de ciencias ocultas, junto con los textos de dogmas heterodoxos y protestantes los más perseguidos. A partir de la creación de la Inquisición, la Santa Sede dio rienda suelta a una carrera imparable contra la herejía que condujo a muchos escritores, junto a brujas y nigromantes, a avivar el fuego de las hogueras por toda Europa y también en el Nuevo Mundo; aunque, y es importante resaltarlo, en la órbita protestante las ejecuciones de supuestas brujas y hechiceras fue muchísimo mayor, algo que suele olvidarse a causa de la llamada Leyenda Negra.

No obstante, y regresando a la ortodoxia cristiana, los llamados «ministros de Dios» no se dedicaron al «noble» oficio de la censura únicamente a raíz de la creación del tribunal inquisitorial y la publicación de las listas negras.[1] El cristianismo, casi desde su misma aparición, al igual que la mayoría de las grandes religiones, se dedicó a purgar aquellos escritos que no convenían a quienes manejaban los hilos para transmitir la que para ellos era la verdadera enseñan-

1. La institución inquisitorial dedicada a la revisión y censura de libros y otras publicaciones impresas fue la Sagrada Congregación del Índice, que funcionó entre los siglos XVI y XX.

za —la de los otros, el resto, en una historia largamente repetida por los siglos de los siglos, no podía sino estar equivocada.

Cuando la religión católica fue adoptada como el culto oficial del Imperio romano, en tiempos del emperador Constantino, todos aquellos manuscritos que no parecían, a los ojos de los ya por entonces magnates del espíritu, dignos de tan excelsa creencia, fueron destruidos y, por suerte, en algunos casos únicamente olvidados y recuperados para la memoria del hombre siglos más tarde. Me refiero a los conocidos como evangelios apócrifos y gnósticos, textos que ofrecían versiones diferentes y polémicas de las Sagradas Escrituras y de la vida de Jesús, y que fueron catalogados por los que heredaron el trono de Pedro y sus vasallos como auténticos «libros malditos».

Los obispos y cardenales no se enfrentaban entonces con religiones opuestas —aunque también las hubo— o «herejías» bien diferenciadas de su enseñanza; se trataba de crear toda una serie de mitos que fortalecieran la imagen de la Iglesia en todo el mundo conocido, sin lugar a discrepancias o cuestionamientos, y muchos manuscritos pertenecientes en un principio a su dogma ponían en peligro dicha estrategia política, sin duda, muy alejada de la espiritual que verdaderamente debían —y decían— seguir. Muchos textos atribuidos a seguidores de Jesús, algunos incluso coetáneos al Mesías, fueron condenados en beneficio de los únicos cuatro Evangelios que la Iglesia admite, incluso hoy, tantos siglos después, como verdaderos: los canónicos —compuestos por los llamados evangelistas: Mateo, Marcos, Lucas y Juan.

La misma historia de siempre. Ciertas personas y algunos libros cuestionaban la autoridad de los poderosos, y aquello no se podía permitir. Fue lo que siglos más tarde llevó a la Iglesia, a instancias de ciertos monarcas, a realizar masacres como la de los cátaros en el Languedoc francés o las de los valdenses en Calabria, entre muchas otras. La palabra de Dios era seleccionada por la mano del hombre para ajustarse a sus intereses. No es de extrañar, sigue sucediendo en pleno siglo XXI, como veremos en el último capítulo de este libro, que en su día hubiese engrosado el índice. O algo peor.

Los evangelios «malditos»

Se ha escrito, hilvanado e incluso divagado mucho en torno a la autenticidad y falsedad de los textos sagrados. La Iglesia católica no acepta ningún tipo de fisura en torno a los Evangelios canónicos mientras no duda en tachar de falsos y malditos aquellos escritos que aportan datos sutilmente diferentes o alternativos de las enseñanzas de Jesús.

El papa Inocencio I afirmó sobre los apócrifos lo siguiente: «Respecto a los otros [evangelios] que llevan los nombres de Matías, Santiago el Menor, o de Pedro y de Juan, y también el que lleva el nombre de Tomás, ¡no solamente hay que abandonarlos, sino incluso condenarlos!». Esta forma de proceder de la ortodoxia católica sería una constante, mantenida también en nuestros días; en su encíclica *Noscitis et Nobiscum* del año 1849, el pontífice Pío IX se refiere a los evangelios apócrifos como «lecturas emponzoñadas», y añade que los libros —religiosos o no— deben ser escritos por «hombres de sana y reconocida doctrina». Quién decide cuáles son esas personas preparadas para tan laboriosa tarea es otra cuestión.

Para reforzar su autenticidad, la Santa Sede afirma que los Canónicos fueron escritos por discípulos de Jesucristo, que el Nuevo Testamento es el libro mejor documentado de la Antigüedad —por los abundantes datos de diferente naturaleza que aporta sobre la época de Jesús— y que su historicidad está fuera de toda duda. Desde la aparición del cristianismo se hicieron numerosas copias en diferentes lenguas —latín y griego fundamentalmente— de dichos textos y los más destacados escritores del mundo antiguo los citaron en sus obras. Pero, aunque estas características son la principal defensa de la Santa Sede para verificar su autenticidad, lo cierto es que los Evangelios canónicos fueron escritos bastantes años después de que Jesús de Nazaret predicase en las tierras del actual Oriente Medio.

El primero de todos ellos es el evangelio de Marcos, que se escribió nada menos que en el año 70 d. C., unos cuarenta años después de la muerte del nazareno. Dicho evangelio es una versión extendida del *Urmarcus* o *Marcos Primitivo,* una especie de borrador que había escrito su autor años antes según las enseñanzas que Pedro recogió del Mesías. Marcos es considerado por la Iglesia el más fiel de todos los «contemporáneos» testigos de las enseñanzas de Cristo, sin embargo, nunca escuchó ni siguió a Jesús como discípulo. Todo lo que dejó escrito se fundamenta en el relato oral de lo acaecido, relato que pudo ser alterado a lo largo de décadas, por personas diferentes, aunque ese no es un tema abierto a la discusión para el Vaticano.

Un hombre, con buenas intenciones —eso nadie lo pone en duda—, recogió el legado de un profeta que murió cuando él apenas era un niño o ni siquiera había nacido y, sin embargo, todo lo que dejó impreso tiene, por fuerza, que ser verdad. Su autenticidad no puede cuestionarse, algo nada extraño si nos atenemos a lo que algunos papas han afirmado con contundencia, que dichos textos fueron inspirados por el Espíritu Santo a los evangelistas; se trata de escritura dictada «por la mano de Dios», lo que se dio en llamar escritura revelada. ¿Cómo podían entonces faltar a la verdad?

En la encíclica *Spiritus Paraclitus,* el papa Benedicto XV dejó escrito que: «Los Libros de la Sagrada Escritura fueron compuestos bajo la inspiración, o la sugestión, o la insinuación, y aun el dictado del Espíritu Santo; más todavía, el mismo Espíritu Santo fue quien los redactó y publicó». Pocos se atrevieron después, en el seno de la Iglesia y fuera de ella, a contradecir la férrea sentencia del sumo pontífice. Lo mismo sucede con la elección de un nuevo pontífice: si es el Espíritu Santo quien guía la mano de los ministros de Dios para elegir al sucesor de Pedro, momento en que por fin se lanza la fumata blanca, quién puede rebatir los designios divinos...

Si el evangelio de Marcos fue escrito cuarenta años después de la crucifixión de Jesús, y su autor no tuvo contacto directo con el más admirado profeta, junto a Mahoma, de la historia de la humanidad, el caso de los otros tres textos Canónicos es todavía más controvertido. Los siguientes, los de Mateo y Lucas, fueron concluidos décadas después. El de Mateo fue escrito en lengua griega en Antioquía, hacia el año 90 d. C., mientras que el de Lucas se terminó de escribir hacia el año 80 en algún punto de Grecia. Se cree que Mateo utilizó para su redacción dos documentos perdidos: el «Q» y el *Urmarcus* citado. Lucas utilizó, al parecer, las mismas fuentes, de ahí que ambos sean denominados evangelios sinópticos.

El de Juan, supuesto hijo de Zebedeo, es sustancialmente diferente a los tres anteriores y el único en el que se afirma la divinidad de Jesús. Fue escrito aún más tarde: al parecer en el año 115 d. C. Algunos investigadores han afirmado que dichos textos fueron modificados y engalanados intencionadamente por sus autores, con la finalidad de ajustar sus testimonios a unos intereses creados, aunque es difícil delimitar si dicha intencionalidad parte de los manuscritos originales o fue promovida posteriormente desde Roma bajo el mandato de ciertos papas y emperadores.

De lo que no cabe duda es de que las características y enseñanzas de Jesús, al igual que muchos de los episodios que se recogen en los Evangelios, poseen una sospechosa similitud con leyendas y mitos del mundo antiguo, de las religiones conocidas como mistéricas. ¿Pudo la Iglesia recoger algunas de esas influencias para perfilar la figura de Jesús y dotarla de divinidad? Parece vislumbrarse, según muchos investigadores e historiadores como Timothy Freke, Peter Gandy, Keith Hopkins o Margaret Starbird, que han penetrado en las enrevesadas raíces del cristianismo primitivo con la única intención de demostrar la verdad, sin intereses a favor de credo alguno, al menos eso parece desprenderse de sus estudios, una respuesta afirmativa.

Constantino, el censor de las Escrituras

En el superventas *El código Da Vinci,* el archifamoso Dan Brown recoge una teoría que, aunque famosa a raíz del arrollador éxito del libro y más tarde de su adaptación a la gran pantalla, lleva muchos años erigida como pilar sobre el que se asientan las investigaciones de muchos expertos en el cristianismo primitivo. Parece ser que, en el Concilio de Nicea, en el siglo IV de nuestra era, el emperador Constantino el Grande encargó la redacción de una «nueva Biblia» en la que únicamente fuesen recogidos aquellos escritos que hicieran hincapié en el carácter divino y sobrenatural de Jesús, mientras que aquellos —apócrifos— que resaltaran sus rasgos humanos o que no se ajustaban al tipo de divinidad requerida, debían ser destruidos o ignorados.

Al igual que en la historia de todo libro maldito, muchos evangelios, textos y extractos de diferentes seguidores de Jesús e historiadores paganos fueron condenados al fuego. El cristianismo enviaría siglos más tarde a las llamas de las hogueras obras heréticas, paganas, textos hebreos —como la Torá o el Zohar, *El libro del Esplendor,* el más importante escrito de las doctrinas cabalísticas— e incluso biblias en lenguas vernáculas; pero en un primer momento fueron los manuscritos de su propio credo los que sirvieron de leña para calentar las enormes estancias de la Santa Sede. Muchos hubieron de quemarse para poder acomodar a su gusto a obispos y pontífices en sus aposentos.

El primer emperador del Imperio romano que abrazó el cristianismo, hijo de la célebre Elena (que más tarde sería elevada a la gloria de los altares), Constantino —apodado el Grande—, convocó en la ciudad de Nicea, en Asia Menor, a todos los obispos cristianos de Oriente para unificar, en torno a su figura, la que acabaría siendo religión oficial del Imperio romano. Fue el 20 de mayo del año 325 de nuestra era. Tras siglos de persecuciones, los cristianos, que en un primer momento habían sufrido en sus propias carnes el estigma de la herejía, y serían devorados por las fieras en espectáculos circenses romanos —muchos de ellos celebrados en el Coliseo romano cuyas imponentes ruinas continúan desafiando la historia y maravillando al viajero—, lograrían edificar uno de los sistemas político-religiosos más relevantes y poderosos de la historia de la humanidad.

Para ello, habrían de renunciar a una gran parte de su fe y espiritualidad, a favor de una organización institucional férrea e indisoluble. Gran parte del entramado burocrático de la Antigua Roma fue incorporado, por Constantino, al orden interno de la Iglesia, por lo que esta se convirtió, en contra de las mismas enseñanzas de Jesús, en un conglomerado de poder, riqueza y férrea jerarquía. La reunión en Nicea fue considerada el primer Concilio Ecuménico de la historia cristiana, por su carácter universal; al parecer, asistieron unos trescientos obispos. El mayor fracaso fue el obtenido por la secta arrianista, capitaneada por Eusebio de Nicomedia: las doctrinas de Arrio fueron consideradas heréticas y perseguidas a partir de entonces, aunque el mismo Constantino mantuvo años después una cercana relación con Nicomedia, del que pudo haber sido pariente. No fueron los únicos, todos los grupos de cristianos gnósticos fueron condenados y sus escritos pasaron a ser perseguidos por una incipiente Inquisición que, aunque no se formaría oficialmente hasta el siglo XIII, para frenar la amenaza del catarismo, ya comenzaba a emerger, aunque lentamente, como principal instrumento represivo, de condena de libros y persecución de personas.

El emperador Constantino, y todos los obispos que le apoyaban, dejaron sentenciado el credo cristiano que, tras más de dieciséis siglos, sigue vigente:

> Creemos en un Dios Padre Todopoderoso, hacedor del cielo y la tierra, y de todo lo visible e invisible.
>
> Creemos en el Señor Jesucristo, Hijo de Dios, engendrado como el Ungénito del Padre;
>
> Dios de Dios; Luz de Luz;
>
> Dios verdadero de Dios verdadero;
>
> Engendrado, no hecho; consubstancial al Padre;
>
> Mediante el cual todas las cosas fueron hechas; tanto las que están en los cielos como las que están en la tierra; quien para nosotros los humanos y para nuestra salvación descendió y se hizo carne, se hizo humano, y sufrió, y resucitó al tercer día, y vendrá a juzgar a los vivos y a los muertos.
>
> Y en el Espíritu Santo...

El Credo Niceno, que sería modificado en varias ocasiones, continúa con unas frases que fueron más tarde eliminadas:

> A quienes digan, pues, que hubo cuando el Hijo de Dios no existía, y que antes de ser engendrado no existía, y que fue hecho de las cosas que no son, o que fue formado de otra substancia o esencia, o que es una criatura, o que es mutable y variable, a estos anatematiza la Iglesia católica.

Y, por supuesto, muchos «herejes» fueron anatematizados —excomulgados, maldecidos— por no cumplir a rajatabla los designios de la Santa Sede. Otros, además, fueron quemados vivos, sus escritos destruidos y sus credos erradicados de la faz de la Tierra; aunque está claro que no del todo, para bendición —esta sí— de los investigadores y curiosos de nuestros días.

Hay, sin embargo, profundas contradicciones entre estas palabras, admitidas como dogma trescientos años después de la predicación de Jesús, y lo que se afirma en muchos evangelios apócrifos e incluso en parte de los Canónicos. A pesar del silencio que todavía se guarda desde Roma, y de la supuesta no existencia, durante muchos siglos, de textos distintos a los «inspirados» por Dios a los apóstoles Marcos, Lucas, Mateo y Juan, dos descubrimientos de suma importancia, ambos acaecidos en los años cuarenta del siglo XX, han revelado profundas contradicciones en torno a la palabra de Jesús admitida oficialmente por el Vaticano.

Constantino sería el gran impulsor de la ortodoxia cristiana, consolidada como religión oficial del Imperio romano por Teodosio, pero el intento de integrar en un solo bloque oficial diversos evangelios, excluyendo otros textos, data apenas de unos años después de ser redactado el último de los escritos apostólicos, el de Juan, y fue obra, aunque parezca contradictorio, precisamente de un gnóstico —corriente perseguida por la ortodoxia cristiana más tarde—, Marción de Sinope. Este propuso su propio corpus, que se compondría de un *Evangelium,* el evangelio de Lucas, al que el susodicho amputó todas las referencias judaizantes, y que estaría constituido por un conjunto de epístolas atribuidas a Pablo. De esta forma se fue imponiendo una lista limitada de libros atribuidos a la inspiración divina que sería cerrada de forma definitiva por Constantino y Elena. Los demás, aunque importantísimos para aclarar la figura de Jesús y su predicación en Tierra Santa, fueron condenados.

Adentrémonos juntos en la aventura de los antiguos papiros de Nag Hammadi, parte de aquellos escritos perseguidos, y en las quebradas páginas de los Manuscritos del Mar Muerto. Sin duda, valió la pena esperar 1.600 años a que fueran reencontrados, rescatados de las áridas tierras del desierto.

Nag Hammadi. La palabra de Dios se tambalea

En el año 1945, cuando el mundo ponía fin a la que había sido la guerra más terrible de la historia humana, iniciada por el nazismo, un pastor egipcio, Mohammed Ali Samman, realizó un descubrimiento sin precedentes en la ciudad egipcia de Nag Hammadi —nombre que en árabe significa «Pueblo de alabanza»—, tan solo comparable al que dos años más tarde tendría lugar en Qumran.

Mientras Samman y un compañero cavaban la pedregosa tierra del desierto en busca de *sabakh*, un fertilizante natural necesario para su trabajo, la pala del pastor topó con algo duro: al desenterrarlo descubrieron una vasija de terracota de un metro de alto que parecía esconder algo en su interior. En un principio dubitativo de si debía o no romperla, pues en la zona estaba arraigada la creencia de que podía habitar en su interior un genio o un demonio, la codicia de encontrar oro en su interior empujó a Samman definitivamente a hacerlo.

Pero allí no encontró oro ni ningún otro tipo de piedra preciosa, solo una docena de libros encuadernados en cuero marrón que poco servían al pastor en su quehacer diario. Los llevó a su casa de al-Qasar y durante un tiempo indeterminado algunos pliegos sirvieron de leña para el horno del hogar. Estremece imaginar que todas aquellas líneas de tanto valor de la Antigüedad podían haber corrido la misma suerte, y jamás haber llegado hasta nosotros. Mohammed, como es evidente, no era consciente del incalculable tesoro que tenía entre sus manos, mucho más valioso que todo el oro del mundo junto, pero él era una persona cuasianalfabeta. Y, sobre todo, cuando la necesidad apremia, la cultura no es lo prioritario, por muy valiosa que sea.

Los dos pastores habían encontrado nada menos que cerca de mil páginas en papiro —quizá alguna más, pues parece ser que algunas se perdieron para siempre en las llamas de un horno casero—, 53 textos repartidos en 13 códices, cuya antigüedad, aunque profundamente discutida, parece datar del siglo IV d. C., algunos de ellos, incluso de mucho antes. Los manuscritos estaban escritos en copto sahídico y fechados en el siglo IV, al parecer, traducciones de textos griegos bastante más antiguos. La zona en que fueron encontrados, actualmente Nag Hammadi, fue en otro tiempo conocida como Xhnobockeion, lugar en el que san Pacomio, en el año 320 d. C. fundó el primer monasterio cristiano de Egipto. Sesenta y siete años después, el obispo Atanasios de Alejandría, siguiendo la ortodoxia impuesta por Roma, emitió un decreto en el que prohibía las escrituras no reconocidas por la Iglesia central. El Concilio de Nicea estaba surtiendo su efecto y los evangelios apócrifos corrían el peligro de ser totalmente destruidos. Esto provocó que algunos monjes locales copiaran unas 45 de estas escrituras en los citados 13 volúmenes, las sellaran en una urna y las escondieran en el desierto, donde permanecerían olvidadas durante casi 1.600 años.

Una vez encontrados por Samman, como ya señalamos, la suerte que corrieron los textos no fue la de llegar directamente a las manos de expertos y científicos, dispersándose de una forma que parecía sacada de una novela de espionaje. Además de perderse parte de ellos en el fuego, cuando el autor del hallazgo, asustado por posibles represalias, entregó los códices a las autoridades locales, los manuscritos fueron rápidamente vendidos en el mercado negro, y su historia, a partir de ese momento, recuerda a la de cualquier escrito maldito codiciado por tantos. Los códices fueron dispersados divididos en tres partes. La primera de ellas fue confiada al religioso al-Qummus Basiliyus Abd al Masih, y depositada más tarde en el Museo Copto de El Cairo, actual propietario de los textos, donde fueron estudiados por el egiptólogo francés Jean Doresse, quien resaltó la necesidad de encontrar el resto de los manuscritos perdidos para realizar un análisis en profundidad de ellos.

Una segunda parte de los escritos de Nag Hammadi cayó en manos del forajido Bahij Ali, quien los vendió por una buena cantidad de dinero al anticuario Phocion Jean Tano. Más tarde fueron comprados por una coleccionista italiana de nombre Maria Dattari. Finalmente, los manuscritos perdidos fueron encontrados, pero aún faltaba una tercera parte. Esta última, también vendida en el mercado negro, fue comprada por el anticuario belga Albert Eid, quien no la entregó a las autoridades egipcias. Tras años ocultos en una caja fuerte de Bélgica, fueron adquiridos por la Fundación Jung de Zúrich, gracias a la intervención del teólogo y profesor holandés Gilles

Quispel, experto en cristianismo y gnosticismo. Tras largos años en manos de traficantes y anticuarios, por fin los códices de Nag Hammadi podían ser traducidos y ofrecidos a la opinión pública. La irrefutable verdad de la ortodoxia cristiana no tardaría en tambalearse.

¿Qué escondían los manuscritos de Nag Hammadi?

El conjunto de libros de Nag Hammadi estaba formado por textos religiosos y herméticos, de claro corte gnóstico, algunas obras de sentencias morales, reescrituras de textos clásicos —curiosamente *La República* de Platón— y, lo más importante: parte de los llamados evangelios apócrifos. Su descubrimiento supuso una revolución en la historia de las religiones y, según muchos historiadores, obligaba a una reescritura del cristianismo. La Iglesia católica, sin embargo, se mantuvo en sus trece y condenó los textos como falsos, apócrifos y no inspirados por el Espíritu Santo. A pesar de haber pasado 1.600 años desde que los cristianos perseguidos los escondieran, y de hallarse en pleno siglo XX, la supuesta era de la razón y el pensamiento científico, los textos siguieron tildándose de falsos, «malditos» desde las altas esferas de la ortodoxia institucional. No importaba que sus páginas pudieran ofrecer información vital sobre las enseñanzas de los cristianos primitivos; que, probablemente, algunos de ellos fueran escritos incluso antes que los Evangelios canónicos —lo que les brindaría una verosimilitud mayor que la de estos últimos— o que revelasen la verdadera existencia de Jesús en la Palestina de su época. Cuestionaban 17 siglos de normas, leyes y «mandatos divinos». Para la Santa Sede eran, y continúan siendo en el momento de escribir estas líneas, textos cuasiheréticos escritos por personajes ajenos a la divinidad —lo que no quiere decir que algunos de los grandes eruditos de la Ciudad Santa italiana no estén realizando, al margen de otros análisis, minuciosos estudios de sus páginas.

Algunos de los textos recogían parte del conocimiento hermético proveniente de Egipto que pasaría a llamarse, los siglos posteriores, *Corpus Hermeticum* —en el *Asclepius* se recoge parte de estos dictados—. De claro corte gnóstico, con enseñanzas esotéricas reservadas a unos pocos elegidos, al igual que la mayoría de los evangelios encontrados, y con un lenguaje difícil, poseían una fuerte inspiración egipcia. El Códice IV de Nag Hammadi está compuesto por la *Ogdoada* y la *Enneada,* y un tercer tratado de título desconocido. Los tres textos exponían el corpus de la doctrina hermética y hablaban sobre el camino iniciático cuya finalidad era la «iluminación divina».

Sin embargo, a pesar del evidente interés que despiertan dichos textos esotéricos y herméticos, los más relevantes de todos los manuscritos encontrados en Nag Hammadi fueron los evangelios gnósticos de Tomás y Felipe, cuyo contenido, largamente olvidado por la Iglesia oficial, ofrece una visión muy distinta de las enseñanzas de Jesús a sus discípulos. Antes de adentrarnos en sus desconcertantes páginas, veamos una lista completa de los escritos «malditos» hallados en el Alto Egipto:

Códice I (también conocido como Códice Jung):

1. Oración del apóstol Pablo.
2. El Libro secreto de Santiago.
3. El Evangelio de la verdad.
4. El Tratado de la Resurrección.
5. El Tratado tripartita.

Códice II:

6. El Libro Secreto de Juan.
7. El Evangelio según Tomás.
8. El Evangelio según Felipe.
9. La Hipóstasis de los arcontes.
10. Sinfonía de la herejía 40 del Panarion de los arcontes.
11. La Exégesis del Alma.
12. El Libro de Tomás el Atleta.

Códice III:

13. El Libro secreto de Juan.
14. El Evangelio de los Egipcios.

15. Eugnosto el Dichoso.
16. La Sofía de Jesús Cristo.
17. El Diálogo del Salvador.

Códice IV:

18. El Libro Secreto de Juan.
19. El Evangelio de los Egipcios.

Códice V:

20. Eugnosto el Dichoso.
21. Apocalipsis de Pablo.
22. Apocalipsis de Santiago.
23. Apocalipsis de Santiago.
24. Apocalipsis de Adán.

25. Fragmento de Asclepio.

Códice VII:

26. La Paráfrasis de Sem.
27. El Segundo Tratado del Gran Set.

Códice VI:

28. Los Actos de Pedro y de los Doce Apóstoles.
29. El Trueno, intelecto perfecto.
30. *Authentikos Logos*.
31. *Aisthesis dianoia noèma*.
32. Paso paráfrasis de la República de Platón.
33. Discurso sobre la *Ogdoada* y la *Enneada*.
34. La Oración de acciones de gracias.
35. Apocalipsis de Pedro.
36. Enseñanzas de Siluanos.
37. Las Tres Estelas de Set.

Códice VIII:

38. Zostrianos.
39. La Epístola de Pedro a Felipe.

Códice IX:

40. Melquisedeq.
41. El Pensamiento de Norea.
42. El Testimonio de la Verdad.

Códice X:

43. Marsanès.

Códice XI:

44. La interpretación del conocimiento.
45. Exposiciones valentinianas.
46. Revelaciones recibidas por Allogene.
47. Hipsifrones.

Códice XII:

48. Las Sentencias del Sexto.
49. Fragmento central del Evangelio de la Verdad.
50. Fragmentos no identificados.

Códice XIII:

51. La *Protennoia* trimorfa.
52. Fragmento del 5.º tratado del códice II.

Lo más destacable de todos estos manuscritos —algunos repetidos en distintos códices—, además de su importante contenido histórico, es la forma en que fueron redactados, siguiendo los dictados de la doctrina gnóstica, que impregna la totalidad de los textos. Reflexionaremos, a continuación, brevemente sobre lo que en el seno de las religiones mistéricas de la Antigüedad se entendía por gnosticismo.

¿Qué es la gnosis?

Para poder entender los escritos de Nag Hammadi, y por extensión todos los textos apócrifos del cristianismo antiguo, entre ellos los evangelios de Tomás y Felipe, sin duda, los más relevantes, es necesario que nos detengamos por un momento en la noción de gnosis y qué se entiende comúnmente por gnosticismo.

La palabra *gnosis*, que proviene de la palabra griega *gnôsis*, «conocimiento», se erigió en concepto fundamental de la doctrina conocida como gnosticismo o movimiento gnóstico. Sus orígenes son bastante oscuros: surgido en el siglo II de nuestra era (aunque algunos autores lo creen bastante anterior, tanto que el mismo Jesús podría haber sido un seguidor de esta corriente; quién sabe) fue el principal competidor del cristianismo ortodoxo, que acabaría venciendo la batalla de la oficialidad. En sus años de mayor auge —siglos II al III—, el gnosticismo no constituyó un movimiento unificado; estaba formado por una serie de escuelas y maestros dispersos que, sin embargo, compartían algunos rasgos comunes, entre ellos el de alcanzar un estado de iluminación interior.

El gnosticismo fue una corriente de enorme importancia en Egipto y Palestina durante los siglos I al IV, condenado más tarde a desaparecer, si bien y, aunque perseguido, se mantuvo vigente en algunas escuelas de pensamiento muchos siglos después y fue la vía principal de conocimiento de diversas corrientes, generalmente esotéricas, como la alquimia o el hermetismo, que tuvieron su auge durante la apertura cultural del Renacimiento y que, más adelante, volverían a ser perseguidas, como hemos visto en capítulos precedentes y como siempre ha sucedido a lo largo de la historia. En el siglo XX el gnosticismo influyó sobremanera en el psicólogo Carl Gustav Jung, creador de la psicología analítica.

Aunque difícil de definir correctamente, pues su esencia se perdió durante muchos siglos, limitada al estrecho círculo de unos cuantos elegidos, para el francés Pierre Crépon,[2] el gnosticismo es un tipo especial de religiosidad, de actitud existencial. Según esta doctrina, los hombres que penetran el conocimiento a través de la sabiduría y alcanzan la gnosis, pueden acceder a la salvación divina. La gnosis sería, por tanto, una experiencia interior del hombre mediante la cual alcanzaría la iluminación; sería muy similar a la vía hacia el Uno cabalística, no en vano se encuentran tendencias gnósticas en el judaísmo, el islam, el hinduismo y la filosofía griega.

La historiadora Elaine Paigels,[3] una de las máximas autoridades mundiales sobre los evangelios gnósticos y el cristianismo de los primeros años, lo define como «el conocimiento de sí mismo como conocimiento de Dios». El enfoque literalista, agnóstico, promovido por Pablo de Tarso y erigido como oficial del cristianismo, es que Dios está fuera del hombre, fuera del universo, por lo que es necesaria la intercesión de mediadores, empezando por el papa, que nos pongan en comunicación con Dios. Para los gnósticos, sin embargo, profundamente influidos por las religiones mistéricas del paganismo, todo es Uno. De esta forma, según Timothy Freke:[4] «Cristo está en ti o tú estás en Cristo». Correspondería a la salvación por la contemplación, una comunicación con Dios buscando en uno mismo, sin la ayuda del papa ni de sacerdotes u obispos.

Siguiendo a investigadores como Keith Hopkins o Robert Eisenman, el gnosticismo promueve una religión para el individuo, para el hombre, no para una Iglesia. Consiste en hallar la divinidad por uno mismo: hay en el hombre una chispa divina de la que es inconsciente y que hay que despertar, a través de la iniciación que nos lleva a la transformación. La esencia del hombre no es el cuerpo —de ahí que se niegue muchas veces la apariencia física de Jesús en estos escritos—; necesitamos morir el cuerpo y resucitar a nuestra auténtica identidad, que es Cristo. Por ello, para el gnosticismo todos seríamos, tras la iluminación, un Cristo, pues todos somos hijos de Dios.

2. Crépon, Pierre, *Los Evangelios Apócrifos. Crónica oculta del Nuevo Testamento*, Madrid, Edaf, 2016.

3. Paigels, Elaine, *Los evangelios gnósticos*, Barcelona, Crítica, 2022.

4. Freke, Timothy, y Gandy, Peter, *Los misterios de Jesús. El origen oculto de la religión cristiana*, Círculo de Lectores, 2004.

En el evangelio de Tomás podemos leer: «Dijo Jesús: "Cuando saquéis lo que hay dentro de vosotros, esto que tenéis os salvará. Si no tenéis eso dentro de vosotros, lo que no tenéis dentro de vosotros os matará"» (Proverbio 70). En otra sentencia se puede leer: «Dijo Jesús: "¡Ay de la carne que depende del alma! ¡Ay del alma que depende de la carne!"». Para Peter Gandy y Timothy Freke, si quieres construir una Iglesia debes afirmar que la salvación solo es posible a través de ella. Si cada hombre puede alcanzar la divinidad, sin intermediarios, esta ya no tiene sentido alguno. Por ello el gnosticismo fue perseguido hasta su erradicación.

Esta idea de la Transformación, concepto básico del misterio de dioses como Isis, Mitra o Adonis, ponía en serio peligro la edificación de una «casa de Dios» profundamente poderosa y jerarquizada. Era una corriente «demoníaca», y sus textos, escritos malditos que había que destruir a toda costa. La casta sacerdotal se encontraba en peligro y aquello no podía permitirse. Como cualquier escrito hereje, o quizá con más razón por su peligroso contenido, los textos gnósticos de Nag Hammadi merecen el calificativo de «malditos» como pocos en la historia, al menos desde el punto de vista del cristianismo oficial. Los gnósticos fueron los primeros en ser clasificados de herejes por el cristianismo ortodoxo, fueron perseguidos sin misericordia y sus escritos condenados a desaparecer. Una de las muchas ironías de la historia ha permitido que gran parte de estos maravillosos compendios de sabiduría y espiritualidad llegasen hasta el hombre moderno, único capaz, al menos en parte, de entender dichos textos y no condenarlos de nuevo a las llamas, porque ¿qué hubiese sucedido si, en lugar de bien entrado el siglo XX, dichos manuscritos hubiesen sido encontrados por hombres de fe de siglos precedentes, en cuya visión de las cosas no tenía cabida la discrepancia? Probablemente los hubiésemos perdido para siempre. De esta forma, el pasado, tan desconocido para nosotros y siempre revelador, nos ha legado uno de sus más valiosos tesoros.

No obstante, y a pesar del progreso y la supuesta apertura mental del hombre moderno, en pleno siglo XXI los evangelios gnósticos siguen considerándose falsos testimonios, pero lo cierto es que pueden ser tan falsos o verdaderos como los Evangelios que en el siglo IV fueron seleccionados como canónicos. No hay que olvidar que estos últimos fueron «inspirados» por el Espíritu Santo, por lo que cuestionar su verdad sigue considerándose una grave herejía, y es que los siglos XX y XXI no han dejado de saborear también las mieles de la intolerancia. Y no solo de parte del cristianismo, más abierto en los últimos años desde algunos sectores a las opiniones disidentes, sino de muchas religiones y algunos sistemas políticos encubiertos que, bajo la bandera de la libertad democrática, continúan prohibiendo, censurando y condenando muchos textos, ideas y formas de entender la vida.

Gracias al gran descubrimiento acaecido en Nag Hammadi, el gnosticismo ha podido ser estudiado en profundidad por los expertos y su esencia, enriquecer nuestra mente y espíritu en una época marcada por un excesivo materialismo. A falta de más espacio para abordar un tema tan polémico como apasionante, me referiré únicamente al manuscrito considerado por los expertos el más importante de los encontrados en Egipto: el evangelio según Tomás.

Tomás, el evangelio de la polémica

A finales del siglo XIX unos investigadores franceses dieron a conocer un fragmento inédito del evangelio apócrifo atribuido al apóstol Tomás, textos escritos en griego y contenidos en papiro, hallados también en Nag Hammadi. Medio siglo después, en el gran hallazgo de los textos gnósticos, se encontró el texto completo, ubicado en el códice II, en concreto desde la página 32 hasta la página 51. La mayoría de los expertos coinciden en la autenticidad del manuscrito, cuya credibilidad es similar, e incluso superior, al resto de los Evangelios del Nuevo Testamento. Sin embargo, su contenido revela una forma de elaboración y de enseñanzas completamente diferentes a las contenidas en los textos Canónicos. Basado en la doctrina gnóstica, sus consejos y sentencias parecen estar reservados a un pequeño sector docto, a un grupo de elegidos capaz de interpretar correctamente el mensaje, en el que se insiste en la capacidad de alcanzar la divinidad por uno mismo.

La autoría del texto, que consta de 117 proverbios y diálogos cortos, probablemente pronunciados por Jesús, se atribuye a Judas

Tomás Dídimo, a quien el evangelio presenta como el hermano de Jesús. Estas enseñanzas fueron supuestamente reveladas por el mismo Mesías a Judas Tomás, quien, contrariamente a los autores oficiales del Nuevo Testamento, conoció de primera mano las palabras de Jesús y, lo que es aún más interesante, pudo haber alcanzado, como este —por lo que se desprende de algunas sentencias— la divinidad (si es que eso es posible, cuestión de fe), por lo que se habría convertido también en Cristo.

Estas revelaciones no podían, evidentemente, ser admitidas por la Iglesia, aun cuando fuesen verdaderas. Cuestionan todo el dogma sobre el que se ha edificado la Casa de Dios desde el siglo IV. Muchos investigadores de los señalados —Timothy Freke, Peter Gandy y Elaine Paigels especialmente— creen que de las palabras de Tomás se desprende claramente que el reino de los cielos, Dios, está en uno mismo, por lo que no sería necesaria la existencia de intermediarios. Dios está en todas partes y en cada uno de nosotros, mensaje de claro corte gnóstico. Esta es la principal razón por la que el evangelio de Tomás, junto a otros textos cristianos primitivos igualmente «peligrosos», fue tachado de apócrifo y de esta manera condenado.

¿Cómo es posible que la Iglesia, principal representante de las enseñanzas de Cristo, obviara la importancia de dicho texto cuando fue descubierto, si podía ofrecer mucha más información sobre el verdadero mensaje del Mesías? La respuesta no cabe sino hallarla en el mantenimiento de un gigantesco corpus de intereses creados originados con Constantino y el famoso Concilio de Nicea, y mantenidos (y blindados) en el tiempo.

La duda de si el texto es contemporáneo a Jesús o muy posterior (del siglo II) sigue vigente, una de las principales bazas de la ortodoxia —además de no ser, insisto, un texto supuestamente revelado por el Espíritu Santo— para tacharlo de falso y herético. Sin embargo, ¿cómo es posible que un texto que falta a la verdad, que nada tiene que ver con la doctrina de Jesús, se erigiese como fuente fundamental en la redacción de gran parte de los Evangelios canónicos? Y es así, según refieren los expertos y exégetas bíblicos. Dos terceras partes de los proverbios del apócrifo (otro fragmento de Isaías) los encontramos reflejados en los Evangelios de Mateo y Lucas.

Dichas coincidencias han llevado a diversos autores a plantear la hipótesis de que el *Documento Q,* al que aludimos anteriormente, sería simplemente otra versión de una colección de dichos de Jesús, al igual que el evangelio de Tomás. En la actualidad, se cree que dicho *Documento Q* pudo ser escrito por Felipe, también llamado el quinto evangelista, cuya obra habría servido de inspiración y base al resto de los evangelistas «oficiales». El evangelio de Felipe fue uno de los textos más relevantes, junto al de Tomás, hallados en Nag Hammadi, también de claro corte gnóstico. De ser cierto todo lo que se dice de ambos escritos, y es bastante probable, tachar dichos textos de apócrifos habría sido una de las mayores calumnias de la historia del cristianismo. Volviendo al escrito de Tomás, de la antigüedad del texto dan evidencias diversos testimonios literarios, probablemente muy posteriores a la redacción del apócrifo: Clemente de Alejandría citaba en su proverbio número dos, sin nombrar la fuente, en uno de sus escritos —la *Stromata (Remedios),* compuesta en el año 190 d. C.—: «El que busca no debe dejar de buscar hasta que encuentre. Y cuando encuentre se estremecerá, y después de estremecerse se llenará de admiración y reinará sobre el universo».

Dichos indicios, las citas literarias y la clara influencia en los apóstoles, refuerzan la teoría según la cual Tomás habría escrito su evangelio antes que el mismo Mateo. Al igual que en otras religiones, como la hebrea, se sospechaba que podrían haber circulado en el cristianismo antiguo colecciones con los dichos de Jesús, hipótesis que vino a ser confirmada con el descubrimiento de los evangelios de Tomás y Felipe en Nag Hammadi. Pero ¿cómo iba a admitir la Iglesia un dogma basado no solo en que cada uno de nosotros puede alcanzar la verdad por sí mismo, sino en que Jesús, «hijo único de Dios, engendrado, no creado», como se dejó escrito en Nicea, tenía hermanos, hecho que cuestionaba incluso la virginidad de María?

Ante la evidencia de que muchos textos, también los Canónicos, afirmaban esta realidad, la ortodoxia cristiana se apresuró a decir que dichos «hermanos de Jesús» no eran sino hijos de un matrimonio anterior de José. Nada así, sin embargo, siguiendo a los citados expertos, se recoge en las Escrituras. ¿Era esto verdad u otra manipulación de la verdadera historia de Jesús? ¿Quién miente, estas escrituras apócrifas, probablemente algunas contemporáneas al Mesías, o la Iglesia católica? Muchas preguntas sin una respuesta firme pero que, desde luego, despiertan gran desconcierto. Quizá, simplemente, sea más sencillo no saber, permanecer en la ignorancia, dentro de aquello que se nos dice que debemos hacer y creer, y aquello que no.

El evangelio de Judas

Antes de adentrarnos en el estudio de los Manuscritos del Mar Muerto, haremos un pequeño inciso para hablar de otra obra cristiana «maldita». Hemos mencionado a Judas Tomás Dídimo, uno de los apóstoles de Jesús, y luego estaba Judas Tadeo, otro de los doce apóstoles que sería conocido como «el Judas bueno». Pero había otro, el malo, el que vendió a Jesús por 30 monedas de plata, Judas Iscariote. Un personaje que pasaría a la historia como el prototipo de traidor, despreciado y vilipendiado durante más de dos mil años, quien, según las Escrituras —oficiales— se ahorcaría en un árbol en el lugar donde había tenido lugar el beso de la traición, al no poder soportar el peso de su conciencia. Pero ¿y si existiera otra versión, muy diferente, de aquellos hechos?

Eso es precisamente lo que mantiene el llamado evangelio de Judas, una obra apócrifa, que no está en la Biblia como podemos imaginar, al igual que los otros textos comentados, y que fue utilizada por el movimiento gnóstico de los cainitas.[5] Fue escrito en papiro y datado por el carbono-14 entre el año 200 y el 300 d. C., pero parece ser una traducción de un texto griego anterior que habría que situar, según los expertos, entre el año 130 y el 170 de nuestra era.

Se creía desaparecido, pero, como sucedió con otros «textos malditos», fue encontrado en la década de los años setenta casi por casualidad. Según se cree, lo descubrieron en 1978 una vez más unos

5. Los cainitas afirmaban que el Dios de Jesús no era el mismo que el de los judíos, por ello, veneraban la figura de Caín, que había sido rechazado por el Dios de Israel por haber asesinado a su hermano Abel según la narración del *Génesis* (Gén, 4, 1-18).

campesinos en el interior de una cueva funeraria en la localidad egipcia de Menia: se toparon con una vasija que contenía una colección de papiros encuadernados que formaban un códice en copto del siglo III o IV. Junto al citado *Evangelio de Judas,* se hallaban también otras tres obras gnósticas: la *Carta de Pedro a Felipe*, el *Apocalipsis* de Santiago y el *Libro de Alógenes.*

Consta de unas 250 líneas cuya traducción a un idioma moderno contrasta con los extensos relatos evangélicos, ya que solo ocupa alrededor de siete páginas. Se encuentra en un códice de 66 páginas, más de un tercio de las cuales permanecen ilegibles (y que podrían contener información vital sobre los primeros siglos del cristianismo).

En 1980, los campesinos que lo hallaron lo vendieron a un anticuario egipcio que lo sacó del país de forma ilegal y luego intentó venderlo, junto al resto del lote en el que iba incluido, por una abultada cifra: tres millones de dólares. Durante años circuló por varios países de forma ilegal hasta que, en 1983, un filántropo anónimo depositó el códice en una caja de seguridad de un banco de Nueva York, donde permaneció olvidado durante dieciséis largos años hasta que en 1999 la anticuaria suiza Frieda Nussberger-Tchacos anunciaba la venta de los manuscritos por 300.000 dólares, que fueron adquiridos en 2002 por la Maecenas Foundation for Ancient Art de Basilea, una fundación privada suiza comandada por el abogado Mario Roberti. Ese año se inició el complicado proceso de restauración de los textos, que estaban muy dañados, lo que llevaría varios meses de arduo trabajo.

Un año después, la fundación suiza vendía los derechos de edición y difusión de los manuscritos a la National Geographic Society. En 2004 la colección era presentada al público en París y en 2006 los textos eran publicados y traducidos a múltiples idiomas, causando un auténtico vendaval entre los creyentes.

Este valioso texto presenta al discípulo como uno de los preferidos —si no el que más— del Mesías y narra una supuesta conversación secreta entre Jesús y Judas que habría tenido lugar tres días después de la Pascua, donde Judas Iscariote recibe la misión más difícil de todas por parte de su Maestro, la de sacrificarse por todos los hombres traicionándole precisamente para cumplir el plan divino y que se desarrollaran las circunstancias que todos conocemos por los canónicos. Todo un tsunami para la ortodoxia cristiana que, una vez más, obligaría a reescribir todo lo que sabemos del legado y mensaje del Mesías.

Y, aunque algunos pudieran pensar que es una falsificación posterior, lo cierto es que san Ireneo ya habla de la primera edición del *Evangelio de Judas* escrito en griego en su obra *Adversus haereses* («Contra los herejes»), escrita hacia el 180 d. C., por supuesto de forma despectiva y como una tradición que hay que destruir:

> Y dicen que Judas el traidor conoció estas cosas y que solamente por haber conocido antes que otros la verdad, consumó el misterio de la traición. Por él dicen que fueron disueltas todas las cosas, celestiales y terrenas. Y aducen una ficción de este estilo, dándole por nombre Evangelio de Judas.

Los Manuscritos del Mar Muerto

Como si el destino estuviese aguardando a la década de los cuarenta del pasado siglo XX, una década no precisamente pacífica ni tranquila, para dar a conocer algunos de los libros perdidos más importantes de la historia del hombre, apenas dos años después de ser descubiertos los códices de Nag Hammadi, en 1947, aparecieron los famosos Manuscritos del Mar Muerto. De nuevo, e igualmente por casualidad, fue un hombre humilde el autor de un hallazgo de valor incalculable. El pastor beduino Jum'a y su primo Muhammed ed-Dhib buscaban una cabra perdida en los alrededores de las ruinas de Khirbet Qumrán, en pleno desierto, a orillas del lago salado conocido como Mar Muerto, cuando Jum'a descubrió una oquedad en la escarpada roca. Tras arrojar con fuerza una piedra, escuchó un sonido como de barra al romperse. Cuando entró en lo que parecía ser una cueva, descubrió algunas vasijas de antigua alfarería entre las que se encontraban unos polvorientos manuscritos de pergamino enmohecido envueltos en una tela.

Los dos primos trasladaron los manuscritos a su campamento y allí, de forma muy similar a lo sucedido en un primer momento con los de Nag Hammadi, fueron colgados de un poste, y permanecieron durante algún tiempo prácticamente olvidados. Existe el rumor de que algunos fueron utilizados para hacer fuego, algo que, de ser cierto, supondría una desgracia para el mundo de la arqueología y la investigación, que ya llorara la penosa destrucción de muchos de los códices encontrados dos años antes. Al principio fueron tratados con desprecio, como sucios trapos inservibles, ignorantes sus descubridores de la importancia capital que tenían y que podía haberles hecho ricos. Analfabetos y pobres, los beduinos vendieron los pergaminos al mejor postor, o quizá al único, un zapatero que hacía las veces de anticuario llamado Khalil Eskander Shahin, alias Kando, que los adquirió por apenas cinco libras.

A partir de entonces el destino de los escritos fue el de todo libro maldito que se precie, muy similar al de sus primos hermanos de Egipto: pasaron de mano en mano vendiéndose entre traficantes de antigüedades y mercenarios que los trataron sin cuidado alguno, cual baratijas. Algo después, el archimandrita Athanasius Yeshue Samuel, del convento sirio ortodoxo de San Marcos de Jerusalén, compró los manuscritos, también a un bajo precio, ante la sospecha de que pudiera tratarse de textos de gran valor.

La importancia del descubrimiento aún no había sido revelada, aunque los pastores únicamente habían hallado el cinco por ciento de la colección total de pergaminos que después saldrían a la luz tras una batalla campal entre arqueólogos y mercenarios. Los primeros descubrieron muchos más textos, o más bien partes de ellos, en diferentes cuevas, hasta llegar al número de once, en los alrededores de Qumrán, pero en numerosas ocasiones gentes del lugar que pretendían comerciar con ellos, ante la evidencia de su importancia, se les adelantaron.

La historia de estos textos está rodeada de polémica desde el mismo día de su aparición tras muchos siglos olvidados en el desierto. Fueron reivindicados por el Gobierno jordano como de su propiedad, al ser encontrados en una zona que se hallaba bajo su dominio, aunque más tarde se iniciaría una larga guerra por su posesión. El establecimiento del Estado de Israel en el territorio de Palestina una vez acabada la Segunda Guerra Mundial, como forma de restituir el dolor sufrido por los judíos durante el holocausto nazi, no hizo sino empeorar las cosas.

Ni que decir tiene la terrible situación actual de la Franja de Gaza, una tierra regada de sangre y asolada por el odio.

Los manuscritos fueron trasladados numerosas veces de un lugar a otro para ponerlos a salvo, pero en cada traslado se deterioraban un poco más, y llegaron a ser protegidos incluso en una caja fuerte de la Embajada estadounidense establecida en la zona. Durante la Guerra de los Seis Días que tuvo lugar en Tierra Santa, muchos investigadores temieron por la seguridad de los pergaminos. Finalmente, no fueron ni la guerra entre Israel y Palestina —hoy tristemente tan presente— ni la pugna político-religiosa por conseguirlos las situaciones que más contribuyeron a poner en peligro la integridad de los textos, sino los propios estudiosos del material, que en un principio lo trataron casi tan mal como los mismos pastores beduinos que los hallaron.

Las condiciones en las que se llevó a cabo su análisis no merecen otro calificativo que el de patéticas, dada la enorme importancia de los manuscritos y su incalculable valor: cuenta Stephen Hodge[6] que, para unir los fragmentos, los investigadores utilizaron materiales como cinta adhesiva e incluso papel adhesivo del que se usaba en los pliegos de los sellos postales. Los fragmentos (pues casi ninguno de los manuscritos fue encontrado intacto) eran dejados sobre bandejas, sin ningún tipo de protección, sometidos a la acción del sol, muy potente en una zona como Oriente Medio; en las mesas de trabajo se mezclaban los trozos de pergamino que debían ser unidos con ceniceros llenos de cigarrillos y tazas de café, y se llegaron a sacar potentes fotografías (muy útiles más tarde, eso sí, por la degradación que sufrieron los textos, haciendo visible el refrán de «no hay mal que por bien no venga») utilizando luz infrarroja sin ningún tipo de filtro para poder revelar los trazos de escritura en partes de los manuscritos que se habían oscurecido con el tiempo. Y eso no es todo, los «expertos», aunque sin duda merecen otros epítetos, pintaron fragmentos que eran ilegibles con aceite de clavo para poder obtener una mayor legibilidad de los mismos. A todas estas auténticas barbaridades, más dignas de niños haciendo manualidades que

6. Hodge, Stephen, *Los Manuscritos del Mar Muerto*, Madrid, Edaf, 2002.

de eminentes arqueólogos e historiadores, se unió todo un cúmulo de intereses creados y secretismo que duró casi cuarenta años.

Los primeros investigadores

En un primer momento únicamente investigadores católicos tuvieron acceso al inédito material. Bajo la supervisión de la Comisión Bíblica Pontificia, cuyos designios eran dictados por el Vaticano, el padre dominico Roland de Vaux se encargó de dirigir al grupo de analistas y estudiosos de los pergaminos. El carácter marcadamente antisemita de muchos de estos investigadores evitó que durante décadas la comunidad judía, principal interesada por su contenido (la mayoría de los escritos versaban sobre la historia antigua del judaísmo y estaban escritos en hebreo) pudiera estudiarlos.

Todo aquel círculo de secretismo, agudizado por problemas políticos, llevó a que algunos investigadores como Michael Baigent y Richard Leigh,[7] autores del famoso y algo más que heterodoxo ensayo *El enigma sagrado*, plantearan la hipótesis de una conspiración del mismísimo Vaticano para evitar que salieran a la luz grandes secretos relacionados con la vida de Jesús y el cristianismo primitivo. El tiempo ha demostrado, una vez hechos públicos los rollos, que la Santa Sede, a pesar de su habitual tendencia al oscurantismo, no tenía mucho que esconder, a diferencia del caso de los escritos de Nag Hammadi.

Es cierto que muchos de los contenidos traducidos indican una posible relación de Jesús con los autores de los mismos, si bien estas coincidencias no son tan claras como para llevar a cabo una conspiración de tales dimensiones (sí había razones para ella, insisto, en relación con los evangelios apócrifos, en concreto el de Tomás, que como vimos ponía en entredicho aspectos importantes del dogma cristiano oficial), aunque siempre quedará la duda de cuáles fueron realmente las intenciones de la Iglesia sobre los rollos.

7. Baigent, Michael y Leigh, Richard, *El escándalo de los manuscritos del mar Muerto*, Círculo de Lectores, 1993.

Aunque probablemente exagerada, la teoría de la conspiración cobró mayor fuerza cuando el citado De Vaux, que falleció en el año 1971, concedió los derechos para el estudio de los textos en su testamento a otro dominico, el padre Pierre Benoit. ¿Qué tenían los católicos que esconder? Probablemente, como afirma Hodge, no demasiado, la actuación de De Vaux podía explicarse, al margen del planteamiento conspiracionista, por su marcado antisemitismo (no quería ni oír hablar de que historiadores judíos estudiasen los textos, que consideraba de su propiedad) y la tendencia general del erudito a acaparar para sí mismo y su cerrado círculo aquello que entraba dentro de su campo de estudio.

Cuando Benoit murió, en 1986, los textos pasaron a manos de otro católico, John Strugnell, quien, junto a sus colegas, no había publicado ni un solo texto encontrado en Qumrán en nada menos que treinta y tres años. Tras una entrevista en la que desveló su faceta antisemita y antiisraelí, fue supuestamente presionado y obligado a dimitir, por lo que las autoridades hebreas pusieron el proyecto en 1991 en manos de Emmanuel Tov, profesor de estudios bíblicos de la Universidad Hebrea de Jerusalén, quien, sin embargo, perpetuó la regla del secretismo iniciada por sus antagónicos predecesores, prohibiendo el acceso a los textos excepto a unos pocos individuos de su confianza.

Sin embargo, nadie podía evitar ya, ni siquiera el egocéntrico Tov, el acceso de eruditos de toda índole a unos textos que, cual libros «malditos», parecían condenados a permanecer ocultos. Finalmente, comenzaron a publicarse fotografías y traducciones de los mismos en la revista de la Biblical Archaeology Society en septiembre de 1991. Por fin, tantas décadas después, comenzaba a desvelarse un misterio milenario.

Los escritos hallados en Qumrán

Tras el hallazgo de nada menos que once cuevas a orillas del Mar Muerto, donde se descubrieron fragmentos de manuscritos, los textos comenzaron a ser clasificados. ¿Con qué se toparon arqueólogos y filólogos? La mayoría de los manuscritos correspondían a pasajes bíblicos del Antiguo Testamento, algunos de ellos inéditos, o versiones diferentes de historias ya conocidas. Los siete manuscritos originales encontrados en la que fue bautizada como Cueva 1, descubierta por los pastores, fueron los siguientes:

1. Una copia del Libro de Isaías.
2. Otro fragmento de Isaías.
3. Un comentario de los dos primeros capítulos de Habanuc.
4. El *Manual de la disciplina* o *Norma de la comunidad*, una valiosa fuente de información sobre la secta religiosa de Qumrán, a la que supuestamente se debe la copia de los manuscritos.
5. Una colección de salmos y alabanzas conocida como *Himnos de Acción de Gracias*.
6. El *Libro del Génesis* con notas en arameo.
7. *La norma de la guerra*, un extraño y extraordinario relato apocalíptico que narra la inminente lucha de los llamados «Hijos de la Luz» contra los «Hijos de las Tinieblas» en los últimos días antes del fin de los tiempos.

Abordar la colección completa del Mar Muerto sería imposible, tanto por la falta de espacio como por la desviación en la intencionalidad de este libro. El lector interesado puede adentrarse en las páginas de magníficos volúmenes íntegramente dedicados al tema que se ofrecen en la bibliografía. Citaremos, no obstante, algunos de ellos por la importancia de su contenido. Debemos señalar, sin embargo, que el total de los fragmentos encontrados en Qumrán representa los restos de 850 manuscritos, pero de ellos no ha sobrevivido más del cincuenta por ciento, por lo que es evidente que mucha información vital de este combativo periodo de la historia de la humanidad permanecerá para siempre en el más absoluto de los misterios.

Entre los hallados en la Cueva 1, destaca la importancia del texto de Isaías, uno de los pocos que han llegado completos hasta nuestros días, *La regla de la Comunidad* y *La norma de la guerra*, de las que hablaremos en relación a la secta de los esenios.

De todos los pergaminos encontrados en Qumrán, la mayor parte corresponde a manuscritos bíblicos, los más antiguos que se conocen hasta el momento. Hasta el día del maravilloso descubrimiento, los textos hebreos conocidos más antiguos eran copias de los siglos IX y X d. C. realizadas al parecer por los Masoretes, un grupo de escribas judíos. Solo por su antigüedad, los textos de Qumrán suponen un tesoro de incalculable valor histórico y arqueológico.

El más sorprendente de los textos, por su naturaleza, es el conocido como «Rollo de Cobre» que, conservado en un soporte totalmente diferente al resto, tardó muchos años en poder ser leído. Su contenido se escribió en una plancha de cobre. Finalmente, pudo ser abierto gracias a una moderna técnica mediante la que fue cortado en tiras. Entre sus «páginas» se halló una lista, escrita en hebreo tardío, que contenía 64 objetos, la mayoría metales preciosos y joyas, que habían sido escondidos y procedían supuestamente del Tesoro del Templo de Jerusalén, además de las indicaciones precisas para encontrarlos.

No es difícil imaginar la expectación que despertó esta enigmática lista entre arqueólogos, aventureros y buscadores de tesoros. Por desgracia, hasta el momento, y tras interminables búsquedas, no han sido hallados. Muchos libros tachados de malditos en la historia se han caracterizado por contener entre sus páginas maravillosos conocimientos o claves para hallar tesoros escondidos en los lugares más recónditos. Ninguna de esas magníficas quimeras, sin embargo, ha sido encontrada jamás. O eso al menos es lo que nos han dicho. En el Rollo de Cobre se hablaba de una cantidad de nada menos que ¡60 toneladas de oro escondidas en algún lugar del desierto de Judea!

Al margen de la expectación despertada por este misterioso texto, los escritos que más polémica desataron fueron los que se referían a «la Comunidad», una secta que habitaba en el desierto a orillas del Mar Muerto durante la época del Segundo Templo, y que algunos investigadores, como el padre De Vaux, se apresuraron a identificar con los esenios, según este, una orden monástica ascética y célibe, aunque el tiempo demostró que el dominico se equivocaba en muchas cosas. Esta postura continúa siendo objeto de una agria polémica. Las excavaciones que tuvieron lugar años después en la zona, en la fortaleza de Masada, a algunos kilómetros de Qumrán y en los cementerios donde enterraban a sus muertos, demostraron que la secta no guardaba el celibato, pues encontraron los cadáveres de varios niños y mujeres que evidentemente vivieron con ellos.

Una época convulsa

La fecha en que fueron escritos los rollos es también motivo de agria polémica entre los especialistas. En un primer momento se fechó su redacción entre los siglos I y II a. C. Por los numerosos escritos bíblicos del Antiguo Testamento encontrados, se pensó que podía tratarse de escritos anteriores a la era cristiana. Sin embargo, ciertos investigadores eran reacios a creer que unos pergaminos pudieran haber sobrevivido más de dos mil años en unas condiciones tan inhóspitas como las que presentaba la zona del Mar Muerto. Se equivocaron, pues la paleografía y la datación del carbono-14, y más tarde la espectrometría con el acelerador de masas, demostraron lo que ya se sospechaba: que los textos fueron escritos durante el periodo del Segundo Templo, más o menos entre el año 200 a. C. y el 68 d. C., y que las condiciones del desierto, contrariamente a lo creído por algunos, contribuyeron precisamente a su conservación.

Admitiendo estos datos como verdaderos, aunque aún hoy existen muchas reticencias, las fechas en que fueron redactados los textos corresponde a una época de grandes tensiones en la zona de Palestina, abarcando, además, los años de peregrinación de Jesús y unas décadas después hasta que Tito, el último hijo del emperador Vespasiano, destruyó Jerusalén e incendió el templo, acabando con la revolución de los zelotes. Corría el año 70 d. C.

Al conocer las fechas aproximadas de los rollos, la teoría de la conspiración vaticana no tardó en reavivarse. ¿Ofrecían los textos información vital sobre la figura de Jesús? Algunos expertos, como Robert Eisenman, están absolutamente convencidos de que «la Comunidad» a la que se alude constantemente en los textos no sería sino un grupo de cristianos primitivos liderados nada más y nada menos que por el mismo Jesús. Hay, sin embargo, muchas contradicciones y cientos de preguntas en el aire. Para la Iglesia católica, por supuesto, no existe nada de realidad en todo esto. «La Comunidad» correspondería a un grupo de judíos denominados esenios que, alojados en el desierto de Judea, no tendrían nada que ver con la mítica figura del Mesías, pero ¿pudo haber sido el mismo Jesús un esenio? No parece que sea así, aunque es lo que creen algunos eruditos que podríamos tildar de heterodoxos y que los académicos no dudan en calificar de pseudocientíficos. Veamos.

Los esenios y los Rollos de Qumrán

Cuando De Vaux afirmó que la Comunidad que escribió los textos de Qumrán no era otra que la secta de los esenios, se basó en lo que el escritor y militar romano Plinio el Viejo, que visitó Palestina alrededor del año 75 d. C., dejó escrito sobre ellos:

> Al oeste [del Mar Muerto], los esenios se mantienen apartados de la orilla insalubre. Son un pueblo único y el más admirable del mundo, sin mujeres y que han renunciado al amor totalmente, sin dinero y sin más compañía que las palmeras. Gracias a la multitud de hombres nuevos que llegan, este grupo conserva un número constante de miembros; son muchos los hombres que, cansados de las fluctuaciones de la fortuna, son llevados por la vida a adoptar ese modo de vida. Así, aunque parezca increíble, durante millares de siglos, ha existido un pueblo que es eterno, aunque no se haya concebido a nadie, tan prolífico es para ellos el arrepentimiento de los demás de su pasado. Al sur de los esenios estaba la ciudad de Engadda, a la que solo supera Jerusalén en fertilidad y palmerales, pero que hoy se ha convertido en un montón de cenizas.

Sin embargo, como afirma el investigador Stephen Hodge, existen demasiadas incongruencias que nos llevan a pensar que el pueblo al que se refiere Plinio en su escrito no coincidía con el enclave de Qumrán. Además, en las descripciones de otros historiadores de la Antigüedad como Filón de Alejandría o Flavio Josefo, se afirma que los esenios eran un grupo célibe que rechazaba el contacto con las mujeres; pero, entonces ¿cómo es que en los cementerios de Qumrán se encontraron cadáveres femeninos y de niños? Probablemente porque la famosa «Comunidad» no correspondiera a los citados esenios.

¿Podía tratarse de los seguidores de algún Mesías que se ocultaban de las autoridades romanas? Un tema tan fascinante como complicado que probablemente nunca lleguemos a descifrar por completo. No obstante, Josefo se refiere a ellos como el grupo más numeroso después de los fariseos. Lo extraño es que, siendo tan importantes, no aparecen nunca mencionados ni en el Antiguo ni en el Nuevo Testamento, algo extraño sin duda. Por no haber, como señala el historiador Mariano Fernández Urresti,[8] no hay consenso ni siquiera sobre el origen de la palabra *esenio*. Puede proceder del sirio *hase,* que significa «piadoso», pero también del arameo *assaya,* que designa a los «sanadores», e incluso se pueden encontrar más derivaciones. Ante un panorama tan desolador, no nos queda sino resignarnos y esperar a que la historia nos brinde más pistas sobre su enigmático origen.

Veamos ahora, ya fuesen esenios u otra clase de secta los que allí se encontraban, las costumbres de esta misteriosa Comunidad que ha llevado a expertos como el citado Eisenman a afirmar que Jesús perteneció a ella, o al menos convivió con el grupo un cierto tiempo; ¿pudo ser durante 40 días y 40 noches en su famosa meditación en el desierto?

Coincidencias con los primeros cristianos

En *La regla de la Comunidad,* uno de los escritos más reveladores de Qumrán, se describen las costumbres de este misterioso grupo, al que a partir de ahora designaré como esenios, a pesar de las reticencias citadas, para facilitar la comprensión. El grupo estaba dirigido por el Guardián de la Comunidad, líder que debía ser obedecido por todos y en todo momento. Aquel que desease ingresar en la Comunidad debía superar un año de prueba; una vez superado este tiempo, se iniciaba su verdadera integración en el gru-

8. Urresti, Mariano F., *La vida secreta de Jesús de Nazaret*, Madrid, Edaf, 2005.

po por un periodo de dos años, tras los cuales el neófito, si todo discurría correctamente, debía prestar un juramento de obediencia. Hasta aquí no encontramos nada extraño, pero conforme avanzan en la descripción de sus costumbres, se encuentran sospechosas similitudes entre estos esenios y las actividades desarrolladas por Jesús y sus primeros seguidores: realizaban inmersiones en agua como forma de purificar el cuerpo, rito iniciático que recuerda mucho a la tradición bautismal cristiana promovida por Juan el Bautista, personaje que aún tiene más puntos en común con la comunidad esenia que el propio Mesías.

Se recoge también en *La regla de la Comunidad* la tradición de estos hombres como sanadores y estupendos exorcistas. ¿Aprendió el Mesías a realizar dichos rituales en el seno de la comunidad esenia? Aún hay más: el grupo se caracterizaba por su tendencia a profetizar acontecimientos, al igual que Jesús, anunciando el fin de los días (tras la lucha entre los Hijos de la Luz y los Hijos de las Tinieblas relatada en *La norma de la guerra*) y la destrucción del Templo de Jerusalén.

Es imposible afirmar con rotundidad, como no dudan en hacer Robert Eisenman y Barbara Thiering, que la comunidad de Qumrán y los primeros cristianos son las mismas personas; no hay pruebas suficientes ni definitivas para ello. Lo que sí debemos es incidir en todas estas coincidencias que, si bien no demuestran nada definitivo, despiertan el interés de los investigadores y estudiosos de los primeros tiempos del cristianismo.

La duda sobre esta relación parece diluirse aún más cuando abordamos la figura de Juan el Bautista, otro personaje clave del primer cristianismo profundamente mitologizado (su legendaria forma de morir, tras la que su cabeza fue entregada por Salomé a Herodías en una bandeja de plata, encuentra claras similitudes en mitos de religiones mucho más antiguas que el cristianismo). A diferencia de Jesús, Juan es descrito en los Evangelios canónicos como un asceta que seguía una sencilla dieta y vestía ropajes humildes. En Mateo (3,1) podemos leer: «En aquellos días se presentó Juan Bautista predicando en el desierto de Judea [...]»; al igual que los esenios, Juan parece ser un predicador que realiza su trabajo en el desierto de Judea, muy cerca de Qumrán. ¿Era entonces Juan un esenio? No lo sabemos, pero es mucho más probable que lo fuera él que Jesús, por la manera de actuar de ambos. No obstante, el Mesías adoptó muchas de las enseñanzas del Bautista, por lo que, si este pertenecía a «la Comunidad», es factible que los primeros cristianos participaran de las mismas costumbres. Asimismo, sabemos por los Rollos del Mar Muerto que la comunidad esenia mostraba una gran hostilidad hacia los sacerdotes del templo, de quienes afirmaban que se habían alejado de la Ley —la Torá—. En Mateo (3,12) Juan califica de «raza de víboras» a los sacerdotes fariseos y saduceos.

Los textos de Qumrán muestran, además, como ya anotamos, una línea claramente profética. Para quienes los redactaron, el fin los días estaba cerca. El mismo Juan Bautista afirma: «Arrepentíos, porque el reino de los cielos está cerca» (Mateo 3,2). Por lo que se desprende del contenido de los rollos, los esenios veían próxima la llegada de un Mesías, y con él el Apocalipsis y la venida del Reino de Dios.

Hemos aludido anteriormente también al rito iniciático del bautismo, ceremonia que igualmente parece que realizaban los esenios. La diferencia radica en que, mientras Juan lo consideraba como una transformación individual, única —realizada una sola vez—, la secta judía practicaba la inmersión diariamente, antes de la comida sagrada y probablemente en grupo, lo que se desprende de los baños encontrados en las ruinas de Masada. En *La regla de la Comunidad* podemos leer: «[...] y cuando su carne sea rociada con agua purificadora y santificada con agua limpiadora, quedará limpia por la humilde sumisión de su alma a todos los preceptos de Dios».

Aun a pesar de las diferencias, para ambos grupos el bautismo consistía en un ritual de purificación que pretendía erradicar el mal de la persona que era sumergida, el arrepentimiento para perdonar los pecados, como afirmaban los cristianos. Además, al comenzar su misión divina, Juan predicaba y bautizaba a las orillas del río Jordán, cerca de Qumrán, hacia el norte. Lucas (1,80) afirma que sus años de formación los pasó en el desierto, hábitat de la comunidad esenia. Supuestamente el Bautista había nacido en el seno de una familia de sacerdotes, e incluso su padre parece que predijo que su primogénito pasaría su vida preparando a los fieles para la llegada del fin de los días.

Juan profetizaba la llegada del Mesías, un hombre que liberaría a los elegidos, al pueblo de Dios, cerca del fin de los tiempos. Una visión muy similar la encontramos en el citado texto de *La norma de la guerra*. Además, en el manuscrito conocido como *La regla de la Comunidad* aparece citada un par de veces una expresión recogida por el evangelista Lucas en referencia a Juan: «La voz que clama en el desierto», por lo que es posible que alguno de los literalistas cristianos, como Lucas, dispusiera de alguno de estos textos o conociera la existencia de «la Comunidad», e incluso, quién sabe, la supuesta relación de Jesús y Juan con los esenios. Lo que está claro es que son demasiadas coincidencias para no ser tenidas en cuenta a la hora de estudiar los primeros tiempos del cristianismo, los años de predicación de Jesús.

Hay que reconocer, sin embargo, que existen también importantes diferencias en las que se apoya la ortodoxia para negar esta posible relación. El principal rasgo distintivo entre el Bautista y «la Comunidad» radicaba en sus principios dogmáticos. Mientras los esenios, tremendamente elitistas, formaban un círculo cerrado, sectario, Juan bautizaba e impartía sus enseñanzas a gentes de todo tipo y condición, incluso a aquellos que los esenios habrían considerado sus enemigos, como los soldados y los recaudadores de impuestos. Una diferencia notable, sin duda, a la que se agarran los negacionistas de dicha teoría para descartarla.

Yeshua, Qumrán y la manipulación de los Evangelios

La figura de Jesús —Yeshua, según su antigua forma— y sus andanzas como predicador también muestran ciertas similitudes con lo expuesto en los rollos «malditos» de Qumrán, si bien estas comparaciones están abiertas a una mayor polémica entre los estudiosos y en el seno de la Iglesia católica que la figura del Bautista, ya que esta institución no acepta como válido ningún posible indicio de vínculo entre su máxima figura y el grupo de los esenios.

Será difícil encontrar paralelismos si, como señala el estudio llevado a cabo en 1993 por doscientos eruditos bíblicos, no puede ser considerado como auténtico más del veinte por ciento de las palabras atribuidas a Jesús en el Nuevo Testamento, lo que vendría a corroborar la teoría de una manipulación histórica iniciada con Pablo de Tarso —al que algunos estudiosos como Eisenman relacionan con el personaje del Mentiroso que aparece recogido en los rollos— y más tarde con Constantino en Nicea. De ser cierto, lo que parece muy probable cuando es analizado y verificado por los más reputados investigadores, muchos de ellos católicos, es probable que muchas de las coincidencias entre Yeshua y los esenios no respondan sino a una adaptación de los textos cristianos. Ya sabemos que muchos de los escritos de Qumrán desaparecieron hace siglos —muchos de ellos incluso pocos años después de ser escondidos en las cuevas—, lo que convierte en nada descabellada la teoría según la cual algunos de estos escritos pudieron ser utilizados por los primeros cronistas del cristianismo (ahí podría radicar la razón por la que no existe mención alguna a la comunidad de los esenios en el Nuevo Testamento, cuando a decir de los expertos está demostrado que tuvieron cierta relevancia en los tiempos del primer cristianismo).

Pero centrémonos en las sospechosas coincidencias entre los seguidores del Mesías y los escritos de «la Comunidad», unos escritos que siguen manteniendo para muchos su carácter «maldito», sin duda, por lo que su contenido implica en parte para el dogma establecido. Aunque, como señala Hodge, Jesús fue un hombre devoto y santo que habría compartido muchas de las ideas de su doctrina con los *hasidim,* existen ciertas similitudes que llevan a pensar que Yeshua estaba más cerca de las enseñanzas de los esenios que de cualquier otro grupo de la Palestina de la época.

Hemos señalado que «la Comunidad» asentada en Qumrán promulgaba la colectividad y una forma de vida que excluyera la posesión de bienes y riquezas. Del mismo modo, Jesús advertía a sus seguidores que una riqueza excesiva no servía sino para corromper al hombre —algo que debieron olvidar muchos de nuestros queridos obispos y cardenales, a pesar del obligado voto de pobreza—. Parece ser que, además, los primeros cristianos seguían la costumbre de colectivizar sus bienes. En los *Hechos de los Apóstoles*, Lucas (2, 44-45), podemos leer lo siguiente: «Todos los que creían vivían unidos y tenían todo en común: vendían las posesiones y haciendas y las distribuían entre todos, según la necesidad de cada uno».

Ambos grupos seguían la concepción de lo que Stephen Hodge ha dado en llamar «dualismo escatológico», según el cual la humanidad estaría dividida entre el bien y el mal, entre la luz y la oscuridad, idea que se desprende tanto del contenido de *La regla de la Comunidad* encontrada en Qumrán como del *Evangelio de Juan* y el *Libro de la Revelación*. No obstante, existe una marcada diferencia entre la forma en que los esenios actuaban respecto de sus enemigos y lo predicado por Jesús. Mientras los primeros incitaban a odiar y maldecir a los «Hijos de la Oscuridad», a sus enemigos —tanto los romanos como los sacerdotes del templo—, Jesús abogaba por todo lo contrario: «[...] pero yo os digo esto: ama a tus enemigos y reza por los que te persiguen» (Mateo 5:43). Parecen existir, sin embargo, algunas controversias sobre la actitud de Jesús respecto a este tema, pues uno de los episodios más célebres de su vida fue el ataque a los mercaderes a las puertas del templo, lo que contradice profundamente la enseñanza de «poner la otra mejilla». Asimismo, en uno de los textos de Nag Hammadi se describe al Jesús de la infancia como un niño vengativo y cruel, lo cual no hace sino avivar enormemente la polémica.

Volviendo a la posible relación del Mesías con «la Comunidad», existen aún más paralelismos entre lo que se afirma en los rollos y en el Nuevo Testamento: ambos condenaban el divorcio y los segundos casamientos como algo impuro, una actitud que se creía original de los primeros cristianos pero que el *Documento de Damasco*, encontrado igualmente en Qumrán, revela como propia también de los esenios. En cuanto a la comida ritual, a pesar de los añadidos posteriores que existen en las Escrituras sobre la Última Cena, tema en el que tampoco se ponen totalmente de acuerdo los literalistas cristianos, sabemos que Jesús bendecía el pan y el vino, al igual que la comida era bendecida por el sacerdote o Maestro de la Luz en los ritos gastronómicos de «la Comunidad»: «Y el sacerdote será el primero en extender la mano y bendecir los primeros frutos» (extraído de *La regla de la Comunidad*). Sobre este punto, el cardenal y teólogo francés Jean Daniélou[9] se atrevió a señalar en su obra *Los Ma-*

9. Daniélou, Jean, *Los Manuscritos del Mar Muerto y los orígenes del cristianismo*, Criterio, 1959.

nuscritos del Mar Muerto y los orígenes del cristianismo que «Cristo debe haber celebrado la Última Cena la víspera de la Pascua según el calendario esenio».

Pero aún hay más, y este es el punto de encuentro más relevante entre ambos grupos: los exorcismos. Sabemos por los Evangelios que Jesús realizaba estos rituales de expulsión de los demonios como forma de sanar a los enfermos. Los esenios creían, al igual que los fariseos —de cuyas enseñanzas también bebió profundamente Jesús—, que existían ángeles buenos y malos, y que conocer su nombre permitía parcialmente controlarlos, de manera que creían poder curar a un enfermo si expulsaban a los «ángeles malos» o demonios que se habían instalado en su mente.

Los esenios, por tanto, con fama de grandes sanadores, realizaban exorcismos como Jesús, lo que se desprende de documentos como el *Génesis Apócrifo,* también encontrado en Qumrán, una práctica que, al igual que la condena al divorcio, se creía originaria de Jesús, a pesar de que ya en el Antiguo Testamento encontramos relatos sobre posesión y exorcismos. Demasiados paralelismos que deben ser considerados, no obstante, con mucha cautela, pues ninguna similitud permite relacionar a Yeshua ni a Juan de forma definitiva con «la Comunidad» de Qumrán y los esenios. Aunque especular y soñar es gratis.

¿Cuál será el futuro de estos textos?

A pesar de la inmortal polémica suscitada y los ríos de tinta vertidos sobre el tema, del desprestigio al que han sido sometidos por numerosas instituciones y el descuido de su conservación, los hallazgos de los códices de Nag Hammadi y los Rollos del Mar Muerto merecen ser calificados como unos de los más relevantes de la historia de la arqueología y de la escritura. Negar su importancia, ignorándolos, como desde hace más de setenta años viene haciendo la Santa Sede, no muestra sino un profundo temor hacia el aperturismo y el descubrimiento de la verdad sobre Jesús y el primer cristianismo, verdad que hace tambalearse los cimientos mismos de una institución sempiterna.

Los escritos apócrifos y los pergaminos de Qumrán siguen, por desgracia, considerándose desde algunos sectores verdaderos textos «malditos», pues poco importa que entre sus páginas se encuentren las claves de un movimiento que, nacido en un pequeño territorio hace más de dos mil años, trascendiera milagrosamente las fronteras del tiempo y del espacio para erigirse como una de las tres religiones, junto al judaísmo y el islam, más importantes de la historia del hombre. Su contenido no importa, no interesa, simplemente se ignora. Solo el miedo lleva a prohibir, a quemar y a perseguir una de las cosas más preciadas que posee el hombre: los libros. La intolerancia y el temor lleva a las personas a encender hogueras y a convertir en ceniza la sabiduría y el conocimiento, del cristianismo al islam, del nazismo al comunismo. En las profundas enseñanzas de las religiones, desde tiempos inmemoriales, se encuentran los instrumentos que pueden llevar al hombre hacia la salvación y la visión divina, un profundo contenido espiritual que hoy parece no tener sentido alguno; otra cosa, muy distinta, es que dicha divinidad, de existir, se alcance de la forma en que se han empeñado en decirnos los que ostentan el poder.

CAPÍTULO 11

LOS ÚLTIMOS MALDITOS

El misterioso *Necronomicón*

Aquí hablamos de pura ficción, pero inspirada, sin duda, en ese poder y malditismo atribuido desde tiempos ancestrales a diversos escritos, lo que dio rienda suelta a la imaginación de uno de los autores más fascinantes y controvertidos del siglo XX, Howard Phillips Lovecraft, quien merece un hueco, aunque sea breve, en este recorrido por lo extraño. Uno de los libros malditos que han dado más que hablar en los últimos ochenta años entre estudiosos, historiadores y amantes de la ciencia ficción y la novela de terror es, sin duda alguna, el *Necronomicón* o *Libro de los nombres muertos*, el «Grimorio de los grimorios».

Entre sus páginas supuestamente se recogen las fórmulas y rituales necesarios para despertar a terribles dioses antiguos que dominaron el universo hace millones de años, y que permanecen dormidos en remotas regiones fuera de nuestro espacio-tiempo, esperando que algún alma atormentada o curioso insaciable abra el libro y los despierte. Son los Antiguos o Dioses Primigenios, que supuestamente llegaron a la Tierra antes de todo tiempo conocido, instaurando un reinado de terror, y que fueron expulsados por otras razas fuera de nuestra dimensión conocida. Sin embargo, permanecen en el Exterior, en palabras del caminante de Providence, esperando la oportunidad de volver a la Tierra y sumirla en un futuro terrible regido por la locura...

Lovecraft, gran apasionado del ocultismo y la magia negra, incluyó entre sus relatos, además de la enigmática historia del *Necronomi-*

cón, en la que enseguida nos detendremos, referencias a grimorios reales —y otros ficticios, en una amalgama difícil de desenredar— que probablemente conservaba en su biblioteca, muchos de los cuales hemos recogido en este trabajo. En *El caso de Charles Dexter Ward,* una de las mejores novelas del literato, podemos leer:

> La estrafalaria colección, junto a un conjunto de trabajos vulgares, que el señor Merritt no tuvo reparo en envidiar, reunía a casi todos los cabalistas, demonólogos y magos conocidos por el hombre; y era una isla del tesoro del saber en los dudosos territorios de la alquimia y la astrología. Los *Turba Philosophorum* de Hermes Trismegisto en la edición de Mesnard, el *Liber Investigationis* de Geber y la *Llave de la Sabiduría* de Artephius, estaban allí; junto con el cabalístico Zohar; la recopilación de Peter Jammy sobre Alberto Magno, el *Ars Magna et Ultima* de Raimundo Lulio en la edición de Zetsner, el *Thesaurus Chemicus* de Roger Bacon, la *Clavis Alchimiae* de Fludd y el *De Lapide Philosophico* coronándolo todo. Judíos y árabes medievales estaban representados con profusión, y el señor Merritt empalideció al coger un elegante volumen conspicuamente etiquetado y ver que se trataba, en realidad, del prohibido *Necronomicón* del árabe loco Abdul Alhazred, del que había oído susurrar cosas monstruosas unos años atrás, tras descubrirse ciertos ritos indescriptibles en el extraño pueblecito de Kingsport, en la provincia de Massachussets-Bay.

Alhazred, el árabe loco

Lovecraft afirmaba que el verdadero nombre del grimorio era *Al-Azif,* un término utilizado por los árabes para designar el ruido nocturno producido por los insectos que antiguamente representaban el murmullo de los demonios. El autor mencionó su existencia en el año 1927, hace casi cien años, a su círculo privado de amigos, a los que envió una especie de borrador que incluía la historia del grimorio maldito. Aunque su intención no era publicar el texto, un año después de su muerte, en 1938, la *Rebel Press* editó ochenta ejemplares en forma de panfleto con la historia del *Necronomicón,* a modo de homenaje al autor. Desde entonces, el misterio en torno a su historia no hizo sino incrementarse con el tiempo.

Su autor parece que fue Abdul Alhazred, conocido como «el árabe loco», un poeta que había huido de Sanaa al Yemen hacia el año 700 d. C. y que supuestamente pasó diez años en soledad en el desierto que se extiende al sur de Arabia, conocido como Roba-el-Khaliyeh o «Espacio Vital» de los Antiguos. Cuentan las leyendas que este lugar estaba habitado por monstruos terribles y espíritus malignos. Según Ibn-Khallikan, biógrafo de Alhazred durante el siglo XIII —un personaje curiosamente real, jurista, teólogo y gramático de gran fama en El Cairo, pero que seguro no fue biógrafo del autor del grimorio maldito—, en algún punto del desierto el árabe loco había descubierto la famosa Ilrem, una ciudad inencontrable conocida como Ciudad de los Pilares, bajo cuyas ruinas se encontraban los anales secretos de la raza de los Antiguos, deidades como Yog-Sothoth y Cthulhu, a la espera de ser despertadas.

Al parecer, cuando Alhazred vivía en Damasco escribió el famoso *Necronomicón,* nada menos que con sangre humana. Su muerte, en el año 738, está rodeada de un gran misterio: cuentan que fue asesinado y devorado, ya completamente loco, por un monstruo invisible en pleno día en presencia de múltiples testigos. Siguiendo los relatos de Lovecraft se puede reconstruir la trayectoria del misterioso grimorio. La forma en que el autor fue incluyendo referencias al mismo en sus escritos es un ejemplo de ingenio literario digno de su calidad literaria, aunque se dedicaría la mayor parte de su carrera a ganar dinero para sobrevivir corrigiendo los escritos de otros, por lo general mucho más mediocres. En el año 950, un tal Theodorus Philetas de Constantinopla tradujo la obra al griego, bajo el título de *Necronomicón* o *Libro de los muertos.*

A lo largo de un siglo se desataron terribles acontecimientos, al parecer debido a la existencia del libro, por lo que el patriarca Michael mandó destruir todas las copias en la hoguera —destino de todo buen libro maldito—. En el año 1228 Olaus Wormius lo tradujo al latín y en 1232, el papa Gregorio IX prohibió tanto la versión griega como la latina. Durante el siglo XV parece ser que en la ciudad española de Toledo se realizó una de las versiones —griega o latina—, ejemplar que se conservaría en el British Museum. En el siglo XVII pudo realizarse también una reedición, que se encontraría en la Bibliothèque Nationale de París, y una versión traducida al inglés antiguo se hallaría celosamente guardada en la Universidad de Miskatonic, en la ciudad de Arkham (Salem), entre otras versiones.

La edición árabe original se perdió en los tiempos de Wormius, aunque hay vagas alusiones a la existencia de una copia secreta, según Lovecraft, encontrada en San Francisco a principios de siglo, pero que desapareció en un gran incendio. Igualmente existía una traducción de John Dee, fascinante personaje que aparece varias veces en estas páginas y lo hará también en relación con el enigmático *Manuscrito Voynich*, copia que habría poseído el padre de Lovecraft, Winfield Lovecraft, y que podría ser la base de la conocida magia enoquiana de Dee.

El caso es que, a pesar de los estudios realizados por investigadores como Robert Turner, fundador de la sociedad Orden de la Piedra Cúbica, o el experto informático David Langford, junto a los «hallazgos» de personajes como el escritor estadounidense de ciencia ficción y terror L. Sprague de Camp, biógrafo del propio Lovecraft que afirmaba haber encontrado una copia del verdadero grimorio maldito —junto a los supuestos ejemplares guardados en los citados museos, que parecen ser, sin duda, falsos—, el texto continúa, si es que alguna vez existió, cosa que parece poco posible, desaparecido.

Lovecraft, atormentado por entes desconocidos

Si loco estaba el personaje de Alhazred, el hombre de cuya mente surgió todo este embrollo no parecía estar demasiado cuerdo. H. P. Lovecraft era un personaje atormentado, parece que —decía— receptivo a las voces de los Antiguos de los que hablaba en su obra; según algunos investigadores Lovecraft, conocido como «el profeta de Providence» —su ciudad natal, capital del estado de Rhode Island en Estados Unidos— presentaba signos de lo que algunos habrían tildado sin discusión de «posesión demoníaca»: odiaba la luz del sol y siempre escribía, al menos durante el día, con las cortinas echadas, bajo la tenue luz de alguna vela. Solía pasear solo por las noches, entre oscuras callejuelas que daban a los cementerios de la ciudad. Según quienes le conocieron, su temperatura corporal era anormalmente baja, lo que, para algunos ocultistas, sin duda imaginativos, es indicio de una posible naturaleza vampírica.

Parece que Lovecraft imaginaba los fantásticos y tenebrosos mundos que configuraron su cosmogonía particular en un estado a medio camino entre la vigilia y el sueño: inmensas ciudades perdidas de exóticas arquitecturas en el interior de la Tierra o en lejanos planetas, habitadas por criaturas ancestrales y poderosas, malignas y acechantes, que aún despiertan el temor de todo lector que se adentra en su obra. Parece ser que el oriundo de Providence tenía una extraña facilidad para moverse en lo que él llamaba «las tierras del sueño», en la frontera entre nuestra realidad y la dimensión en la que habitan esos extraños seres que pueden ser invocados.

La cosmogonía creada por Lovecraft a través de diferentes novelas y relatos, entre los que destacan los conocidos *Mitos de Cthulhu*, es fascinante y demasiado compleja para ser explicada aquí con detalle. Lo mejor que uno puede hacer es sumergirse en las páginas de su obra para intentar discernir si el *Necronomicón* y su extraño autor, Alhazred, existieron realmente o si eran solo fruto de la mente de un personaje atormentado, cuyos verdaderos demonios probablemente descansaran en su interior y no entre las páginas de libro maldito alguno. Nada mejor que las palabras del mismo Lovecraft para despedir este epígrafe dedicado al enigmático *Libro de los nombres muertos:*

> La horda del Sepulcro no otorga privilegios a sus adoradores. Son escasos en poder, pues solo alcanzan a alterar dimensiones espaciales de pequeña magnitud y a hacer tangible únicamente aquello que en otras dimensiones nace de los muertos. Tendrán dominio y potestad dondequiera que fueran entonados los cánticos en loor de Yog-Sothoth, si es la época propicia, pero pueden atraer a quienes abran las puertas que son suyas, en las moradas sepulcrales. No poseen consistencia en nuestra humana dimensión, pero penetran en la mortal envoltura de los seres terrestres y en ellos se cobijan y nutren mientras aguardan a

que se cumpla el tiempo de las estrellas fijas y se abra la puerta de infinitos accesos liberando a Aquél que, tras ella, intenta destrozarla para abrirse camino [...].

El *Manuscrito Voynich*, el texto indescifrable

A pesar del intento de muchos eruditos de siglos pasados por ocultar claves en sus libros a través de diferentes métodos criptográficos —o entre los trazos de imágenes y grabados de profundo hermetismo de las obras alquímicas—, las modernas técnicas informáticas han permitido desvelar la mayoría de los textos cifrados, incluida la *Esteganografía* del abad Tritemio que, a pesar de la genialidad de su autor, no ha podido resistirse a los avances de los ordenadores de última generación, o de la rabiosamente actual y cada vez más evolucionada inteligencia artificial y su inquietante *Machine learning* («Aprendizaje automático»).

Hay, sin embargo, una excepción, un texto que ha sobrevivido a todo intento por descifrar su contenido, el último de los libros malditos clásicos, el conocido como *Manuscrito Voynich*, escrito en una lengua desconocida, que, en la actualidad, se guarda celosamente en la Biblioteca Beinecke de Libros Raros y Manuscritos de la Universidad de Yale, catalogado como «manuscrito cifrado». Y, aunque en los últimos años se han desarrollado interesantes investigaciones que a punto han estado de desvelarlo, dando luz a nuevas hipótesis tanto o más controvertidas como las de antaño, no se sabe a ciencia cierta cuándo fue escrito, si bien algunos personajes que aparecen retratados en él muestran ropas y peinados que estaban en boga en la Europa de finales del siglo XV y principios del XVI.

Su nombre se debe a su descubridor, el polaco Wilfrid Michael Habdank-Wojnicz —Voynich por su voz en inglés—, nacido en 1865 en Grodno, entonces perteneciente a Bielorrusia. Tras una agitada vida (llegó a ser encarcelado por sus devaneos con grupos radicales comunistas en Siberia), se convirtió en un acaudalado e importante empresario que poseía una librería con textos raros y antiguos de gran valor en el número 1 de Soho Square, en Londres, lo cual no era poca cosa. Sus famosos «Catálogos Voynich», lujosamente ilustrados y detallados con una precisión increíble hasta completar nueve volúmenes, gozaron de gran fama entre los libreros de todo el mundo, y constituyen, aún hoy, otro gran misterio.

En cuanto al famoso manuscrito, Voynich lo compró durante su viaje a Italia en 1912 en busca de libros antiguos, en el colegio jesuita de Villa Mondragone en Frascati, no muy lejos de Roma. El volumen llamó la atención del librero desde el primer momento, pues a pesar de su gran experiencia en el mundo de los textos antiguos, el polaco no era capaz de identificar aquella grafía con una lengua conocida. Las numerosas y coloridas imágenes del manuscrito, también enigmáticas, influyeron en la decisión del hombre de negocios, que se llevó el libro a Inglaterra.

Junto a él, oculta en la cara interna de la tapa, Voynich encontró una extraña carta que versaba sobre la historia del manuscrito —aunque sin aclarar nada de forma definitiva— y que es conocida por los estudiosos como la Carta Marci. El manuscrito es un pequeño libro en cuarto, con una medida de 225 por 160 milímetros y que consta de 102 folios cubiertos por escritura e ilustraciones por ambas caras, aunque se sospecha que faltan unas 30 páginas, cuyo contenido —quizá de vital importancia para su desciframiento, quién sabe— y paradero se desconocen. Todo él está escrito con caracteres bastante claros —aunque desconocidos—, que recuerdan a los caracteres romanos, de corrido y de forma fluida, enlazando cada letra entre sí, sin espacios, lo que indica un amplio conocimiento de ese extraño tipo de grafía por parte del hasta ahora desconocido autor (aunque enseguida veremos que no hay pocos candidatos). Las plantas que aparecen en él son en su mayoría desconocidas, al igual que cierto tipo de animales representados.

El libro ha sido dividido, de una manera algo aleatoria, siguiendo únicamente como guía las diversas imágenes que contiene —pues se desconoce el contenido de lo escrito— en cinco secciones. La primera, conocida como *Herborística,* es la más extensa: 130 páginas; cada página, generalmente, incluye el dibujo de una planta y un bloque de texto que supuestamente la explica. Las especies que aparecen en el manuscrito, reitero, son totalmente desconocidas. Solo existen algunas con cierta similitud a plantas existentes, como una especie de girasol —extraño si tenemos en cuenta que es una flor procedente de América y damos por buena la datación del manuscrito—, conocida como el «girasol Voynich», y una con forma de pasionaria, si bien la flor que aparece en el texto es azul mientras que la verdadera es roja. El resto, según los biólogos, no existen en la naturaleza, lo cual constituye, junto a la desconocida grafía, uno de los mayores misterios del libro. La segunda sección se conoce como *Astronómica,* y muestra diversos dibujos de lo que parecen ser cuerpos celestes, además de signos astrológicos, si bien, como en la sección anterior, dichas constelaciones o galaxias eran totalmente desconocidas en el siglo XVI —muchas, en caso de que existan, incluso actualmente.

La tercera sección se conoce como *Biológica* y en ella se reflejan una especie de cisternas conectadas por medio de cañerías por las que discurre un extraño líquido de color verde, en el que aparecen bañándose mujeres desnudas, además de pequeñas figuras vestidas que aparecen dentro de una especie de cubos de basura. A lo largo de décadas se ha creído que dichos dibujos podrían representar un esquema simbólico de la circulación de la sangre o del aparato digestivo, aunque su verdadero significado continúa siendo un enigma. En la sección cuarta, denominada *Farmacéutica,* aparecen diversas ilustraciones de plantas y lo que parecen ser recipientes de boticario catalogados con etiquetas. Por último, el bloque final, denominado *Recetario,* presenta diversos epígrafes con líneas de texto señalados por una especie de asterisco, aunque, por desgracia, se desconoce lo que indican.

A pesar de las múltiples teorías que han circulado en torno a la autoría y origen del manuscrito maldito, la Carta Marci, por la importancia y aparente veracidad de su información, sigue siendo la principal fuente a la hora de situar históricamente el misterioso libro. Está fechada en el año 1666, dato corroborado por los análisis científicos, y firmada por un tal Johannes Marcus Marci de Cronland, rector de la Universidad de Praga por aquel entonces. Dicho personaje parece que envió cuatro cartas a un mismo destinatario, de las cuales conservamos tres, la conocida como Marci y otras dos de menor relevancia. La otra, de haber existido, desapareció con el tiempo.

El destinatario de las cartas es nada menos que el sacerdote jesuita y políglota alemán Athanasius Kircher, uno de los mayores expertos en traducción de textos extraños de su tiempo. Fue el primero en traducir el importante texto alquímico *La Tabla Esmeralda* del árabe al latín y fue conocido por su afición a coleccionar extraños objetos de todo tipo, generalmente artefactos mecánicos difíciles de encontrar, que reunió en el Gabinete de las Maravillas del Collegio Romano. Aunque considerado el mayor experto en antigüedades egipcias y en escritura jeroglífica, la mayoría de sus interpretaciones fueron erróneas, pues dicha escritura no fue descifrada en su totalidad hasta el descubrimiento de la famosa Piedra Rosetta por el historiador francés Jean-François Champollion, si bien no se le puede negar su carácter innovador, sin duda, adelantado a su tiempo. Ordenado sacerdote en 1628, bajo el hábito de la orden creada por san Ignacio de Loyola, intentó, como hicieran otros antes, descifrar el enigma del *Manuscrito Voynich,* tarea en la que fracasó estrepitosamente.

La Carta Marci fue de gran valor por situar por primera vez en la historia el misterioso texto «maldito». En ella Cronland escribe a su destinatario lo siguiente: «El maestro de idioma bohemio de Fernando III, el Señor Doctor Rafael, me ha informado de que el libro antedicho perteneció al emperador Rodolfo, que pagó por el libro 600 ducados. Él creía que su autor era el inglés Roger Bacon».

Por lo que se desprende de dicho escrito, el autor del manuscrito sería Roger Bacon y su propietario, al menos durante un tiempo, el emperador del Sacro Imperio Romano Germánico Rodolfo II, sobrino del monarca español Felipe II.

Bacon, Llull y Da Vinci...

Roger Bacon, personaje aún más enigmático que Kircher, fue uno de los más reconocidos sabios del siglo XIII. Nacido en Ilchester (Inglaterra) en el año 1214, de él llegó a decir Voltaire que era el padre de la filosofía experimental, muy posterior a su tiempo. Se le ha relacionado con la alquimia, la magia y las ciencias ocultas, aunque bien es cierto que destacó también como importante teólogo, filósofo, médico, botánico e incluso meteorólogo. Sus facultades para predecir el futuro son también celebradas incluso en nuestros días, pues llegó a vaticinar la creación de los vehículos a motor, ¡hace más de siete siglos!: «También será posible la construcción de vehículos capaces de moverse con fuerza inconcebible sin la ayuda de animales a tiro». A él se atribuyen también los primeros prototipos de vuelo —un siglo antes que los realizados por Leonardo da Vinci, aunque mucho más limitados— e incluso las primeras lentes, aunque esto último parece ser una atribución apócrifa.

Aunque no es seguro que Bacon (por las dataciones del texto, parece imposible) escribiera el texto, es conocida su opinión a favor del cifrado de textos, pues en una ocasión, según Marcelo dos Santos,[1] llegó a afirmar que los sabios debían abandonar la lengua común —entonces el latín— para escribir todos los libros en códigos cifrados que no estuvieran al alcance de los profanos. ¿Escribió él todos sus conocimientos secretos en el *Manuscrito Voynich*? Quién sabe. Es posible una respuesta afirmativa, pues los temas que parece recoger el escrito —plantas, signos astrológicos, etc.— entraban dentro del campo de conocimiento del autor, si bien existen, todavía hoy, muchas dudas sobre su autoría, pues el propio manuscrito parece haber sido escrito, incidiendo de nuevo en los ropajes y peinados de los personajes representados, al menos un siglo después de fallecido Bacon. Ciertos autores, por otra parte, atribuyen su redacción al sabio mallorquín Ramón Llull, otro de los más grandes pensadores heterodoxos del siglo XIII, casi contemporáneo a Roger Bacon. Dicha tesis es defendida, entre otros, por Mario M. Pérez Ruiz,[2] autor de un reciente libro sobre el tema.

Hace unos años surgió otra teoría, fruto de las investigaciones de la historiadora Edith Sherwood,[3] según la cual el desconocido autor pudo haber sido otro gran pensador y sabio, en este caso renacentis-

1. Dos Santos, Marcelo, *El Manuscrito Voynich, el libro más enigmático de todos los tiempos*, Madrid, Santillana Ediciones, 2005.

2. Pérez Ruiz, Mario M., *El Manuscrito Voynich y la búsqueda de los mundos subyacentes*, Barcelona, Océano, 2002.

3. VV. AA., *El Manuscrito Voynich. El libro más misterioso del mundo*, Málaga, Sirio, 2013.

ta, Leonardo da Vinci, quien lo habría redactado utilizando su técnica de escritura especular, lo que se ajustaría más a la posible fecha real del manuscrito. Según la historiadora, que ha centrado sus estudios en uno de los mapas del Voynich que contiene el símbolo de Aries, en el escrito aparece cifrada la fecha del supuesto nacimiento de Da Vinci, el 15 de abril de 1452. Si comparamos el tipo de grafía usado por el erudito italiano en sus legajos y manuscritos, esta es muy similar a la utilizada en el Voynich, si bien pocos son los autores que apoyan dicha hipótesis. Se sabe que Leonardo era un genio, del que se desconocen todavía, seguramente, muchas facetas, pero de ahí a atribuirle cada texto cifrado, cada pintura anónima, cada invento de la Europa moderna...

A pesar de caer en el terreno de la simple especulación, hoy día se erige con más fuerza, junto a la tesis de la autoría de Roger Bacon, la de que el Voynich no sea más que un engaño, un manuscrito que contiene una lengua inventada que habría sido escrito para engañar a su comprador, el anteriormente citado Rodolfo II de Bohemia, quien al parecer pagó por él, como se desprende de la Carta Marci, nada menos que 600 ducados, cantidad nada desdeñable que, según el investigador Gordon Rugg, equivaldría en la actualidad a más de 40.000 euros.

Rodolfo II, mecenas de alquimistas y eruditos

La historia de este emperador, introvertido y extraño como su tío Felipe II —con él estudió en España durante seis años—, es, sin duda, fascinante y triste a la vez. Primogénito de Maximiliano II de Habsburgo y María de España, hermana del citado monarca español, llegó a tocar el cielo (bajo su cetro se encontraba el extenso territorio del Sacro Imperio Romano Germánico) y a visitar los oscuros y llameantes recovecos del infierno. En los últimos años de su vida dejó que los conflictos de religión asolaran el país, recluido en una habitación en la que ni siquiera entraba la luz del sol, solo y prácticamente loco —el día que dejó de recibir a los embajadores de las cortes europeas y a los emisarios de la Santa Sede se vislumbró su final—. Pocos años después de su muerte, en parte debido a su mala gestión, comenzó la terrible Guerra de los Treinta Años.

Escribe Marcelo dos Santos algunas anécdotas que bien podrían ser apócrifas por lo insólito de su propuesta: que entre sus extravagancias se cuenta el haber poseído una gran colección de enanos —acondroplásicos, liliputienses e hipotiroideos—; supuestamente, había emitido la orden de que le fuera entregado cada niño enano que naciera a lo largo de todo el Imperio. Cuenta el mismo autor que Rodolfo tuvo unos cuantos hijos, deformes como él, con una criada, los cuales heredaron las rarezas y vicios de su padre. Uno de sus peculiares vástagos, llamado Julio César, llegó a asesinar a una de sus amantes, a la que apuñaló brutalmente en el vientre, para después cortarle las orejas, sacarle los ojos y los dientes, y destrozarle el cráneo a patadas. El demente homicida, sin embargo, parece que lloró mucho en el entierro de la joven y que clavó él mismo la tapa del ataúd.

A pesar de las tinieblas en las que se sumió el Sacro Imperio en los últimos años de vida de Rodolfo, en los momentos de esplendor su corte fue un hervidero de mentes prodigiosas, tanto del campo de la ciencia llamémosla «oficial» como de las ocultas: alquimistas, magos y astrólogos. En sus estancias se dio cobijo a pensadores de la talla del astrónomo, teólogo y filósofo italiano Giordano Bruno (que acabaría, como tantos otros, con sus huesos en la hoguera) o el sueco Tycho Brahe, uno de los más grandes astrónomos pretelescópicos, a quien el monarca facilitó incluso el castillo de Uraniborg y mantuvo de por vida. Brahe realizó unas importantes observaciones, que se conocen como «efemérides», que el mismo astrónomo bautizó como «Tablas Rudolfinas» en honor precisamente a su mecenas y que sirvieron al también astrónomo y matemático alemán Johannes Kepler a la hora de formular su teoría sobre el movimiento de los planetas.

Que Rodolfo II diera cobijo a pensadores de tal magnitud dice mucho a su favor, a pesar de sus excentricidades. Además, la corte germana fue el centro, al igual que El Escorial de Felipe II, de importantes operaciones alquímicas (se dice que el mismo monarca poseía un laboratorio en el que trabajaban reputados alquimistas en busca de metales preciosos). Rodolfo fue un apasionado de las ciencias ocultas[4] y en esa afición entra en juego el misterioso *Voynich*. Al parecer, fueron dos personajes relacionados siempre con lo oculto los que vendieron el texto al emperador: el mago y pensador John Dee y el también mago, y para algunos, charlatán, Edward Kelley.

Dee, Kelley y el supuesto engaño a Rodolfo II

John Dee fue un respetable erudito que llegó a ejercer como consejero de la reina Isabel I de Inglaterra. Versado científico, realizó importantes aportaciones a campos como las matemáticas, la navegación y la filosofía. Consideraba las artes y las ciencias una herramienta esencial para lograr el bienestar del hombre y a la vez para desentrañar los misterios del universo. Al parecer, su casa de Mortlake fue un importante centro de reunión para científicos de toda índole y color a partir de 1570. Su biblioteca ha pasado a la historia por ser una de las más completas de su tiempo, donde llegó a reunir más de 4.000 volúmenes y manuscritos de diversas materias, destacando los escritos de alquimia.

No obstante, su nombre ha pasado a la historia por ser el primero en otorgar estatus científico a la conocida como Magia Angélica. Según lo escrito por el mismo Dee, el 25 de mayo de 1581 se le apareció un ente desconocido, no humano, al que el mago designó con el nombre de ángel. Este le entregó un espejo negro que Dee llamaría la «Piedra de Visión» y que le permitió realizar experimentos de invocación de espíritus y de adivinación, un pedazo convexo de antracita extraordinariamente pulido que todavía se conserva en el British Museum. Esta sería la primera de una larga serie de visitas que llevarían a Dee a formular su teoría sobre el lenguaje enoquiano, que supuestamente englobaba las conocidas como claves de

4. Construyó en su castillo de Praga una enorme biblioteca conocida como la *Kunstkammer* («Cuarto de las Maravillas»), donde almacenó cientos de manuscritos sobre astrología, magia negra, ocultismo y alquimia, así como distintos artilugios mágicos e incluso autómatas, arcaicos predecesores de los modernos robots.

Enoch, el profeta que, según el mago, «fue trasladado sin experimentar la muerte y no se le encontró jamás».

El 10 de marzo de 1582 conoció a un extraño personaje llamado Edward Talbot, cuyo verdadero apellido era Kelley. Curioso insaciable y apasionado de las ciencias ocultas como Dee, ha sido acusado por diversos historiadores de simple charlatán que únicamente aspiraba a amasar una considerable fortuna y a conseguir fama en las cortes europeas. Ambos trabajaron durante años invocando a supuestos espíritus a través de una bola de cristal y la Piedra de Visión. Según el diario de Dee, sus experimentos con la magia ceremonial fructificaron en grandes resultados el año 1582. El mago parece que utilizaba diferentes médiums a los que hacía mirar en la famosa piedra de cristal, entre los que resultó ser Kelley el sujeto perfecto para sus experimentos, tras los que obtuvieron juntos un método sistemático —el ya citado lenguaje enoquiano— que servía para trabajar con las fuerzas y los poderes fabulosos de la naturaleza y que constituía una llave para forzar la entrada en otras dimensiones, extraños mundos pertenecientes a otras realidades.

Supuestamente, Dee había recibido de los ángeles sellos y tablas mágicas, junto con instrucciones concretas, para adentrarse en dichos universos paralelos, y que pasaron a ser conocidas como Tablas de Enoch. Gracias a ellas el mago inglés realizaba extraños rituales de magia ceremonial: en un altar colocaba las tablas y el conocido como sello de Ameth, los cuales debían taparse con una tela de seda roja orlada en verde que cubriera completamente los objetos. Sobre la tela se colocaba la Piedra de Visión, la bola de cristal y al parecer un espejo mágico que el erudito inglés también utilizaba para sus invocaciones, además de un anillo que el mismo Dee afirmaba haber recibido del arcángel Gabriel. Las Tablas de Enoch servían al parecer para proteger al oficiante de los espíritus malignos que pudieran ser atraídos durante el ritual. De esta curiosa manera John Dee, ayudado por Edward Kelley, era supuestamente visitado por los ángeles, que le desvelaban los misterios del universo y le indicaban las instrucciones que debía seguir en el mundo material.

Tras sus éxitos en el campo de la magia ceremonial y la invocación de espíritus, los dos magos decidieron en una ocasión viajar a

Praga, a la corte de Rodolfo II, donde realizaron extrañas operaciones alquímicas. Sería allí donde se produciría el «engaño» del misterioso *Voynich*. Los dos magos conocían la afición del emperador del Sacro Imperio a las ciencias ocultas (magia, alquimia, astrología, etc.); además, John Dee era un hábil codificador de textos y uno de los mayores expertos de su tiempo en lenguajes cifrados. ¿Pudieron Dee y Kelley redactar el controvertido manuscrito usando una lengua inventada —y por tanto indescifrable— únicamente para conseguir los 600 ducados que se supone fueron a parar a sus bolsillos? Desde luego es una opción, válida como otra cualquiera, aunque el misterioso *Voynich* parece encerrar un secreto mayor que el de la simple falsificación, a deducir por la importancia que le han otorgado infinidad de estudiosos, por las largas horas que muchos de ellos —incluidos hombres de gran inteligencia como Athanasius Kircher, Jacobus Sinapius de Tepenecz, farmacéutico y médico personal de Rodolfo II, o el mismo Wilfred Voynich, autor del hallazgo— pasaron intentando descifrarlo y fracasando en tan ardua tarea. Y por la extraña sensación que embarga a todo el que se acerca al manuscrito de estar ojeando una suerte de libro «maldito» y prohibido cuando se detiene en sus extrañas ilustraciones (una especie de dragón devorando una planta, algo parecido a un sapo, los signos astrológicos y las plantas «inexistentes»...) y su misteriosa grafía desconocida aún en el siglo XXI.

Para algunos autores, como el citado Jacques Bergier, el *Voynich* guarda entre sus páginas, como la *Esteganografía* de Tritemio o el inencontrable *Libro de Thot,* el secreto de un poder inmenso que podría cambiar los designios de la humanidad. Según el imaginativo autor francés, su lenguaje es indescifrable precisamente porque ha sido dictado por algún tipo de inteligencia no humana. ¿Extraterrestres? Sugerente, pero casi delirante. Dudo mucho que esa sea la naturaleza del manuscrito.

Durante el siglo XX el volumen dio mucho que hablar. Después de que lo encontrara Wilfred Voynich en el colegio jesuita de Villa Mondragone, y pasar media vida intentando, en vano, descifrarlo, fue vendido a su muerte, por su mujer, al librero Hans P. Kraus, quien lo puso a la venta por la abultada cantidad de 160.000 dólares.

Pero el libro dio mucho más que hablar hasta que cayó en manos del famoso librero, que no consiguió ni venderlo ni, al igual que sus antecesores, desvelar su secreto, a pesar de someterlo a las más modernas técnicas de decodificación y haber sido estudiado por los más reconocidos criptógrafos del mundo. Fue con un tal William Romaine Newbold, especialista en criptografía y lingüística de la Universidad de Pensilvania (Estados Unidos) cuando el asunto *Voynich* levantó una mayor polémica, impulsada por los medios de comunicación de medio mundo.

A sus manos llegaron en 1919, cuando el experto contaba cincuenta y cuatro años, unas fotocopias de las páginas del manuscrito, folios que despertaron en él una curiosidad casi patológica. Desde entonces, entregó su vida a decodificar el texto maldito. Los éxitos de Newbold en el campo de la criptografía eran notables; en 1920 llegó incluso a ser felicitado por Franklin Delano Roosevelt, futuro presidente de Estados Unidos y entonces alto cargo del Ministerio de la Marina, por haber descifrado una correspondencia entre espías cuyo secreto no habían podido desvelar ni siquiera las oficinas más especializadas de Washington.

Todos los acontecimientos en torno a Newbold y al *Voynich* están rodeados de un gran misterio. El experto dio conferencias por toda América afirmando que había encontrado una serie de claves y, sin embargo, jamás salió a la luz ninguna de ellas. Newbold murió en 1926, extrañamente afectado por algo —según el conspiranoico Bergier había sido perseguido y tuvo que ocultar las claves supuestamente encontradas—, y su compañero el profesor estadounidense Roland Grubb Kent publicó entonces sus trabajos, causando un verdadero revuelo entre la opinión pública.

Al parecer, Roger Bacon[5] conocía, según afirmó Newbold, que la nebulosa de Andrómeda era una galaxia como la nuestra, la estructura de la célula y la formación del embrión a partir del contacto entre el esperma y el óvulo, muchos siglos antes de que todo ello fuera descubierto, hipótesis esta última que Newbold dedujo de las extrañas ilustraciones de las cañerías por las que circula el extraño líquido ver-

5. Entonces se atribuía sin ningún tipo de cuestionamiento el manuscrito al inglés, a partir de los datos facilitados por la Carta Marci.

de al que hicimos referencia y que abundan en las páginas del Voynich. ¿O es que el criptógrafo había descubierto la clave para leer el texto desconocido?

Además, el criptógrafo pensaba, si hemos de creer a Bergier, que entre sus páginas se ocultarían nada menos que los secretos de las *novae*[6] y los *quasar*,[7] una fuente de energía superior, según Bergier, a la bomba de hidrógeno pero tan sencilla de utilizar que podría haber sido manipulada sin problema por un hombre del siglo XIII. Hipótesis arriesgada en demasía, más propia de un cuento de ciencia ficción que del mundo real en el que, sin embargo, el misterio del *Voynich* permanece impenetrable.

A partir de 1944 las investigaciones en torno al manuscrito fueron realizadas por William F. Friedman, especialista en criptografía militar, que utilizó un ordenador de la clase R.C.A. 301 y que llegó a la conclusión de que el mensaje del volumen no solo estaba cifrado sino escrito en una lengua totalmente artificial. Recordemos que el lenguaje enoquiano de John Dee había sido creado también artificialmente,[8] lo que vuelve a desviar la atención hacia la hipótesis de la falsificación para engañar a Rodolfo II.

En 1945, el investigador y criptógrafo aficionado Leonell C. Strong propuso que el manuscrito estaba cifrado desde un inglés medieval y su autor era el médico y astrólogo británico del siglo XVI Anthony Ascham, quien había publicado varios almanaques, obras astrológicas y un herbario. Según Strong, el nombre del autor estaba oculto en el folio 93 del *Manuscrito Voynich*, sin embargo, otros especialistas rechazaron de forma rotunda su propuesta para resolver el enigma centenario.

6. Estrellas que presentan de repente una gran luminosidad que se apaga lentamente.

7. Objeto astronómico que posee una imagen puntual, como las estrellas, y cuyo espectro presenta un notable corrimiento hacia el rojo. El primer *quasar* fue descubierto —oficialmente— en 1960 mediante un radiotelescopio. En 1970 se descubrieron los primeros *quasar* que emitían radiación visible.

8. Para algunos, dictado por los ángeles al mago, para los más, fruto de la desbordante imaginación del ocultista inglés.

Últimas investigaciones

Elijamos una u otra teoría, lo cierto es que el enigma del *Manuscrito Voynich* continúa dando mucho que hablar; no en vano, es el último de los grandes libros malditos que permanece sin descifrar. En 2009, volvió a primera línea de actualidad, al ser datado por un grupo de expertos de la Universidad de Arizona a través del método del carbono-14. Gracias a esta prueba, se sabe que fue elaborado a comienzos del siglo XV, concretamente entre 1404 y 1438. Eso echaría por tierra las teorías medievales sobre su creación —las de la autoría de Bacon o Llull— e incluso la posterior que habla de un engaño de John Dee y Edward Kelley, aunque el método del carbono-14 no es una prueba completamente rotunda, pues puede recoger impurezas de épocas anteriores o posteriores que darían errores en la datación del manuscrito.

La última investigación acerca del manuscrito tiene fecha reciente, y coincide casi con el momento de dar forma a estas últimas páginas: unos investigadores creen que podría tratarse de un manual cifrado sobre sexo, que contendría consejos ginecológicos y sexuales que el autor original podría haber ocultado para que no tuvieran acceso al él las mujeres ni los censores.

Han sido precisamente las extrañas imágenes de mujeres desnudas, que sostienen varios objetos junto a sus genitales o apuntando hacia ellos, las que pusieron sobre la pista a los investigadores del nuevo estudio: Keagan Brewer, de la universidad australiana de Macquarie, y su colega Michelle Lewis, quienes han publicado sus resultados en la revista especializada *Social History of Medicine* en los primeros meses de 2024.

Para los autores, dichos dibujos son una señal clara de que el *Voynich* contiene informaciones sobre genealogía y salud sexual, y basan su teoría en que los escritos y autores medievales del siglo XV fueron objeto de una fuerte censura, por lo que los códices sobre este tipo de asuntos solían encriptarse, temas llamados entonces «secretos de las mujeres».

Para Brewer y Lewis, la llamada «página de rosetas», la ilustración más grande y compleja del códice, formada por un desplegable de seis páginas que muestra un enorme y complejo dibujo circular en el centro, afirman que representa el coito y la concepción. Según explicó Brewer en una recensión publicada por el medio *online* especializado *The Conversation:*

> Nuestra propuesta está en consonancia con la cultura patriarcal de la época y resuelve muchas de las aparentes contradicciones del manuscrito. El estudio señala que en época medieval tardía se creía que el útero tenía siete cámaras y la vagina dos aberturas, externa e interna. Creemos que los nueve grandes círculos de las Rosetas los representan, con el círculo central representando la abertura interior. Los ocho círculos exteriores tienen bordes lisos, ya que representan la anatomía interna, mientras que el círculo central tiene un borde con forma porque representa la anatomía externa.

Y aún hay más: los autores se aventuran a apuntar una posible autoría, revelando quién sería el responsable de ese «códice secreto» que ha traído de cabeza a los investigadores durante cientos de años. Se refieren al médico Johannes Hartlieb (1410-1468), que vivió en la época y el lugar en el que se cree se realizó el *Voynich,* Baviera, en el Medievo tardío, un personaje de renombre que estuvo al servicio de Luis VII de Baviera, Alberto VI de Austria y Alberto III de Baviera.

El estudio aclara en relación a su persona: «Tuvo grandes aprensiones sobre la propagación de los secretos de las mujeres en la lengua vernácula bávara, que culminaron en una petición de "cartas secretas" para ocultar recetas de abortivos y anticonceptivos». Al parecer, la preocupación de Hartlieb era que mujeres cada vez más alfabetizadas pudieran leer sus escritos y utilizarlos para algo entonces inconcebible para un «hombre de bien» y probablemente devoto: para tener relaciones prematrimoniales, por lo que optó por usar un alfabeto secreto para ocultar recetas y procedimientos médicos que podían resultar en anticoncepción, aborto o esterilidad, asuntos «delicados» entonces como los ungüentos vaginales posparto, el placer sexual de las mujeres, las posiciones coitales «correctas» para la concepción o los cambios en la libido. Los autores citan otros casos de autocensura y textos cifrados relacionados con las relaciones sexuales y los genitales, por ejemplo, el de un manuscrito bávaro en el que se eliminaron dos páginas con recetas «para la invisibilidad y hechizos mágicos para coaccionar sexualmente a las mujeres».

Hartlieb fue un personaje singular que escribió tratados sobre asuntos no poco escamosos en tiempos medievales, cuando, como hemos visto, muchos autores de grimorios, alquimistas o especialistas en hechicería y magia sufrieron las iras de las autoridades, y fueron perseguidos y sus obras quemadas. En 1440 Hartlieb escribió un tratado sobre diferentes hierbas y sus cualidades, y en 1456 un tratado titulado *Libro sobre todas las artes prohibidas, superstición y hechicería (Das puch aller verpoten kunst, ungelaubens und der zaubrey)*, que contiene nada menos que la primera descripción conocida sobre el supuesto ungüento que utilizaban las brujas para volar a los aquelarres, como vimos en el capítulo dedicado a los «martillos». También realizó traducciones al alemán de autores clásicos y otros medievales, como Trótula de Salerno, Macrobio o Gilbertus Anglicus.

Es desde luego posible y sugerente que Johannes Hartlieb fuese también el autor del *Manuscrito Voynich,* pero hoy por hoy no hay una respuesta concluyente. Es una hipótesis más, que suma su nombre a la larga lista de personajes que engrosan la posible autoría del que es considerado el «Santo Grial» de la criptografía. El significado último del códice que perteneció a Rodolfo II de Habsburgo, el «emperador de los alquimistas», permanece inexpugnable 600 años después de ser escrito.

Codex Gigas: la biblia del diablo

Como hemos visto a lo largo de estas páginas, la crónica de los libros malditos es cautivadora, tanto por los contenidos prohibidos que albergan sus páginas como por el supuesto «malditismo» que rodea a los propios soportes escritos. Pero si hay un texto que despierta tanto la fascinación como el temor, y no es para menos, ese es, sin duda, el llamado *Codex Gigas,* conocido popularmente como «la biblia del diablo», cuya historia, donde una vez más la leyenda juega a los dados con la realidad, nada tiene que envidiar al relato lovecraftiano del *Necronomicón*.

El *Codex Gigas* ha sido datado a principios del siglo XIII, en una fecha aproximada entre 1204 y 1230. Es de origen desconocido y está conformado por 310 hojas de pergamino confeccionadas al parecer con piel de becerro. Sus páginas, manuscritas, están estructuradas en dos columnas, redactadas, según se deduce por el trazo, por el mismo amanuense, de identidad, reitero, desconocida.

Como reza su título en latín («Códice Gigante»), sus dimensiones son portentosas: 89 centímetros de altura y 49 cm de anchura; pero los expertos creen que pudo ser mayor, y que se redujera su tamaño en épocas posteriores, habiendo llegado a medir hasta 90 × 50 cm. Su peso es el de un varón adulto medio: 75 kilos. Increíble. Aunque no sabemos en qué *scriptorium* fue confeccionado, ni por quién, en una nota escrita en el primer folio se indica que los primeros propietarios de este magistral volumen fueron los monjes benedictinos del monasterio bohemio de Podlazice, cerca de Chrudim, quienes se vieron obligados a deshacerse de él, vendiéndolo a los monjes de Sedlec, pertenecientes a la orden del Císter.

En 1295 o 1296 el *Codex Gigas*, considerado ya una de las maravillas del mundo, fue adquirido por el abad Bavo de Netin, al frente del monasterio de Brevnov, el más grande de Bohemia. Su historia a partir de entonces está salpicada de «accidentes», pero antes de sumergirnos en su trayectoria comprobable, veamos qué ha provocado que sea considerado uno de los más peligrosos libros malditos.

Pactar con el diablo

Si nos dejamos absorber por las leyendas —y en este tipo de historias siempre es recomendable, pues, como los mitos, suelen contener entre sus portentos cierta traza de verdad—, esta nos cuenta, en un relato de grandes similitudes a los hechos que serían base del mito de Fausto, que un monje del citado monasterio de Podlazice, violando su condición monástica, cometió un terrible pecado y fue condenado nada menos que a ser emparedado vivo y morir de inanición. Para que le fuera condonada la pena, propuso al abad y al resto de la congregación crear una obra gigantesca que honraría la memoria del monasterio, un excelso códice que contendría la Biblia y toda la sabiduría del universo y que confeccionaría en una sola noche.

Por supuesto, sus colegas no le creyeron, pero lo encerraron en su celda con todo el material necesario para realizar el libro (o al menos intentarlo). Estuvo hasta medianoche, pero entonces fue plenamente consciente de que era una tarea sobrehumana que ni siquiera su probablemente sincera voluntad de contrición podría solventar, y no le quedó más remedio que invocar al Príncipe de las Tinieblas, a Satanás, y firmar con él uno de esos peligrosos pactos de consecuencias normalmente nefastas para el suscribiente de carne y hueso. A cambio, además de su alma (como es de rigor en estos casos), el rey de reyes del inframundo le puso como condición que apareciera una representación suya, origen —legendario— de una de las imágenes más chocantes y a la vez cautivadoras del *Codex:* un dibujo a toda página (y ya sabemos qué tamaño tenían las páginas) de un escalofriante demonio de estilo medieval, con cuernos, grandes garras, rostro verdoso, hipnotizadores ojos rojos y una larga lengua bífida.

A la mañana siguiente, el condenado presentó el *Codex librorum* a su congregación, y fue perdonado por tal proeza, pero, atormentado por aquel trato que lo condenaría eternamente a las llamas del averno, cayó en una especie de locura, encomendándose una y otra vez a la Virgen María para que intercediera por su alma pecadora. Cuenta la leyenda que la Purísima lo perdonó, pero justo cuando lo hizo, el penitente cayó al suelo muerto, mientras en la estancia resonaba la risa del Maligno proveniente de lo más profundo del infierno.

Por supuesto, nada de esto sucedió, y parece ser que es una leyenda mucho más tardía que la confección del manuscrito que, sin embargo, gozó de gran popularidad y divulgación en unos tiempos en los que no había ni bibliotecas públicas ni por supuesto mentideros de internet, instalándose en el imaginario colectivo de múltiples generaciones hasta el día de hoy. Con los años, la historia atribuyó la redacción del libro a un tal Herman el Recluso, también monje benedictino, condenado a ser emparedado vivo por su vida licenciosa.

Sin embargo, tampoco hay datos históricos que sostengan la existencia real de este religioso. Pero aún hay más: otra versión de la leyenda cuenta que, tras ser condenado —por un delito no especificado—, el monje convenció al abad para realizar el prodigioso códice en un periodo de un año —algo un pelín más verosímil—, pero tarea también imposible a pesar de que trabajó día y noche de forma febril; así, no le quedó más remedio que pedir ayuda a Satanás, de ahí el sobrenombre del códice: la biblia del diablo.

Esto es lo que narra la leyenda, pero veamos qué cuentan los hechos históricos y contrastables, lo que contienen los formidables pliegos del códice. Su grosor es de 624 páginas y presenta miniaturas iluminadas con tinta roja, azul, amarilla, verde y oro. Sobre su manufactura, una nota sobre la primera página del códice afirma que su primer propietario es el citado monasterio de Podlazice, cerca de Chrudim, en Pardubice (hoy República Checa); en ese punto coincide con la leyenda, sin embargo, investigadores y bibliófilos afirman que es difícil que fuese confeccionado allí.

Muestra enormes iniciales decorativas (algunas a página completa) que según revelaron unos análisis realizados a la luz de una lámpara ultravioleta, fueron realizados con insectos machacados, entre ellos la cochinilla, de la que se extraía (y se sigue haciendo en distintos procesos) el pigmento rojo. Los pergaminos se obtuvieron del procesamiento de 160 animales, probablemente becerros, según cuenta en un documentado artículo el doctor en Historia Eladio Romero García.

El contenido del códice

El códice reúne una amalgama de textos religiosos (bíblicos), históricos, relacionados con el campo médico y diversas anotaciones de distinta naturaleza. Al comienzo se encuentran los alfabetos griego, latino y hebreo, a los que sigue el Nuevo Testamento en su versión *Vulgata* (su traducción al latín del siglo IV). A ella se suma, en el campo historiográfico, *Antigüedades judías* y *La guerra de los judíos,* del historiador romano del siglo I Flavio Josefo; las *Etimologías* de Isidoro de Sevilla y siete textos de medicina de distintas épocas.

Después, se encuentra el Nuevo Testamento, también en su versión *Vulgata,* salvo los *Hechos de los Apóstoles* y el *Apocalipsis* de San Juan, en versiones de mayor antigüedad; y mucho más: un texto penitencial donde un hombre de Iglesia confiesa sus pecados, confesión que probablemente impulsó el surgimiento de la leyenda del autor del *Códex*. A este pasaje le siguen las dos famosas imágenes del manuscrito (opuestas la una a la otra) de la ciudad celestial y el citado «retrato del diablo». Y luego, contenidos más relacionados con lo mágico y lo sobrenatural que con la ortodoxia religiosa o la divulgación científica que probablemente contribuyeron a extender su leyenda «maldita»: dos instrucciones detalladas para practicar exorcismos (similares a las que se encuentran en los citados «Manuales de Exorcistas») y dos hechizos mágicos para prevenir el latrocinio: el primero indica cómo atrapar a un ladrón con la ayuda de un médium (que debe ser «un joven virgen e inmaculado», imaginamos que para atraer el favor de la divinidad) y el segundo da las instrucciones para ver en sueños «el robo que ha sucedido»: debemos sostener un naipe en la mano izquierda, invocar a Dios por su santo nombre y a los arcángeles, y convocar a los espíritus maléficos «para que abandonen su hogar y duerman».

Y aún hay más: el texto completo de la *Chronica Boemorum,* escrita entre 1119 y 1125 por el eclesiástico Kosmas de Praga; la regla de san Benito, así como otro contenido desconocido, pues faltan tres páginas en el códice que han despertado todo tipo de especulaciones a lo largo de los siglos; una lista de personas fallecidas a las que se otorgan indulgencias y se piden misas en Podlazice y un calendario con los santos bohemios y sus celebraciones. Sin duda, una obra monumental para la que se necesitaron muchos años de trabajo (no una sola noche). Los análisis han arrojado, por el trazo y otras particularidades, que la escritura pertenece, eso sí, a una sola persona.

Recuperando la técnica de escritura utilizada en el siglo XIII cuando fue confeccionado en letra minúscula carolingia, los expertos han deducido que, como mínimo, y trabajando casi de forma ininterrumpida a diario, una sola persona habría tardado unos cinco años en confeccionarlo. Y si tenemos en cuenta las miniaturas decoradas y los dibujos citados, se habrían necesitado diez años más; eso si el mismo escriba se hubiera dedicado exclusivamente a tal labor, lo que es imposible, por lo que, como mínimo, se habrían necesitado veinte años de trabajo. En las últimas páginas del libro, en la sección de necrológicas, aparece una firma en la que se puede leer «Inclusus Hermanus monachus», es decir, «Herman o Germán, monje recluido —o el recluso—». ¿Fue acaso él quien redactó en una sola noche, con la ayuda del mismo diablo, el impresionante códice? La leyenda posterior así lo asegura.

Los avatares de un códice «maldito»

Las vicisitudes y numerosas manos por las que pasó el *Codex Gigas* no tienen nada que envidiar a los avatares del *Manuscrito Voynich;* de hecho, en el siglo XVII ambos textos pasaron por las manos de un mismo hombre. Pero no adelantemos acontecimientos: en 1296 el códice pasó a los monjes de un monasterio cisterciense próximo a Sedlec tras ser vendido por el obispo de Praga. Tras la peste negra que asoló el Viejo Continente, fue nuevamente adquirido por los benedictinos y pasó a cobijarse en el monasterio de Brevnov, cerca de Praga. Pasó bastante tiempo a buen recaudo hasta que en 1420 el monasterio fue asediado y saqueado por los herejes taboritas, lo que obligó a los monjes a refugiarse con el preciado libro en el monasterio-fortaleza de Broumov, también en Bohemia.

El libro ya era por aquel entonces muy célebre y codiciado, y en 1594 pasó a manos de un viejo conocido de estas páginas, el mecenas y bibliófilo Rodolfo II de Habsburgo, rey de Bohemia y cabeza del Sacro Imperio Romano Germánico, cuya pasión ocultista y tendencia a lo mágico ya descubrimos. Quizá aquello contribuyó aún más a que el pueblo de Praga creyese que el Habsburgo estaba poseído por el diablo. Para obtener el códice, del que se decía que albergaba numerosos misterios y secretos, el monarca concedió honores y favores a la abadía de Broumov, donde descansaba, cuyos monjes, a cambio, se lo entregaron como obsequio, pasando así a engrosar la Cámara de Arte del emperador, su célebre Gabinete de las Maravillas en el castillo-palacio de Praga (el Hradschin).

Cautivado por las dimensiones del manuscrito y el contenido, Rodolfo II parece que contrató a expertos para que tradujesen los pasajes e interpretasen la enigmática representación del diablo; cuenta la leyenda que la supuesta «maldición» del códice se cebó entonces con el soberano amante de los oculto (pero si tenemos en cuenta el gran número de objetos extraños y personajes de los que se rodeó en su vida, quizá todos contribuyeron un poco a su enajenación): ya vimos cómo se volvió huraño, asocial y paranoico, negándose a recibir a sus consejeros y a los embajadores de la Santa Sede (lo que le valdría la excomunión) hasta ser despojado del trono por su propio hermano Matías. ¿Pudo contribuir a ello la nefasta influencia del *Codex Gigas*? Por soñar que no quede...

En 1648, hacia el final de la llamada guerra de los Treinta Años, las tropas suecas comandadas por el general Hans Christoff von Königsmarck, se apoderaron de la capital checa y el valioso *Codex* fue trasladado (esta vez definitivamente) a Estocolmo, pasando a engrosar la colección de la reina Cristina de Suecia, otra soberana, como Rodolfo, apasionada por el saber, el coleccionismo y los libros raros y que al parecer llegó a interesarse profundamente por la transmutación alquímica y la Gran Obra. Los soldados también se llevaron, entre otros objetos de la Kunstkammer de Praga, el *Codex Argenteus,* del siglo VI, escrito con letras de oro y que actualmente se encuentra conservado en la ciudad sueca de Upsala, concretamente en su universidad, y tiene su propia «historia maldita». Se trata de un *evangelium* que contiene la traducción al godo de la mayor parte de los cuatro evangelios —los canónicos, por supuesto, los otros eran heréticos—, del que se conservan 188 folios de los 336 originales. Conocido también como la «Biblia de Plata», probablemente confeccionada para el rey de los ostrogodos Teodorico el Grande como un libro sagrado especial, era un pergamino de alta calidad teñido de púrpura con tintes vegetales, un lomo adornado y probablemente encuadernado con piedras preciosas. Permaneció durante casi mil años ausente de inventarios o listas de libros, hasta que fue redescubierto en la abadía benedictina de Werden, cerca de Essen, en Renania (Alemania) por dos teólogos de Colonia del siglo XVI, Georg Cassander y Cornelius Wouters.

Pero regresemos al *Codex*. Tras su traslado por la soldadesca, la pesada biblia del diablo, de 75 kilos, quedó cobijada en un espacio destacado del castillo-palacio real de Tre Kronor en la capital sueca, hasta donde viajaría el mismísimo René Descartes, protegido de la reina Cristina, para estudiarlo. Aunque Suecia sería su último destino, aún le quedaban ciertas adversidades, lo que ha hecho correr el rumor de que el manuscrito está maldito: el viernes 7 de mayo de 1655, un incendio que se desató en el palacio tras la muerte del rey Carlos IX provocó que la familia real huyese despavorida sacando sus más importantes pertenencias; el códice era demasiado pesado para llevárselo en una situación así, pero parece que un sirviente (todo un héroe de la bibliofilia) lo arrojó por la ventana para salvarlo de las llamas, y por suerte, parece que no había nadie debajo al que pudieran caerle los más de 75 kilos del «tochazo» medieval.

Fue trasladado en 1878 a la biblioteca real, la que hoy es la Biblioteca Nacional de Suecia, aunque realizó algún que otro viaje desde entonces: en 1970 fue exhibido temporalmente, entre fuertes medidas de seguridad —lo que contribuyó a extender su fama—, en el Metropolitan Museum de Nueva York, y en 2007 pasó varios meses en Praga para ser expuesto en un recinto prácticamente blindado en el Clementium, el antiguo colegio jesuita de la capital de Chequia; eso sí, después de que los checos pagasen un montante de 300 millones de coronas (10,8 millones de euros aproximadamente) como fianza por si le pasaba algo al manuscrito, y tras arduas negociaciones diplomáticas entre ambos países.

Grupos de máximo diez personas, sin duda privilegiadas, pudieron observar de cerca el *Codex Gigas* en una habitación con la adecuada temperatura, humedad, luz, etc., y numerosas medidas para evitarle daños. Si entre sus páginas había alguna maldición, parece que decidió permanecer silente.

El libro perdido de Nostradamus

Expertos en la obra del enigmático médico Michel de Nostradamus, tan citado y malinterpretado, afirman que este célebre profeta, mago particular de la reina francesa Catalina de Médicis en un tiempo en el que todo monarca consultaba astros y adivinos, recogió en sus enrevesadas *Centurias* lo que ahora sucede en nuestro tiempo. Que el anticristo sería un lobo vestido de cordero que anunciando la paz al mundo traería consigo el Armagedón, un hombre que muchos (principalmente del ámbito del protestantismo racista estadounidense) quisieran ver en Obama y su ocupación de la Casa Blanca. Se equivocaron. Hay quien va más allá, y afirma sin titubeos que parte de la obra del mago anuncia una guerra entre Egipto e Inglaterra, conflagración que estallaría al pedir responsabilidades a los británicos por haber apoyado al gobierno dictatorial del depuesto Hosni Mubarak. Y a lo largo de los años se han ido sumando nuevas hipótesis, casi una por cada catástrofe, guerra o desgracia que ha tenido lugar en nuestro tiempo.

Lo cierto es que no es sencillo interpretar a Nostradamus, y sus complejas palabras están abiertas a tantas interpretaciones que cualquiera podría aventurar que algo de lo que sucede había sido visualizado por el célebre erudito renacentista siglos atrás. Esto no resta genialidad ni misterio a sus textos, perseguidos en ocasiones por las autoridades eclesiásticas, temerosas de cualquier libro que pudiera escapar a su férreo control de las conciencias.

Artista de las palabras

Michel de Nôtre-Dame (Nostradamus), quizá el más célebre profeta moderno, nació el 14 de diciembre de 1503 en la localidad de Saint-Rémy-de-Provence, al sur de Francia. Hijo del comerciante Jaume de Nôtre-Dame, su familia, de ascendencia judía, se convirtió al catolicismo. Con quince años, el joven Michel, que ya había demostrado una gran aptitud para las artes, las matemáticas y la astrología, ingresó en la Universidad de Aviñón, donde cursaría el bachillerato hasta que el azote de la temible peste negra obligó a cerrar la institución. Tiempo después, precisamente consternado por el impacto de la epidemia, ingresó en la Universidad de Montpellier para estudiar Medicina, pero fue expulsado debido a que había trabajado varios años como boticario (algo que estaba prohibido en los estatutos universitarios).

Se casó en 1532, pero su mujer y sus hijos pequeños fallecieron trágicamente en 1534 a causa nuevamente de la peste, una enfermedad que marcaría la vida del personaje. Trabajó junto a otros médicos antes de volver a casarse, esta vez con Anne Ponsarde Gemelle, con la que tendría seis hijos. Fue entonces cuando escribió un almanaque y, debido al éxito que tuvo, continuó dedicándose a la astrología y a la profecía.

Para evitar a la Inquisición, siempre al acecho ante cualquier opinión que pudiera oler a herejía, Nostradamus creó un método para hacer más incomprensibles sus profecías escritas y les dio forma utilizando juegos de palabras y mezclando diferentes idiomas (provenzal, griego, hebreo, latín, italiano, árabe...) lo que dificultaría su interpretación hasta tiempos actuales, convirtiendo sus almanaques y centurias en auténticos textos «malditos» de los que se ha dicho de todo, incluidas auténticas barbaridades.

A pesar de velar el contenido de sus visiones, para algunos su obra —que fue publicada en 1555 con el nombre de *Les Prophéties* «Las Profecías»— había sido dictada por el mismo demonio, y muchos comenzaron a tildarlo de hereje, mientras otros comenzaban a considerarle un visionario inspirado por la providencia. Entre sus admiradoras se contaba una de las grandes mujeres del Renacimiento: la reina Catalina de Médicis, amante del saber y hábil conspiradora. Esposa de Enrique II de Valois, Catalina comenzó a leer cada uno de los almanaques publicados por el visionario galo, que no tardaría en viajar a París llamado por la propia reina. En la corte, Nostradamus se convertiría en una especie de mago personal de la Médicis, trazando los horóscopos de sus hijos y aconsejándola incluso sobre los momentos más propicios, según los astros, para tomar decisiones políticas. Michel se convertía así en una especie de mago personal de la soberana, como lo fuera John Dee de Isabel I de Inglaterra o el astrónomo Tycho Brahe de Rodolfo II de Habsburgo.

Al parecer, por aquel tiempo, Nostradamus había «predicho» en una de sus centurias que el rey, Enrique II, iba a morir. En el cuarteto XXXV de la primera centuria puede leerse:

> El león joven al viejo sobrepasará.
> En campo bélico por singular duelo,
> En jaula de oro los ojos le atravesará,
> Dos choques uno después morir muerte cruel.

El fatal accidente que según algunos había vaticinado el «mago» tuvo lugar el 29 de junio de 1559, cuando estaban a punto de celebrarse los festejos con motivo de los esponsales de Felipe II de España con la princesa Isabel de Valois, hija de Enrique II y de Catalina de Médicis. Como el cuarteto ya era conocido y volvió a hacerse público, se advirtió al monarca galo de que no participara en un torneo que se había preparado para la ocasión. Sin embargo, Enrique II, fanático de los lances, no dejó pasar la oportunidad de participar. Salió victorioso del primer lance, y confiado por la victoria de que Nostradamus se equivocaba, decidió participar de nuevo, esta vez contra el joven Gabriel, conde de Montgomery.

En esta ocasión, el rey sería gravemente herido: al partirse la lanza de su adversario, una astilla de madera le atravesó un ojo. Aunque le trató incluso el célebre médico Andrea Vesalio, enviado por Felipe II desde Bruselas, el soberano francés sufriría una agonía de diez días hasta fallecer. También el cirujano Ambroise Paré, considerado padre de la cirugía moderna (y autor de un curioso libro titulado *Monstruos y prodigios*), fue autorizado a reproducir la herida del rey en algunos condenados para investigar la forma de curarla, aunque sin éxito.

Tras el incidente (y, aunque las interpretaciones de su obra, incluso entre sus contemporáneos, habían sido *sui generis*), algunos acusaron al médico de ser un brujo que obtenía sus visiones tras un pacto con el diablo; Catalina de Médicis, sin embargo, no creyó aquellas habladurías y perdonó a su protegido, que continuó ejerciendo su labor de eficiente astrólogo en palacio. El 1566 sería el año de su muerte, a causa de un edema. Su epitafio rezaba así: «Aquí descansan los restos mortales del ilustrísimo Michel Nostradamus, el único hombre digno, a juicio de todos los mortales, de escribir con pluma casi divina, bajo la influencia de los astros, el futuro del mundo».

Analizando su obra «maldita»

Uno de los temas destacados en la críptica obra de Nostradamus es una inminente invasión musulmana del sur de Francia desde Oriente Medio; el médico predecía una invasión militar, pero las acciones del yihadismo en los últimos años en Europa, y las reivindicaciones de ciertos grupos que la comunidad internacional considera terroristas, llevó a algunos a afirmar que dicha invasión ya se está produciendo, y que comenzó con la caída de las Torres Gemelas. En los últimos tiempos, algunos han llegado a aventurar el grave peligro que correría la ciudad de Sevilla según sus profecías, y también qué pasará cuando Carlos III de Inglaterra abdique. Incluso, al parecer, habría acertado con la muerte de su madre, Isabel II, que pasó a mejor vida el 8 de septiembre de 2022 tras setenta años en el trono inglés, al parecer según la interpretación de esta hermética frase: «La muerte repentina del primer personaje, será cambiado y pondrán a otro en su reino». Vaticinios mezclados con bulos que circulan como la pólvora por internet.

Al margen de conjeturas, algunas de ellas evidentemente malintencionadas, lo cierto es que no hace muchos años que a la ya de por sí extraña obra de Nostradamus se unió un libro supuestamente perdido del genio renacentista. En 1994, la periodista italiana Enza Massa, al frente de una investigación sobre libros antiguos en la Librería Nacional de Italia, sita en Roma, descubrió un extraño códice manuscrito fechado en 1629 que aparecía firmado en su interior, con tinta indeleble, por Michel de Nôtre-Dame. Aunque la fecha es muy posterior a la muerte del médico galo, el códice aparece repleto de espectaculares dibujos, más de ochenta ilustraciones de acuarelas que se atribuyen a la mano original del profeta: cartas del tarot, extraños estandartes, objetos simbólicos, velas e incluso una torre en llamas que algunos interpretan como una visión del 11S.

Una desconcertante serie de siete dibujos parece anunciar, a ojos de algunos expertos, el fin de los tiempos a través de un viaje vertiginoso en el que el mundo islámico tendrá mucho que decir. Lo realmente extraño es que este «libro perdido» de Nostradamus permaneciera prácticamente en el olvido durante 400 años, teniendo en cuenta el éxito que cosechó su supuesto autor ya en vida. Aunque los expertos no han podido corroborar su autoría de forma definitiva, debido a los estragos del tiempo, en la última página del códice se afirma que este fue entregado por el hijo del mago, Cèzar de Nôtre-Dame, al hermano cartujo Cinus Beroaldus como regalo para el nuncio apostólico en Francia, el cardenal Maffeo Barberini, que acabaría siendo coronado sucesor de san Pedro con el nombre de Urbano VIII.

Sea como fuere, todo parece indicar que las acuarelas no fueron pintadas por Nostradamus, al que no se atribuyen hasta entonces dotes pictóricas, y que el texto sea, en realidad, de una versión del libro del abad calabrés Joaquín de Fiore sobre los papas que se sentaron hasta el siglo XIII en la silla del apóstol patrón de Roma. Según los análisis de carbono-14 realizados por el Instituto Crisóstomo de Roma, junto a un análisis químico de tinta y papel, parece que las hojas del códice, los dibujos y los colores son de alrededor de 1450 y los comentarios relacionados con las profecías papales de san Malaquías —que también se incluyen en el texto— de unos dos siglos después. El misterio en torno a este manuscrito, como la mayor parte de todo lo relacionado con Nostradamus, sigue sin ser desvelado casi cinco siglos después de la muerte del genio francés.

El Código Secreto de la Biblia

Cual libros revelados, no es extraño que los textos sagrados de las grandes religiones oculten un código que, siendo desencriptado adecuadamente, aporte información vital para el conocimiento de nuestro futuro. Al menos eso es lo que afirmó el escritor y periodista estadounidense Michael Drosnin en su libro *El código secreto de la Biblia,* en el que, ni corto ni perezoso, afirmaba —eso sí, después de una documentada investigación—, que los cinco libros del *Pentateuco* —correspondientes a la Torá hebrea— ocultan un código a través del cual se pueden establecer predicciones del futuro. Un código matemático que habría sido desvelado por el científico soviético-israelí Eliyahu Rips gracias a los avances tecnológicos de nuestro tiempo, pero que habría traído de cabeza durante siglos a pensadores de la talla de Isaac Newton. No obstante, Drosnin, lejos de aparecer ante los lectores de medio mundo como un iluminado obsesionado con los textos revelados, afirmaba ser ateo convencido, lo que quizá —o no— otorgaba mayor credibilidad a su trabajo.

A pesar de su indudable talento como matemático, Rips fue desprestigiado en varias ocasiones, y sus detractores utilizaron su oscuro pasado para atacarle. Nacido en Letonia en 1948, en lo que entonces era territorio de la URSS, fue encarcelado tras haber intentado quemarse a lo bonzo durante una protesta contra el Gobierno soviético en sus años de estudiante. En 1972 se le permitió marchar a Israel y de nuevo volvería a sembrar la polémica con su citada interpretación del *Pentateuco*.

Desde entonces son muchas las líneas escritas que en torno a tan espinoso asunto se han vertido, y numerosas las nuevas investigaciones que han girado en relación a la existencia de un código que, de ser descubierto, podría arrojar información vital sobre nuestro futuro, quizá sobre el Armagedón, el fin de los tiempos (cuesta creerlo, eso sí). Las primeras investigaciones de un código secreto en la Biblia datan del siglo XII, cuando los primeros rabinos y grandes místicos cabalistas, que buscaban la firma de Dios en el Antiguo Testamento, hicieron la afirmación de que «todo lo que fue, es y será se encuentra en la Torá». Para los místicos la Biblia no es un texto sino un organismo vivo, parte de la divinidad.

En el siglo XVIII, el prominente rabino conocido como Gaón —erudito— de Vilna impulsó la búsqueda de un código oculto en las Escrituras al afirmar que todo lo que ha ocurrido u ocurrirá está en la Biblia. Meticuloso lector, estaba fascinado también por la criptografía. Finalmente, con un complejo programa informático que por motivos de espacio no explicaré aquí, Drosnin afirmó poder demostrar la existencia de ese código oculto en la Biblia que aportaría información vital sobre el pasado, el presente y el futuro. A día de hoy, no obstante, ni siquiera el visionario periodista que dijo romper el encriptado bíblico (y que murió en 2020) ha podido demostrar con rotundidad que las Escrituras vaticinaran hechos futuros.

Ahora cabe preguntarse si alguno de estos textos «malditos», prohibidos, profanos, revelados..., contiene entre sus páginas, realmente, los designios de nuestra raza, el futuro de la humanidad. Profecías varias, textos de difícil interpretación, palabras extrañamente inquietantes de una a otra cultura desde tiempos atávicos, parecen augurar un desenlace fatídico para un tiempo no muy lejano. Esperemos, por el bien de todos, que dichos libros se equivoquen.

CAPÍTULO 12

EL PODER DE LA CENSURA Y LA ESTIGMATIZACIÓN. LA «MALDICIÓN» CONTINÚA EN LA ACTUALIDAD

Cuando los nazis, en 1933, movilizados por Josef Goebbels, el implacable jefe de propaganda del partido nazi (NSDAP), encendieron gigantescas hogueras por toda Alemania para quemar miles de libros —principalmente los textos sagrados del pueblo judío—, marcaron el preludio de una destrucción moderna que poco tenía que envidiar a las antiguas persecuciones y quemas de bibliotecas. En uno de los regímenes responsables de aplastar el nazismo (pero que antes, en 1939, llegó a ser su aliado para el reparto de Polonia), el comunismo soviético, el aparato censor no era mucho más benévolo que el del nacionalsocialismo.

En Moscú se erigió en 1898 un edificio conocido como Lubianka que en un principio fue sede de una compañía de seguros hasta que triunfó la revolución y se reconvirtió en sede de la Cheka, la inteligencia política y militar del nuevo régimen, y en una cárcel (no precisamente suave). Una vez que se instaló en el poder, Iosif Stalin, el «hombre de hierro» de la nueva Rusia, se exigió a los escritores, cineastas, pintores, músicos y cualquier tipo de artista y creador que produjesen contenidos y obras al servicio del Estado. Luego vendrían las temibles purgas y en 1937 comenzó la gran represión contra los escritores, mientras la Alemania nazi hacía lo propio en una década peligrosa que culminaría con la sangría de la Segunda Guerra Mundial, la Gran Guerra Patriótica para los soviéticos. Los sospechosos de ser «enemigos del pueblo» eran detenidos por agentes de la Cheka, trasladados a la Lubianka e interrogados, normalmente, por hombres rudos y sin escrúpulos a los que no les disgustaba precisamente golpear y vejar al prójimo.

El edificio albergó la que se conocería popularmente como «la cárcel de los poetas» que elogiaron a Stalin y ahora le temían, a donde fueron conducidos a la fuerza gran número de escritores acusados de conspirar contra el Estado. En cuatro años, más de 2.000 autores, de los que al menos 1.500 fueron fusilados. Entre ellos, Isaak Babel, que formó parte de la Revolución de Octubre, ocupó puestos relevantes en el seno del partido y llegó a pertenecer a la Cheka: fue sometido a un duro interrogatorio de 72 horas, torturado y posteriormente ejecutado. Sus familiares no se enteraron de su juicio rápido y sumarísimo y su condena hasta quince años después, lo que pone de manifiesto el secretismo —y efectividad— del régimen estalinista.

Otro caso fue el del poeta Ósip Mandelshtam, que fue desterrado en 1934 por escribir un poema contra Stalin en el que llegaba a tildarle de «asesino» (hay que tener agallas, sin duda) y cuando regresó a Moscú fue condenado a trabajos forzados, que contribuyeron a acelerar su muerte ese mismo año. A Mandelshtam se le atribuye una célebre frase, quién sabe si apócrifa: «En ningún sitio se valora tanto la poesía como en Rusia, donde incluso fusilan a la gente por ella». Por supuesto, también se prohibió la publicación y la distribución de las obras de los múltiples autores estigmatizados, algo que se mantuvo durante largas décadas.

En 1958, el escritor moscovita Borís Pasternak hubo de renunciar al Premio Nobel de Literatura por su novela *Doctor Zhivago,* publicada originariamente en Italia, que planteaba una crítica al régimen comunista y que le valió a su autor ser condenado por traición. La obra, adaptada al cine por David Lean en 1966 y protagonizada por Omar Sharif y Julie Christie, no fue publicada en la URSS hasta 1990, cuando el régimen soviético, incapaz de soportar su enorme peso, se estaba desmantelando con la Perestroika.

Alexandr Solzhenitsyn fue otro de los casos más paradigmáticos de censura en la vieja Rusia. Había formado parte del Ejército soviético y luego fue encerrado en el gulag y desterrado acusado de opiniones antiestalinistas. Su novela *Un día en la vida de Iván Denísovich* fue prohibida y el original de *El primer círculo,* confiscado por agentes del KGB, la policía secreta de Seguridad del Estado, igual de temible que la antigua Gestapo nazi, incluso coincidían prácticamente en su nomenclatura (en alemán, *Geheime Staatspolizei*, que significa «Policía secreta del Estado»). Es lo que tienen los totalitarismos, sean del color que sean. En 1969, Solzhenitsyn fue expulsado de la Unión de Escritores Soviéticos por denunciar la censura oficial, rechazando viajar a Estocolmo para recibir el Premio Nobel por si las autoridades no le permitían regresar a su patria.

Entre 1958 y 1968 escribió *Archipiélago Gulag*, probablemente su obra cumbre, donde denunciaba el sistema de represión política en la URSS compuesta de piezas autónomas, a partir de su experiencia y la de 227 personas que habían sido recluidas en campos de concentración, prisión, trabajo y reeducación («gulag»). Durante años el autor mantuvo el texto en secreto, hasta que en agosto de 1973 una copia cayó en manos del KGB. Los agentes la hallaron en posesión de la que era secretaria del autor, Yelizaveta Voronyanskaya, en su apartamento de Moscú, donde se suicidó bajo circunstancias no aclaradas tras haber sido sometida a tortura en un interrogatorio. El propio Solzhenitsyn escribió que fue «víctima del miedo al gulag».

En su memoria, en diciembre de 1973 *Archipiélago Gulag* fue publicada en París, lo que desencadenó un vendaval de ataques a su autor en la prensa y en los medios soviéticos: Solzhenitsyn fue detenido y acusado de traición el 12 de febrero de 1974 y al día siguiente fue expulsado de la URSS y marchó al exilio, deportado a Fráncfort del Meno, en la República Federal Alemana y privado de la ciudadanía soviética. No corrió peor suerte, sin duda, debido a su celebridad internacional y a la repercusión mediática que alcanzó su caso en plena Guerra Fría.

La Lubianka fue la más famosa, pero no la única de estas prisiones, y los tentáculos represivos de la Unión Soviética llegaron a todos los países del Telón de Acero. Un lugar propio en la historia de la represión y la censura lo ostenta la Stasi de la Alemania Oriental, que merecería capítulo propio. Las dos guerras mundiales, la árabe-israelí, los conflictos que destriparon África, la guerra de Yugoslavia, la invasión de Irak en 2003, y hoy en día la guerra de Ucrania o la de Gaza (sin olvidar Siria, Etiopía, el Sahel, Haití...), además de con miles de vidas inocentes, han acabado con millones de textos y enormes bibliotecas que contenían siglos de sabiduría, junto a obras de arte y monumentos de incalculable valor.

El siglo XX ha sido prolijo en ello. Las dictaduras que se instalaron en Sudamérica con financiación estadounidense para alejar de aquellas tierras el espectro del comunismo no fueron más benévolas con los escritos de sus enemigos políticos. Tampoco los países en los que se instaló ese comunismo que la OTAN y la CIA pretendían derrotar a cualquier precio eran lo que se dice permisivos con los disidentes. España, el país que persiguió con mano de hierro la herejía y el protestantismo en tiempos de Felipe II, sufrió durante cuarenta años, con el dictador Francisco Franco, una represión similar, en ocasiones incluso más cruenta, contra aquellos que se oponían al régimen. Cuarenta largos años de censura, represión y estigmatización del enemigo político.

Veamos, a modo de colofón de este recorrido por la censura, la prohibición y la destrucción de libros «malditos», un repaso a los bibliocidios que han tenido lugar en el pasado siglo XX y en lo que llevamos del XXI.

Bibliocidios de la era contemporánea

La quema de libros y documentos puede parecer algo de tiempos pasados, de iras inquisitoriales o grandes piras apiladas por miembros de las SA nazis, pero no es así. Continúa sucediendo. En agosto de 2023, integrantes del colectivo de padres de alumnos de un colegio del municipio de San Cristóbal de las Casas, en Chiapas, México, apilaron los nuevos libros escolares gratuitos elaborados por el gobierno del país (entonces todavía comandado por Andrés Manuel López Obrador) y les prendieron fuego al grito de que eran del «diablo» y enseñaban «el comunismo» y el «homosexualismo». Recabaron firmas entre los vecinos de la localidad, con fuerte presencia de la comunidad indígena maya tzotzil.

Los libros fueron rociados con combustible en las mismas cajas en las que habían sido transportados y acto seguido les prendieron fuego. Algunas personas, al ver que el material tardaba en arder, se reafirmaron en decir que eran «del diablo», pues «no se prenden tan rápido». Según defendió el presidente del país acerca de los textos: «Han sido elaborados por docentes y expertos». Por su parte, el responsable de su elaboración, Marx Arriaga Navarro, expresó su «profundo dolor» por lo ocurrido, y puntualizó: «¡Yo en lugar de ellos! ¡Que me maten como a este rosal de mayo!», citando un extracto de la obra de teatro *Luces de Bohemia* del dramaturgo español Ramón María del Valle-Inclán.

Eso es casi una anécdota, pero hay casos más notorios, sobre todo cuando afectan al delicado tema de la religión (a veces indisoluble del marco político). En 2023 se produjeron varios episodios de quema del Corán en Suecia, sucesos que los medios bautizaron como *Korankrisen* (Crisis del Corán). El caso más notable tuvo lugar en junio de 2023, cuando un refugiado iraquí de ascendencia cristiana de treinta y siete años, Salwan Monike, arrancó y prendió fuego a páginas del Corán frente a la mezquita de Estocolmo. En el momento de los hechos se declaró ateo y pidió a las autoridades suecas que prohibieran el Corán en el país. En Irán, como ya sucediera con Salman Rushdie décadas atrás, el ayatolá Alí Jamenei pidió la pena de muerte para Monike, afirmando que Suecia «se había puesto en orden de batalla para la guerra contra el mundo islámico».

La cosa no quedó ahí, y salpicó a otras religiones y a otros libros sagrados y «revelados», cada uno por su propio Dios y sus profetas. Ese mismo mes de junio las autoridades suecas de Estocolmo dieron permiso para quemar una copia de la Torá hebrea frente a la Embajada de Israel, lo que desató la ira del Gobierno israelí, que describió aquello como una manifestación «de puro odio». En una declaración a los medios, recogida por *The Times of Israel*, el presidente de Israel, Isaac Herzog, declaró: «Condeno de forma inequívoca el permiso dado por Suecia para quemar libros sagrados», y recalcó que igualmente condenaba la reciente quema de un ejemplar del Corán, «sagrado para los musulmanes de todo el mundo». Al final de su comparecencia, sentenciaba: «Permitir la profanación de textos sagrados no es un ejercicio de libertad de expresión, sino una flagrante incitación».

A su condena se unía también el primer ministro israelí, Benjamín Netanyahu, que hoy se ha convertido en uno de los personajes más vilipendiados a nivel mundial (y con orden de arresto por la Corte Penal Internacional) por la masacre —para muchos, genocidio— que está llevando a cabo el Ejército israelí en la Franja de Gaza como represalia a los monstruosos atentados realizados por el grupo terrorista Hamás el 7 de octubre de 2023, cuando 1.200 hombres armados irrumpieron en territorio israelí provocando una masacre y secuestrando a numerosos ciudadanos en la que se bautizó como Operación Inundación de Al-Aqsa. Ante el aumento de esta peligrosa tendencia, la de quemar libros sagrados (y sus consecuencias), el Parlamento danés aprobó en diciembre de 2023 prohibir la quema de textos religiosos en lugares públicos.

La cosa, no obstante, viene de lejos. En 2011 el predicador estadounidense Terry Jones, líder de una pequeña iglesia alternativa en Gainesville, Florida, quemó el Corán durante uno de sus sermones, desatando la consiguiente ira del mundo islámico. Aquello tuvo consecuencias inmediatas y terribles: manifestantes afganos enfurecidos por la blasfemia invadieron un complejo de la ONU en abril de 2011 y mataron a siete empleados de la organización internacional. A pesar de ello, Jones anunció también una quema colectiva de coranes en el aniversario del 11S, acto que finalmente canceló ante la intensa presión del Gobierno estadounidense, el papa y otros líderes mundiales.

En 2013 su nombre volvió a los titulares: Jones decidió dar un paso más y quemar 2.998 coranes —uno por cada víctima del atentado del World Trade Center en 2001—, acto que pretendía realizar en un parque (llegando a pedir permiso para ello a las autoridades locales), pero fue detenido por uso ilegal de armas relacionado con el transporte de los ejemplares del libro sagrado musulmán rociados con queroseno.

De Chile en los setenta a la actual guerra de Ucrania

Retrocedemos unas décadas, hasta comienzos de los años setenta. Uno de los actos más execrables de venganza política en la figura de un artista fue la vil ejecución del cantautor y activista chileno Víctor Jara entre el 14 y el 16 de septiembre de 1973 en el Estadio Chile (que desde 2003 lleva su nombre en su memoria), por el Gobierno golpista de Augusto Pinochet tras la caída del Gobierno socialista de Salvador Allende, pero aquel régimen criminal se caracterizó, además de por el asesinato de corte político, por la quema de libros: muchos años después del trágico asalto al Palacio de la Moneda, el 28 de diciembre de 1986, un cargamento de libros desembarcó en el puerto chileno de Valparaíso y fue confiscado inmediatamente por orden del gobierno militar.

Aquel cargamento lo esperaba el editor Arturo Navarro que, después, no pudo hacer nada para liberarlos. Cuando este se trasladó hasta la sede del comando militar de la ciudad portuaria, se sorprendió ante el ingente despliegue de seguridad: había sacos de arena formando trincheras y soldados armados en uniforme de campaña realizando rondas de vigilancia. Cuando el editor fue recibido por un oficial militar, este realizó una serie de llamadas telefónicas y finalmente le respondió con sarcasmo: «Señor Navarro, no se preocupe, ya los quemamos [los libros]».

Y efectivamente: fueron reducidos a cenizas 14.846 ejemplares de *La aventura de Miguel Littín clandestino en Chile*, del escritor colombiano Gabriel García Márquez, que había sido galardonado poco antes con el Premio Nobel de Literatura. El libro narraba las vicisitudes del cineasta chileno exiliado Miguel Littín, que regresó a su país de forma clandestina para rodar Acta Central de Chile, todo un riesgo en un país que llevaba doce años bajo la dictadura militar de Pinochet, a la que no le temblaba el pulso en cuanto a represión y «justicia» gubernamental.

Una vez que subió al poder aquel régimen, la Junta Militar se erigió en férreo aparato censor que promovió la masacre de la cultura. La Orden Militar n.º 107 informaba que la Junta Militar era la única que tenía facultad de autorizar la explotación y comercialización de libros, revistas e impresos en general. En su sede central, en el sexto piso del edificio Diego Portales, trabajaba el llamado «Departamento de Evaluación», que decidía lo que podía o no publicarse. De los 11 diarios que se editaban antes del golpe en Santiago de Chile, solo quedaron cuatro (por supuesto, fueron eliminados los de izquierdas favorables al régimen anterior), «y de 1.850 reporteros profesionales, 560 perdieron su trabajo en las semanas siguientes al golpe, y dos de ellos fueron asesinados», algo que reconocería incluso el periodista e historiador norteamericano James R. Whelan, quien fuera primer editor en jefe de *The Washington Post,* que no ocultaba su simpatía por el pinochetismo y escribió *Desde las cenizas,* texto que exalta la labor del gobierno militar.

Considerados centros de adoctrinamiento marxista, los militares asumieron los rectorados de todas las universidades. De ellas fueron expulsados unos 3.000 funcionarios y unos 1.000 académicos, alterándose los planes de estudio (sobre todo en las áreas de Ciencias Sociales, que abarcaban la política y la cultura). No contentos con eso, los militares devastaron las bibliotecas y los libros considerados subversivos fueron quemados, como en tiempos del Tercer Reich, en el patio de las mismas universidades, en presencia de profesores y alumnos.

A ello se sucedió la quema y destrucción de millares de libros por parte de sus propios dueños, ante el paralizante miedo de ser acusados de poseer literatura subversiva. El día 23 de septiembre de 1973, 12 días después del golpe militar, se realizó una quema masiva de libros a plena luz del día en la calle Paraguay, en el centro de Santiago, acto que fue recogido al día siguiente, a modo de propaganda gubernamental, como en tiempos pretéritos en los alrededores de la Puerta de Brandeburgo berlinesa, por los diarios: ardieron durante 14 horas obras de Karl Marx y otros teóricos socialistas, junto a libros técnicos y literatura de ficción. También se quemaron textos del poeta Pablo Neruda, que murió ese mismo 23 de septiembre.[1] Además, los militares obligaron a cerrar la exitosa Editorial Nacional Quimantú, creada en 1971 por el Gobierno de Salvador Allende (Unidad Popular) y que durante tres años facilitó el acceso al libro de toda la población, abaratando los costes de edición y venta. Todos sus libros fueron confiscados al echar el cierre. Esto sucedió en

1. El poeta, quien fuera cónsul de su país en la España previa a la Guerra Civil, de ideología claramente comunista, murió oficialmente del cáncer que padecía, pero todavía hoy existen dudas sobre un posible asesinato por envenenamiento orquestado por el régimen militar que no se habría contentado únicamente con quemar sus obras.

Chile, pero episodios similares se sucedieron en numerosos rincones del mundo en los años y décadas siguientes.

En *Quemar libros. Una historia de la destrucción deliberada del conocimiento*, el bibliotecario británico Richard Ovenden[2] explica por qué se queman libros:

> El documento escrito, ya sea su formato en papel o electrónico, es un garante del conocimiento, la transmisión de las ideas y la memoria de una sociedad determinada. Por ello, es también el objetivo de individuos, grupos y estados que creen en la necesidad de expurgarlo, manipularlo o para imponer que un discurso alternativo cale en la sociedad.

Si nos vamos hasta Ucrania, uno de los grandes polvorines de Europa en la actualidad, la destrucción de la cultura vuelve a cobrar plena vigencia. Al comienzo de la revuelta del Maidán en 2014 contra el Gobierno de Víktor Yanukóvich, comenzó la destrucción de libros en Ucrania: en Lvov decenas de libros en ruso de la época soviética fueron destrozados por jóvenes nacionalistas ucranianos, mientras que en el otro extremo, en Sebastopol, fueron los prorrusos quienes quemaron cajas repletas de libros en ucraniano de varias bibliotecas y colegios de la ciudad: de forma simbólica, los amontonaron al pie del monumento a la zarina Catalina la Grande antes de prenderles fuego. También se realizaron quemas públicas por parte de activistas prorrusos en Simferópol, también en Crimea, y en Járkov, una ciudad entonces prácticamente desconocida para la Europa occidental pero hoy tristemente célebre, sembrando el camino de odio hacia la situación actual.

Según fuentes ucranianas, desde el inicio de la invasión rusa de Ucrania, bautizada por el Kremlin eufemísticamente como «operación militar especial», en febrero de 2022, se han destruido docenas de bibliotecas. La directora del Instituto del Libro de Ucrania, Oleksandra Koval, acusa a los militares rusos de saquear libros y bibliotecas para llevarse las obras en ucraniano y destruirlas, con prefe-

2. Ovenden, Richard, *Quemar libros. Una historia de la destrucción deliberada del conocimiento*, Barcelona, Crítica, 2021.

rencia por los manuales de historia de Ucrania que ofrecen una versión diferente de la historia compartida por ambos países bajo el dominio de la Unión Soviética.

Sin embargo, no solo ha sufrido la literatura ucraniana: el rechazo a la invasión ha significado cierto rechazo a los libros de los autores rusos. A principios de marzo de 2022, poco después de la invasión, las autoridades académicas de la Universidad de Milán pidieron suprimir la lectura de la obra de Fiódor Dostoievski (1821-1881) como muestra del «rechazo a la guerra de Ucrania». Algo inaudito, que instituciones públicas prohíban a uno de los grandes autores de la historia de la literatura que nació hace 200 años y ni siquiera llegó a imaginar ni la Revolución Rusa ni el surgimiento y asentamiento de la URSS. Ese mismo mes, la prestigiosa Feria Internacional del Libro de Guadalajara, en México, expulsó a las editoriales rusas de la muestra por lo mismo.

Hubo otros «bibliocidios» en tiempos contemporáneos de los que apenas daremos una pincelada, notable, eso sí, por el triunfo del bien sobre el mal y de la cultura sobre la ignominia y el fanatismo: en enero de 2013, quince yihadistas entraron en la biblioteca del instituto Ahmed Baba de Tombuctú y se estima que cogieron más de 4.000 manuscritos (algunos de ellos auténticas joyas bibliográficas de los siglos XIV y XV) y les prendieron fuego. Gracias a un bibliotecario local, miles de manuscritos históricos fueron salvados para la posteridad.

Nuevos parias, renegados y perseguidos. El futuro de la censura en la actualidad

Las guerras y las dictaduras, no obstante, no son las únicas causantes de la destrucción y maldición de determinados escritos en nuestros aciagos tiempos. En plena era de la igualdad, la libertad y la justicia, se continúa prohibiendo y censurando libros, quemándolos incluso, como hemos visto líneas más arriba, intentando condenarlos al olvido —lo que a veces, paradójicamente, los catapulta al éxito— y convirtiendo a sus autores en proscritos que deben esconderse para no ser asesinados. En nuestro civilizado Occidente siguen existiendo textos prohibidos y autores malditos. En ocasiones, la censura por parte de alguna institución no provoca sino el efecto contrario al deseado: el libro, maldito e incómodo, se convierte en un auténtico éxito de ventas, como fuera el caso de las novelas *El código da Vinci* o *Ángeles y demonios* a comienzos de los 2000 y su condena por parte de las instituciones vaticanas.

Todavía hoy se condenan textos de forma abierta y se persigue a algunos autores a los que no les queda más remedio que convertirse en prófugos, a veces no de la justicia, pero sí de la intolerancia. Un ejemplo es el escritor italiano Roberto Saviano, cuyo libro *Gomorra* le condenó a una vida de perpetua huida. En la que fue su primera novela, publicada en 2006, muestra un retrato crudo, sin concesiones y sin romanticismo, de la Camorra, organización criminal de la región italiana de Campania, donde habla de sus trapos sucios, sus crímenes, la vida de los capos en villas suntuosas, pero también de una población que no solo es cómplice de la delincuencia, sino que incluso protege a la mafia y aprueba sus acciones. Por ello, el clan de los Casalesi amenazó a Saviano de muerte, lo que le obligó a ser escoltado en toda aparición pública por cuatro *carabinieri* y a vivir en una perpetua inseguridad, cambiando frecuentemente de domicilio. Aún hoy, su figura genera titulares, ya que en 2022 fue llevado a juicio por llamar «bastarda» a la líder ultraconservadora Giorgia Meloni, desde ese año presidenta del Consejo de Ministros de Italia. Saviano llegó a asegurar entonces: «Este gobierno quiere intimidarme», y es que él siempre denunció la complicidad del crimen organizado con las enrevesadas aristas políticas del país italiano.

Y todavía humea un caso más clásico. El integrismo islámico aún tiene puesto precio a la cabeza de Salman Rushdie, quien, según los integristas, desafió con su obra *Los versos satánicos* el rígido corpus promulgado por el *Corán*. Y cuando todo parecía olvidado, o al menos los tumultos y la quema de ejemplares de su obra, un mal recuerdo lejano, casi cuarenta años después, el galardonado escritor británico-estadounidense de origen indio sufría un atentado. El 12 de agosto de 2022 Rushdie fue apuñalado por un individuo hasta en diez ocasiones en el cuello, la cara y el abdomen, antes del comienzo de una conferencia en Chautauqua, una localidad al oeste del estado de Nueva York. A causa de ello, perdió el ojo derecho y la movilidad de la mano izquierda. Dos años después publicaba *Cuchillo. Meditaciones tras un intento de asesinato,* editado en España por el sello Random House.

Los versos satánicos, publicado en 1988, fue rápidamente condenado por el mundo islámico a causa de la supuesta irreverencia con la que se trata la figura de Mahoma. India, su país natal, prohibió el libro el 5 de octubre de ese año, y el 24 de noviembre Sudáfrica, a los que siguió un largo etcétera de países: Pakistán, Arabia Saudí, Egipto, Somalia, Bangladés, Sudán, Malasia, Catar e Indonesia. El 14 de febrero de 1989, el ayatolá Ruhollah Jomeini, líder religioso de Irán, leía un edicto religioso (conocido como *fatwa*) en Radio Teherán, instando a la ejecución de Salman Rushdie, acusándole de «apostasía», abandono de la fe que según los preceptos o dichos *(hasiz)* del profeta ha de castigarse con la muerte, y tildó el libro de «blasfemo contra el islam». También exhortaba a la ejecución de aquellos editores que, conociendo su contenido, lo publicaran, lo que causó un auténtico revuelo editorial —y miedo en el sector, todo hay que decirlo— a nivel internacional.

El perpetrador del brutal atentado en 2022 fue un estadounidense de origen libanés de entonces veintiséis años, Hadi Matar, residente en la cercana Nueva Jersey, que sería acusado también de intentar proporcionar apoyo material al movimiento chiita libanés Hezbolá, vinculado con Irán y catalogado como grupo terrorista. A día de hoy, Matar (apellido que, al menos en España, le viene que ni pintado) permanece en prisión sin derecho a fianza y a la espera de una sentencia definitiva, que podría condenarle a cadena perpetua.

No siempre la censura o las represalias contra un escritor, librero, editor, periodista, artista, director de cine, etcétera, son tan drásticas; en ocasiones, sus verdugos se contentan con condenarlo al ostracismo, al exilio o convertirlo en un paria. En 2010 el chino Liu Xiabo no pudo recibir el Premio Nobel de la Paz por la censura del Estado comunista (y capitalista cabría añadir) de su país, comandado con mano de hierro por Xi Jinping, el aliado de Vladimir Putin y principal antagonista de Estados Unidos que ya lleva más de una década ostentando el poder en el gigante asiático.

Parece que hoy es mucho más fácil que ayer acercarse a un texto prohibido, al menos en Occidente, aunque no deja de conllevar cierto riesgo. El fantasma de la censura está presente en cualquier esquina, y cualquiera puede ser señalado con el dedo. Cuentan que cuando el psicoanalista Sigmund Freud conoció la noticia de que sus textos estaban siendo quemados por los nazis (él mismo tuvo que huir *in extremis* de Alemania y varias de sus hermanas fallecerían de forma terrible en los campos de concentración), le comentó a un periodista poco antes de morir —falleció en 1939— que dicha quema suponía un avance en la historia humana: «En la Edad Media ellos me habrían quemado. Ahora se contentan con quemar mis libros [...]». Por supuesto, no pudo adivinar entonces los hechos que el Tercer Reich acabaría perpetrando contra la raza humana.

Y al margen de países gobernados por sátrapas, dictadores de medio pelo, repúblicas bananeras o agoreros del neofascismo, en pleno auge, también las grandes democracias tienen un problema grave con la censura y la persecución al libro de la que venimos hablando. El caso más paradigmático es precisamente el de Estados Unidos de América, que lleva más de un siglo jactándose de ser la democracia de las democracias, gobierne Barack Obama, Donald Trump o un despistado Joe Biden.

Allí, en el país de las barras y estrellas, hace años que se celebra la Banned Books Week, impulsada por asociaciones de libros, bibliotecas y escritores, como la ALA (American Library Association), con la finalidad de reivindicar la libertad en el acceso a cualquier tipo de libro. En un país en el que la Segunda Enmienda permite a todo ciudadano poseer y portar armas para defenderse, uno a veces no se encuentra seguro leyendo el libro que le venga en gana... ¡En pleno siglo XXI! Algo que, aunque parezca inaudito, es cada vez más difícil. Según la Asociación de Bibliotecas Americanas citada, en 2015 había al menos 311 libros censurados de los que se tenían informes, entre colegios, bibliotecas y otras instituciones.

Eso hace ahora una década, pero viajando hasta 2023, la cosa ha empeorado, y mucho, sobre todo tras la profunda polarización de la política estadounidense, la Administración Trump, su derrota (que provocó el asalto al Capitolio en Washington), la fallida de Biden o su propio abandono del cargo por problemas de salud y una posible demencia. Y es que la prohibición y objeción contra los libros al otro lado del Atlántico se ha intensificado a un nivel sin precedentes. La citada ALA documentó un número sin igual de «objeciones» a la lectura reportadas en 2022, relacionadas con más de 2.000 ejemplares únicos, el número más alto en la cantidad de intentos de prohibición desde que la asociación comenzara a recopilar datos de censura hace más de veinte años.

Según comentaba entonces a BBC Culture[3] la presidenta de la institución, Lessa Kanani'opua Pelayo-Lozada: «Al final, los intentos de prohibir libros son intentos para silenciar a los autores que se han armado de valor para contar historias [...]. La mayoría de los libros que impugnan son de o tienen que ver con individuos LGBTQ+ o personas de color». Y sentencia: «Los estadounidenses gozan de libertad de expresión y libertad para relacionarse con la expresión de otros. Nos acercamos a los libros y las ideas con las que queremos relacionarnos, pero no tenemos el derecho de decidir qué pueden leer y pensar nuestros vecinos. No tenemos el derecho a callar las historias que no nos gustan».

Por su parte, Kasey Meehan, directora del PEN America, el «proyecto de Libertad para leer en Estados Unidos», incide en que «el movimiento para prohibir libros está promovido por una minoría vociferante que exige censura». Las prohibiciones se hicieron en 32 estados, y afectaron a más de 32 millones de niños y jóvenes adultos. Pero ¿todo es censura o temor a inesperadas consecuencias por parte de los padres? A diferencia de lo expuesto anteriormente, Jennifer Pippin, una madre objetora de libros de Florida, fundadora de «Madres por la Libertad», señaló a *The Washington Post* que: «En los últimos diez a trece años, los libros LGBTQ se han vuelto gráficamente muy sexuales» y que «la preocupación en torno a los libros LGBTQ no es homofobia, sino la naturaleza de "sexualidad explícita" del libro».

Según los expertos, reitero, quienes vetan los libros son una minoría de la población estadounidense, pero muy vociferante y bien organizada. Por ejemplo, Dave Eggers, autor entre otros libros de *The Eyes and the Impossible* («Los ojos y lo imposible») vivió en sus propias carnes la censura de su novela *El círculo* (llevada a la gran

3. «Los libros para niños que están siendo prohibidos en Estados Unidos», por Jane Ciabattari, *BBC Culture*, 29 de mayo de 2023.

pantalla en la película homónima protagonizada por Emily Watson y Tom Hanks en 2017), que fue prohibida en las escuelas de la ciudad de Rapid City, en Dakota del Sur, a la vez que todas las copias del distrito escolar fueron destruidas, como una regresión a tiempos inquisitoriales. Según apuntó el propio Eggers a BBC Culture: «Los que prohíben libros han desarrollado un estilo de manual, una lista de libros señalados y de pasajes ofensivos en cada libro».

Por su parte, otro escritor, George M. Johnson —cuyo libro autobiográfico *Todos los chicos no son azules*, que cuenta el paso de la niñez a la adolescencia de un niño negro y gay, también fue presa de la censura—, inició una demanda colectiva (a la que se unió PEN America, la editorial Penguin Random House, otros autores y los padres de dos estudiantes) en Florida contra un condado que había retirado libros, en violación de la Primera y la Decimoctava enmiendas, exigiendo que los textos fueran devueltos a las estanterías de las bibliotecas a las que pertenecían.

En 2022, Texas tuvo el mayor número de prohibiciones (801), seguida de Florida (566) y Pensilvania (457), la mayoría obras que trataban sobre identidad racial y sexual. Sin embargo, el auge de la censura, no visto en décadas, afecta igualmente a textos básicos y obras clásicas que han sido leídos por estudiantes estadounidenses durante décadas, algunas auténticos *best sellers* adaptados también con éxito a la gran pantalla. Es el caso de *Matar a un ruiseñor*, de Harper Lee, que se alzó con el Pulitzer en 1960. La historia, para el que no la conozca, trata sobre la injusticia racial en Estados Unidos, en una época de fuerte segregación racial; sin embargo, durante más de medio siglo no fue prohibida (aunque a muchos, sobre todo a los representantes de esa América blanca y protestante, les escociese), y sí lo ha sido por los distritos escolares de Oklahoma y Carolina del Sur ¡en 2021!

PEN America aseguró entonces que ha identificado al menos a 50 grupos que abogan por prohibiciones a nivel local, estatal y nacional, la mayoría formados en 2021. Otro caso que llegó a los titulares de prensa aquel año fue una larga protesta de estudiantes de educación secundaria en Pensilvania a causa de la decisión de restringir el acceso a más de 300 libros, películas y artículos vinculados principalmente a autores negros y latinos. Frente a esto, han surgido iniciativas de los que luchan contra ese aparato censor: se han creado clubes de lectura de libros prohibidos con los que algunos jóvenes desafían la creciente censura en Estados Unidos, o el caso, por ejemplo, del profesor, activista y poeta Adam Tritt, quien creó la Fundación 451 (Foundation 451) en Florida, que compra títulos prohibidos y los distribuye en lugares públicos como cafeterías o heladerías, desafiando así al *establishment*.

Tritt, que es profesor de Inglés en una escuela secundaria en la ciudad de Palm Bay, comenzó la campaña después de recibir un mensaje en el que las autoridades educativas locales le solicitaban la eliminación de dos libros de su clase, concretamente *Cometas en el cielo,* de Khaled Hosseini, y *Matadero Cinco,* de Kurt Vonnegut, ambos clásicos, a los que tildaban de «pornográficos» y «anticristianos». Y la suya no es precisamente una tarea fácil, pues según revelaba el profesor: «Me insultan y me acusan de ser pedófilo. Y a menudo recibo amenazas de muerte».

Pero la censura al otro lado del Atlántico tuvo repercusión mundial, copando los titulares internacionales, debido la rápida difusión de las redes sociales:[4] a finales de 2023 las escuelas públicas del condado de Collier en Florida prohibieron más de 300 libros en sus bibliotecas escolares, tras publicarse un listado con variedad de títulos, entre clásicos literarios, obras de ciencia ficción y novelas contemporáneas, entre ellas, 16 libros del maestro del terror Stephen King, clásicos como *Carrie, It* o *Las cuatro después de medianoche.*

El asunto levantó polvareda porque en la otrora red social del pajarito, Twitter, hoy X tras su polémica adquisición por el magnate tecnológico Elon Musk (quien ha librado su propia batalla contra la censura y a favor de la libertad de expresión, pero que otros tildan también de gran censor al silenciar numerosas cuentas de la que ahora es su red social), el propio King, muy activo en internet, escribió con desbordante ironía: «¿16 de mis libros? Debo de estar haciendo algo bien», tuit que corrió como la pólvora por la red de re-

4. Particularidad a veces positiva y otras terriblemente negativa que poseen: muchas veces burlan la censura y divulgan información que no habría trascendido de otra manera, pero entremedias se cuelan también desinformaciones, *fakes*, conspiraciones de nuevo cuño —algunas peligrosas— y mensajes de odio.

des cristalizando el problema de la censura y la persecución en una América sacudida por la polarización.

Todo partió de la reglamentación HB 1069 de Florida, una ley que amplió los derechos de supervisión de la junta escolar de las colecciones de librerías y los mecanismos para impugnar libros, siempre que el contenido que «represente o describa una conducta sexual» sea un motivo válido para la impugnación y prohibición de instrucciones sobre orientación sexual o identidad de género hasta el octavo grado. Algo no muy diferente del llamado «Pin parental» que impulsó la formación política española VOX en las administraciones en las que formaba parte del gobierno.

Según manifestó James LaRue, director de la Oficina de Libertad Intelectual de la Asociación de Bibliotecas de Estados Unidos a la citada PEN América: «Stephen King es un autor muy popular entre los adolescentes, eliminar sus libros niega el acceso a obras formativas»; y sobre la decisión tomada en Florida, señaló que «es una lástima». King es el caso más notorio, pero había muchos otros autores de renombre entre los libros prohibidos por el condado de Collier, como Orson Scott Card, Arthur C. Clarke, Neil Gaiman, John Grisham (con cuyas adaptaciones cinematográficas hemos crecido todos los de mi generación y alguna otra), Patricia McCormick, Joyce Carol Oates o Anne Rice, entre un amplio abanico de escritores.

No es un hecho aislado. Según informó en su momento la agencia de noticias AFP, la prohibición de libros en escuelas en Estados Unidos se triplicó en los últimos años, y Florida lideró la mayoría de los casos, superando incluso a Texas. PEN América alertó de que se trata de la peor ola de censura en décadas, con más de 5.800 libros prohibidos desde 2021. Algo, sin duda, no funciona en la sociedad cuando sucede esto. Hablar de censura en internet, tema, sin duda, apasionante y de rabiosa actualidad, requeriría al menos dos o tres volúmenes como este, algo que escapa a nuestro humilde cometido.

Lo que queda claro es que las cosas no solo no han cambiado tanto frente a tiempos pretéritos, sino que han empeorado, poniendo nuevamente de plena vigencia el visionario argumento de la novela distópica publicada en 1953 por Ray Bradbury, *451 Fahrenheit* (llevada a la gran pantalla por el genial realizador francés François

Truffaut en 1966): presenta una sociedad estadounidense en la que los libros están prohibidos y existen «bomberos» que deben quemar cualquier ejemplar que encuentren (451 grados Fahrenheit es precisamente la temperatura a la que arde el papel). De esta forma, es inevitable que nos venga a la mente aquel dicho popular que reza «el hombre es el único animal que tropieza dos veces en la misma piedra», y también el viejo adagio latino *Homo homini lupus*: «El hombre es un lobo para el hombre».

BIBLIOGRAFÍA

ALBISSON, Mathilde, *El proceso al libro. La censura inquisitorial en la España del siglo XVII*, Madrid, Cátedra, 2024.

ALCALÁ MALAVÉ, Ángel, *La alquimia en Al-Ándalus*, Madrid, Almuzara, 2016.

BÁEZ, Fernando, *Historia universal de la destrucción de libros. De las tablillas sumerias a la guerra de Irak*, Barcelona, Ediciones Destino, 2004.

BAIGENT, Michael y LEIGH, Richard, *El escándalo de los manuscritos del mar Muerto*, Círculo de Lectores, 1993.

BERGIER, Jacques, *Los libros condenados*, Barcelona, Plaza & Janés, 1975.

CARO BAROJA, Julio, *Las brujas y su mundo*, Madrid, Alianza Editorial, 2003.

CARREÑO VELÁZQUEZ, Elvira, «El control del libro impreso durante el siglo XVI», Oaxaca, Fundación Alfredo Harp Helú. Apoyo al Desarrollo de Archivos y Bibliotecas de México.

CRÉPON, Pierre, *Los Evangelios Apócrifos. Crónica oculta del Nuevo Testamento*, Madrid, Edaf, 2016.

CROFT, Pauline, *King James*, Londres, Palgrave Macmillan, 2003.

DANIÉLOU, Jean, *Los Manuscritos del Mar Muerto y los orígenes del cristianismo*, Criterio, 1959.

DELEITO Y PIÑUELA, José, *La vida religiosa española bajo el cuarto Felipe. Santos y pecadores*, Madrid, Espasa-Calpe, 1963.

DOS SANTOS, Marcelo, *El Manuscrito Voynich, el libro más enigmático de todos los tiempos*, Madrid, Santillana Ediciones, 2005.

El Gran Grimorio del papa Honorio, (edición facsímil), Barcelona, Ediciones Abraxas, 2003.

El Zohar. El libro del Esplendor, Barcelona, Ediciones Obelisco, 2002.

Enchiridión del papa León III. Ritual del exorcista, Madrid, Edaf, 1993.

FEIJOO, Benito Jerónimo, *Teatro crítico universal*, tomo tercero, Madrid, 1777.

FERNÁNDEZ DE MORATÍN, Leandro, *Quema de brujas en Logroño*, Valencia, Ediciones La Máscara, 1999.

FREKE, Timothy, y GANDY, Peter, *Los misterios de Jesús. El origen oculto de la religión cristiana*, Círculo de Lectores, 2004.

FULCANELLI, *Las moradas filosofales* (edición facsímil), Barcelona, Sincronía Editorial, 2017.

FUSTER, María Teresa, «La caza de brujas en la historia moderna», 2011.

GARCÍA CÁRCEL, Ricardo, *La Inquisición*, Madrid, Grupo Anaya (Biblioteca de El Sol), 1990.

—*Las Culturas del Siglo de Oro*, Madrid, Historia 16, 1999.

GEORGE, Leonard, *Enciclopedia de los herejes y las herejías*, Barcelona, Ediciones Robinbook, 1998.

GERZ, David, *Los Evangelios Gnósticos. Las enseñanzas secretas de Jesús*, Málaga, Sirio, 2017.

GIL DEL RÍO, Antonio, *La Santa Inquisición. Sus principales procesos contra la brujería en España*, Madrid, Edimat Libros, 2002.

GUAZZO, Francesco Maria, *Compendium Maleficarum* (traducido por Isaac Pradel Leal), Alicante, Editorial Club Universitario, 2002.

HODGE, Stephen, *Los Manuscritos del Mar Muerto*, Madrid, Edaf, 2002.

HOPE ROBBINS, Rossell, *Enciclopedia de la brujería y demonología*, Madrid, Debate, 1992.

INFELISE, Mario, *Libros prohibidos. Una historia de la censura*, Buenos Aires, Ediciones Nueva Visión, 2004.

KIECKHEFER, Richard, *La magia en la Edad Media*, Barcelona, Drakontos (Editorial Crítica), 1992.

KING, Francis X., *Historia de brujas y demonios*, Barcelona, Plaza & Janés Editores, 1987.

KRÄMER, Heinrich y SPRENGER, Jacobus, *Malleus Maleficarum. El martillo de los brujos*, edición electrónica (traducción de Floreal Maza).

LARNER, Christina, *Enemies of God. The Witch-hunt in Scotland*, Baltimore, Johns Hopkins University Press, 1981.

LAZCANO, Rafael, *Benito Arias Montano: ensayo bibliográfico*, San Lorenzo de El Escorial, Librería Arias Montano, 2001.

MARSHALL, Peter H. *La piedra filosofal: un viaje en busca de los grandes secretos de la alquimia*, Barcelona, Grijalbo, 2002.

NIDER, Johannes, *Libro de los maleficios y los demonios. Las intimidades del diablo*, San Sebastián, Roger Editor, 2000.

OVENDEN, Richard, *Quemar libros. Una historia de la destrucción deliberada del conocimiento*, Barcelona, Crítica, 2021.

PAIGELS, Elaine, *Los evangelios gnósticos*, Barcelona, Crítica, 2022.

PÉREZ PARIENTE, Joaquín, *¿Qué sabemos de? La alquimia*, Los Libros de La Catarata, 2016.

PÉREZ RUIZ, Mario M., *El Manuscrito Voynich y la búsqueda de los mundos subyacentes*, Barcelona, Océano, 2002.

REY BUENO, Mar, *Los libros malditos. Textos mágicos, prohibidos, secretos, condenados y perseguidos*, Edaf, 2005.

ROOB, Alexander, *Alquimia & Mística. El Museo Hermético*, Taschen, 2021.

SADOUL, Jacques, *El gran arte de la alquimia*, Barcelona, Plaza & Janés, 1973.

SAGAN, Carl, *El mundo y sus demonios. La ciencia como una luz en la oscuridad*, Barcelona, Crítica, 2017.

SHIMON HALEVI, Zev ben, *La cábala*, Debate.

TAYLOR, René, *Arquitectura y magia. Consideraciones sobre la idea de El Escorial*, Madrid, Siruela, 1994.

URRESTI, Mariano F., *La vida secreta de Jesús de Nazaret*, Madrid, Edaf, 2005.

VÁZQUEZ ALONSO, Mariano José, *Enciclopedia del esoterismo. Guía del ocultismo y el saber hermético*, Barcelona, Ediciones Robinbook, 2001.

— *La estirpe solar. De Akhenaton a Hitler. Una historia secreta de la humanidad*, Barcelona, Ediciones Robinbook, 2002.

VV. AA., *El Manuscrito Voynich. El libro más misterioso del mundo*, Málaga, Sirio, 2013.